KB212000

아들러는 아이들을
이렇게 치유했다

아들러는 아이들을 이렇게 치유했다

초판 1쇄 발행 2016년 1월 10일

원제   The Pattern of Life(1930)
지은이   알프레드 아들러
엮은이   베란 울프
옮긴이   정명진
펴낸이   정명진
디자인   정다희

펴낸곳   도서출판 부글북스
등록번호   제300-2005-150호
등록일자   2005년 9월 2일

주소   서울시 노원구 공릉로63길 14, 101동 203호(하계동, 청구빌라)
              (139-872)
전화   02-948-7289
전자우편   00123korea@hanmail.net

ISBN   979-11-5920-003-8 03180

The Pattern of Life

아들러는 아이들을
이렇게 치유했다

알프레드 아들러 지음　베란 울프 엮음　정명진 옮김

아들러와
신경증적인 세상

- 베란 울프(Béran Wolfe)

I

인간 본성을 이해하는 기술은 곧 인간 행동의 역동적인 패턴을 이해하는 기술이다. 알프레드 아들러(Alfred Adler)는 현대 심리학에 기념비적기여를 함으로써 인간 본성을 이해할 수 있는 열쇠를 제공했다. 그런 아들러가 아이들의 신경증을 치료한 사례를 모아 책으로 묶기 전에, 개인심리학(Individual Psychology)의 치료 방법을 배운 학생으로서 나는 먼저 아들러와 그의 제자들이 독일어로 발표한 글들 중에 소개할 만한 사례들이 있는지를 찾았다. 그러나 독일에서 발표된 사례들 중 많은 것은 유럽적인 환경에서 발생한 장애를 다루고 있어서 미국 독자들에게 다소 생소할 것 같았다.

그러나 이 책에 실린 미국의 사례들이 보여주듯이, 개인 심리학의 원리와 관행은 보편적으로 적용 가능하다. 어느 한 사람의 행동은 기본적으로 통일성을 보인다는 사실은 오스트리아 빈의 심리학자이자 교육자인 아들러가 아이들의 치유에서 거둔 성공에 의해 확실히 입증되었다. 아들러는 1929년에 미국 뉴욕의 '뉴 스쿨 포 소셜 리서치'(New School for Social Research)에서 강의를 하는 한편으로 자신의 진료소를 찾은 환자들을 분석하고 치료하면서 큰 성공을 거뒀다. 이 책에 실린 사례들은 미국 대도시의 아동 상담소나 학교에서 전형적으로 볼 수 있는 그런 예들이다. 이 환자들 중 일부는 뉴욕 의사들이나 심리학자들이 아들러에게 데려온 아이들이며, 대부분은 문제 아이들 앞에서 꽤 당혹스러워하던 뉴욕의 선생들이 데려온 아이들이다.

이 어린이 환자들 모두는 원래 아들러 박사가 빈에 세운 아동상담소를 위해 썼던 가이드라인을 바탕으로 분석되었다. 사례별로 간략하게 다루기 위해 불필요하다 싶은 내용은 가급적 배제했으며, 아동 심리 치료에 관심이 있는 사람이라면 누구나 쉽게 이해할 수 있도록 글을 배치했다. 사례를 제시하는 방법은 이렇다. 문제아를 진단한 의사나 선생이 정해진 요강에 따라 아이의 과거 역사를 준비했다. 그러면 아들러 박사는 아이를 보지 않고 또 그 문제를 놓고 선생과 사전에 논의하지도 않은 상태에서 기록을 한 문장 한 문장 꼼꼼히 읽으면서 환자의 상태를 추론했다. 간혹 아들러 박사가 기록을 잘못 해석하기도 했지만, 절대 다수의 예에서 아들러는 아이의 성격을 역동적으로 그려냈으며 아이의 영혼의 움직임을 신기할 정도로 정확히 짐작하면서 분석 대상이 된 아이에게서 발견할 것들을 미리 예측하기도 했다.

이 기록을 정신과의사의 예리한 추리력을 바탕으로 분석한 뒤, 아이의 상황에 대한 논의가 간단히 이뤄졌다. 동시에 아이를 위한 심리 치료의 목표나 상담의 목표가 대략적으로 정해졌다. 그런 다음에 아이의 부모가 강의실로 들어와 대학생들이 지켜보는 앞에서 질문을 받고 주의사항을 전달 받았다. 마지막으로 아이가 강의실로 들어왔다. 이때는 쉽고 친절한 언어로 아이의 상황을 놓고 아이와 의견을 나누었다. 그런 다음에 분석 결과를 바탕으로 결정된 새로운 과제가 아이의 기록을 제출한 선생이나 의사에게 주어졌다. 강의가 진행되는 동안에 진척 상황이 수시로 보고되었으며, 아이들의 반응을 놓고 토론이 벌어지기도 했다.

아들러의 상담을 받은 아이들 모두가 최종적으로 재조정에 성공한 것은 아니었다. 실패는 가끔 학부모의 무지와 협력의 결여 때문이었다. 선생과 정신과의사들이 자식을 대하는 학부모의 태도를 바꿔놓으려고 크게 노력했음에도 불구하고, 학부모는 본인부터 신경증을 앓고 있던 터라 결단력이 크게 떨어지는 편이었다. 아이들의 상태가 느리게 향상되었던 다른 이유들로는 형편없는 경제적 상황과 끊이지 않는 병 등이 있었다. 이런 장애가 일어나면, 개선되는 듯하던 아이의 상태는 곧잘 신경증이 일어났던 원래의 상태로 되돌아가곤 했다. 일부 아이들은 일시적으로 향상되는 모습을 보였으나 새로운 조건에서 새로운 징후들을 다시 보였다. 그런 경우엔 학부모가 아이의 행동이 일어나는 역학에 대해 보다 많이 알게 되거나 아이가 신경증적 계략의 레퍼토리를 모두 다 사용할 때까지 심리치료가 계속되어야 했다. 한 아이는 집중 치료와 재교육을 받는 동안에 큰 진전을 보였으나 구닥다리 선생을 만나자마자 금방 예전 상태로 돌아가 버렸다. 케케묵은 스타일의 선생이 단 며칠 동안 아이에게 안긴 낙담과 비난이 그만 몇 개월 동안 땀 흘려 이룬 결과를 파괴해버린 것이다. 그럼에도 이 아이들 중 절대다수는 꾸준한 향상을 보였으며, 상당수의 아이들은 패턴의 변화를 완벽하게 이루었다.

독자들은 이 책이 심리치료에 관한 포괄적인 논문이 아니라 어린이 신경증의 개요를 설명하고 그 신경증을 읽어내는 기술을 제시할 것이라는 점을 알아야 한다. 이 책의 주된 가치는 아이나 성인을 다루는 사람들에게 인간 행동의 역동적인 패턴을 알게 해주는 데 있다. 치료의 기법이

한 권의 책으로 가르쳐질 수 없는 것은 에칭의 기술이 동판을 준비하고 새기는 기술을 논한 논문으로 가르쳐질 수 없는 것과 똑같다. 만약에 이 책을 통해서 독자들이 인간 존재들을 상표가 붙은 정적인 기계로 보지 않고 복잡한 세상에서 의미와 안전을 얻기 위해 노력하는, 말하자면 살아가면서 목적을 성취하려고 노력하는 독립체로 보게만 된다면, 그것으로 이 책의 목표는 충분히 달성될 것이다.

개인 심리학이란?

개인 심리학의 원리와 관행은 알프레드 아들러 박사가 현대 심리학에 기여한 바를 과학적으로 다룬 책들에서 집중적으로 논의되었다. 이미 개인 심리학의 이론을 배운 독자들을 지루하게 만들 위험이 있긴 하지만, 이 책을 통해 아들러 박사를 처음 접하는 독자들을 위해서 개인 심리학의 원리들을 짧게라도 소개하는 것이 순서일 것 같다. 그렇게 하면 이 책에 소개되는 사례들이 훨씬 더 쉽게 이해될 것이다.

개인 심리학의 바탕을 이루는, 인간 성격의 통일성이라는 개념은 새로운 것도 아니고 알프레드 아들러의 심리학에만 있는 것도 아니다.

고대 그리스의 극작가들은 예수 그리스도가 탄생하기 오래 전부터 이 통일성을 근본적인 것으로 여겼다. '험프티 덤프티'(Humpty Dumpty)라는 영국 동요를 쓴 이름 모를 작가가 왕의 말들과 백성들이 아무리 많아도 깨어진 달걀 하나를 다시 맞추지 못한다고 선언했을 때, 그는 살아 있는 유기체들의 이런 파괴 불가능한 통일성을 노래했다. 이 통일성이 없다면, 어떠한 심리학자도 인간의 행동을 예측하지 못할 것이다. 아들러도 마찬가지로 아이의 증상을 적은 기록만 읽고 아이의 행동을 예측하지 못했을 것이다. 만약에 각 인간 존재가 측량 불가능한 에너지들이 서로 맹목적으로 작용한 결과물에 지나지 않는다면, 체계적인 심리학은 화학 원소들이 매일 원자가를 바꾸는 그런 화학만큼이나 불가능할 것이다. 위대한 시인과 현명한 노부인, 소설가, 성공한 장군, 사업가는 일찍부터 인간 유기체의 이 통일성이 인간 이해에 필수조건이라는 사실을 잘 알았다.

아들러 심리학의 두 번째 중요한 원리는 하나의 유기체는 하나의 역동적인 전체로서, 어떤 명확한 목표를 향해 명확한 삶의 패턴을 따르고 있다는 것이다. 프랑스 시인 레미 드 구르몽(Remy de Gourmont)이 『사랑의 물리학』(Physique de l'Amour)에서 썼듯이, "생명의 목표는 생명을 유지하는 것이다". 살아 꿈틀거리는 물질과 죽은 물질을 구분하는 것이 바로 이 목표이다. 모래 더미는 아무 목표를 갖고 있지 않다. 모래 더미에서 모래를 한 삽 퍼낸다 하더라도, 그 모래 더미의 근본적인 성격은 변하지 않는다. 그건 여전히 모래 더미로 남는다. 그러나 살아 있는 유기체는 단세포 아메바든 벌새든 기린이든 예외 없이 삶의 목표를 갖고 있으며, 유기체의 전체 조직과 삶의 방식은 그 목표를 유지하는 데 적절하다. 살아 있는 유기체의 근본적인 부분을 제거하면, 반드시 그 유기체는 자력으로 행동하지 못하는 세포 덩어리로 바뀌고 말 것이다.

살아 있는 유기체는 저마다 명확한 삶의 패턴을 갖고 있고, 자신의 삶과 목표를 지키기 위해서 환경과 싸우는 기술을 분명히 갖고 있다. 이 삶의 패턴의 복잡성은 유기체의 변화 능력과 적응 능력에 따라 다르다. 이런 이유로 인간 행동의 패턴은 비교적 움직이지 않는 유기체인 도토리나무의 패턴에 비해 훨씬 더 복잡하다. 순수하게 생물학적인 의미에서 영혼이라고 부르는 그것은 바로 적응의 기능이고, 통각의 기능이고, 자원 동원의 기능이며 또 삶의 공격-방어 전략에 의해 생명을 유지하는 기능이다.

그렇다면 인간 삶의 목표는 무엇인가? 여기서 인간의 존재를 논하는 철학 에세이를 쓰려는 것은 아니다. 감정에 좌우되지 않고 객관적으로 본다면, 모든 인간 유기체는 어느 정도의 안전과 전체성을 확보하기 위해 노력하는데, 이 안전과 전체성이 있기에 존재를 계속하는 것 자체가 견딜 만한 일이 된다. 인류의 목표는 인류의 유지이다.

거북의 등딱지나 카멜레온의 놀라운 적응력, 산토끼의 민첩성, 호랑이의 흉포함과 힘 등에서 보듯, 모든 종(種)은 나름대로 자기보존의 기술을 갖고 있다. 마찬가지로 인간도 특유한 자기보존의 기술을 갖고 있다. 이 기술을 우리는 공동생활, 사회, 문명이라고 부른다. 오랜 세월에 걸쳐 살아본 결과 공동생활이 최선의 방법이라는 사실이 입증되었다. 고고학적 연구가 이뤄진 범위 안에서 보면, 인간 존재는 언제나 집단으로 살았다. 북경원인(北京原人)은 수십만 년 전에 이미 우리 조상들이 공동체를 이루며 살았다는 점을 보여주었다.

목이 짧은 기린을 상상하는 것이 불가능하듯이 고립된 인간을 상상하는 것이 불가능하기 때문에, 인간의 행동을 연구하는 모든 학문은 하나의 사회 심리학이어야 한다. 개인의 운명은 그가 속한 집단의 운명과 밀접히 연결되어 있다. 이것이 바로 아들러의 개인 심리학의 근본적인 원리이다. 한 사람의 인간을 이해하기 위해선, 그가 활동 무대인 인간 집단에서 차지하고 있는 상대적 상황을 이해할 수 있어야 한다. 행동주의자들이 시도하고 있는 것과 달리, 어떤 사람을 실험실에 고립시켜 놓고 지켜보면서 관찰하는 것은 불가능하다. 왜냐하면 그 사람이 고립되는 순간 더 이상 인간 존재로 행동하지 못하고 우리에 갇힌 동물로 행동할 것이기 때문이다. 그러므로 인간의 모든 행동을 제대로 이해하려면 사회적 상대성 속에서 그 행동을 봐야 한다. 만년설 바로 밑에서 자라는 소나무가 햇살 따사로운 계곡의 소나무와 다르게 자라듯이, 인간 존재도 사회적 환경이 바뀔 경우에 틀림없이 달리 행동할 것이기 때문이다.

인류의 사회적 삶은 인류의 나약함에 따른 산물이다. 공동적 존재 방식은 아마 우리 조상들이 자신을 보호하기 위해 발견할 수 있었던 방법 중에서 가장 효과적인 방법이었을 것이다. 인류의 패턴은 개인의 나약함 때문에 사회적 연대 속에서 상대적 안전을 추구하는 그런 패턴이었다. 인류의 모든 힘은 이 패턴에서 나오고, 인류의 모든 나약함은 고립의 위험에서 나온다. 신체 구조의 성장을 바탕으로, 단세포에서부터 상호 의존적인 신체 조직과 장기까지 모든 살아 있는 물질의 진화를 파악해 내듯이, 개인의 심리적 성장은 인류의 심리적 조직을 간단히 요약해 보여준다.

모든 인간 존재는 상대적으로 무력하고 무능하고 의존적인 '식객'으로 삶을 시작한다. 가족의 최초의 공동체인 부모의 도움이 없다면, 불행하게도 아기는 그만 몇 시간 안에 죽고 말 것이다. 부모의 보살핌 속에서, 아이는 힘과 능력을 키운다. 성장하는 동안에 아이는 자신을 양육하는 사회의 식객이나 마찬가지이다.

정상적인 개인은 성장해가면서 사회 집단의 건설적인 일원으로서 삶을 시작할 힘을 적절히 발달시킨다. 정상적으로 성장한 개인은 인간과 인간을 서로 묶는 복합적인 연결을 확인하면서 어느 정도의 평온과 안전, 통일성과 정당성을 얻게 되는데, 이런 것들이 삶을 가치 있게 만드는 요소들이다. 동료들과 연결되는 이런 다리들을 많이 가진 사람일수록 안전감을 더 강하게 느끼게 된다. 언어와 상식, 이성, 논리, 관념, 공감, 사랑, 과학, 예술, 종교, 정치, 책임, 자신감, 정직, 유용성, 놀이, 자연 사랑 등이 가장 중요한 다리에 속한다. 인간 존재로서 공동생활의 이런 기술을 버리려는 노력은 언제나 부분적으로만 성공할 수 있을 뿐이다.

불행히도, 발달의 이런 정상적인 패턴이 반드시 나타나는 것은 아니다. 이런 패턴이 나타나지 않는 이유들은 인간 유아의 생물학적 한 특징에서 비롯된다. 다른 동물의 새끼도 무력하여 부모에게 의존하는 시기를 거치지만 육체적 힘이 늘어나는 것과 비례해서 정신적 능력을 발달시킨다. 쥐를 식별할 줄 아는 새끼 고양이는 쥐를 쫓아다니다가 잡아먹기도 한다. 그러나 인간 아기의 경우에는 지각 능력과 운동 능력에 불일치가 아주 크다.

아기는 자신이 음식과 온기와 보호를 자기 어머니에게 의존하고 있다는 사실을 인지할 수 있다. 아기는 자신이 하지 못하는 많은 필요한 활동을 엄마는 할 수 있다는 사실을 안다. 아버지는 비교적 전능한 거인처럼 보인다. 아기 주변의 세상은 피할 수 없는 원칙에 따라 움직이는 것처럼 보인다. 어둠과 빛, 음식과 굶주림, 언어, 이동력 등은 아기의 우주를 아주 단호한 모습으로 움직이는 어른들의 전유물이다. 그러나 어린 아이는 자신의 상대적 허약성을 깨닫는다. 인간 아기는 동물들 중에서 유일하게 자신의 부적절을 경험하는 동물이다. 아기가 부적절을 경험하는 이유는 아기의 마음이 신체보다 훨씬 더 빨리 발달하기 때문이다. 개인 심리학의 초석인 열등감이 생겨나는 것은 바로 이런 상황에서다.

열등감은 결점이기는커녕 인류 발달에 가장 중요한 자극인 것으로 입증되었다. 인간의 눈이 독수리의 눈만큼 밝았더라면, 아마 망원경과 현미경은 절대로 발명되지 않았을 것이다. 또 인간 존재들 사이에 통신의 필요성이 없었더라면, 축음기와 라디오, 전화는 절대로 존재하지 못했을 것이다. 또 향료 제조자의 기술과 요리사의 기술은 "하등" 동물에서 월등히 더 잘 발달한 감각과 지각이 둔한 데 대한 보상으로 나온 것이다. 신문에서부터 고층빌딩까지, 비행기에서 교향악단까지, 증기 굴착기에서 비단 스타킹까지, 우리 문명의 구성물은 인간의 약점을 보완하려는 욕구의 결과물이다.

그러므로 모든 인간 존재가 우주에서 차지하는 육체적 및 생물학적 위치 때문에 물려받게 된 열등감은 개인의 책임일 필요가 없다. 인간의 역사는 열등감을 정복한 기록으로 가득하다. 천재는 아마 개인적 결함을 사회적 기여라는 측면에서 보상하려는 욕구의 표현에 지나지 않을지도 모른다. 모든 천재의 작품은 사회적 유용성이라는 특징을 두드러지게 보인다. 천재에 대해 논할 때, 우리는 지레와 바퀴, 도끼, 풀피리, 베짜는 기술, 글자 등을 발명한 사람들을 잊고 오직 현대의 천재만을 기억하는 경향이 있다. 현대의 천재들이야말로 이런 요소들을 다소 기이한 방식으로 결합한 사람들에 지나지 않는데도 말이다. 인간 천재성의 진정한 역사는 곧 혈거인이 생존을 위해 벌인 투쟁의 역사이다.

각 인간 존재는 자신의 개인적 결함을 사회에 기여하는 방향으로 향상시킬 수 있다. 그럼에도 우리 사회를 대상으로 피상적으로 실시한 조사는 인류 중에서 오직 작은 일부만이 그런 보상을 실천할 용기를 얻는다는 점을 암시하고 있다. 이런 피상적인 조사대로라면, 우리 시대에는 신경증 환자들이 천재보다 월등히 더 많다. 유익한 방향으로 결점을 보상하지 못하고 있는 현실에 대해 우리는 어떻게 설명할 수 있을까?

인류에겐 불행한 일이지만, 다수의 요인들이 열등감을 사회적 적응과 유익한 일로 보상하지 못하도록 방해하고 있다. 열등감을 악화시켜 열등 콤플렉스로 굳히는 이 요인들 중 첫 번째는 육체적 결함이다. 만약에 어린 아이가 그렇지 않아도 허약한데다가 신체기관의 결함으로 인해 특별한 허약함까지 추가로 경험하게 된다면, 의미를 추구하려는 아이의 노력은 더욱 힘들어질 것이다. 이 열등은 일부 신체기관의 실제적 열등일 수 있다. 그것은 별로 중요하지 않은 육체적 특이점일 수도 있다. 그러나 그 특이점은 의학적으로는 중요하지 않을 수 있어도 사회적으로는 당사자를 당혹스럽게 만들 수 있다. 그런 예를 들자면, 비정상적인 비만과 야윔, 선천성 색소결핍증, 사마귀, 빨강머리, 오(O) 다리, 얼굴의 털

등이 있다. 이상하게 들리겠지만, 예외적인 아름다움도 결과적으로 열등 콤플렉스로 이어질 수 있다. 왜냐하면 잘생긴 아이가 사회가 자신에게 유일하게 요구하는 기여는 아름다움뿐이라고 믿을 수 있기 때문이다.

열등감을 강화하는 두 번째 집단의 요인들은 그 사람의 사회적, 종교적, 경제적 조건과 관련 있다. 사회적으로나 종교적으로, 혹은 경제적으로 소수 집단에 속하는 구성원들은 그런 문제로 추가로 곤경을 겪는데다 야비함이나 악, 범죄를 경험할 확률이 높기 때문에 열등감을 더욱 악화시킨다. 그러나 엄청난 부(富)도 재앙적인 결과를 낳을 수 있다. 아이가 지나치게 풍족한 환경에서 자랄 경우에 공부를 하게 할 자극이 약할 수 있기 때문이다.

아이의 열등감을 강화할 수 있는 세 번째 집단의 요인들은 가족 내 아이의 위치에서 비롯된다. 이 집단의 요인들이 중요한 이유는 어떤 아이도 그 영향에서 벗어날 수 없기 때문이다. 외동아이는 가족 안에서 비정상적일 만큼 큰 중요성을 누리면서 사회적 적응 훈련을 제대로 하지 못해 결과적으로 열등 콤플렉스를 갖게 된다.

외동아이의 삶은 종종 어린 시절의 낙원을 다시 찾으려는 노력으로 점철된다. 장남은 한 동안 외동으로 자라다가 어린 경쟁자에게 밀려나면서 권좌에서 추락한 사실에 크게 낙담한 나머지 존재에 따르는 문제들을 객관적으로 공격할 용기를 충분히 끌어 모으지 못할 수도 있다. 둘째 아이는 같은 집에서 성장하며 첫째 아이와 똑같은 우유를 마시고 같은 방에서 잠을 자지만, 그럼에도 불구하고 첫째 아이와 완전히 다른 환경에서 자라고 있다. 둘째 아이는 언제나 자기 앞에 페이스메이커를 두고 있으며, 또 첫째 아이를 따라 잡으려고 공격적으로 노력하면서 자신의 목표를 지나치게 높이 잡다가 객관적이지 못한 반항아가 될 수 있다.

막내는 자기보다 나이 많은 형제들과의 경쟁을 두려워하며 움츠러들 것이다. 딸이 많은 가정의 외동아들이나 아들이 많은 가정의 외동딸은 이런 독특한 위치 때문에 낙담할 수 있다. 가족의 위치 중에서 위험을 수반하지 않는 위치는 하나도 없지만, 어떤 위치도 아이가 신경증을 일으키도록 하지 못한다는 것은 가족 내 위치의 중요성을 최초로 강조한 과학인 개인 심리학의 가장 중요한 가르침의 하나이다.

남녀 성별은 아이들을 더욱 힘들게 만드는 한 요소가 될 수 있다. 우리는 남성의 이상이 지배하는 문명에, 남성적인 가치와 활동을 과도하게 평가하는 문명에 살고 있다. 여러 과학적인 증거들이 정반대가 진실이라는 점을 뒷받침하고 있음에도 불구하고, 우리 문명은 여자는 열등한 존재라는 고정관념을 여전히 견지하고 있다. 이 편견의 오류는 현미경과 기계에 의해 충분히 탐험되었지만, 그럼에도 불구하고 이 편견은 폭넓은 전통에 그대로 존재하고 있다. 그래서 모든 소녀는 능력을 증명해 보이는 부담을 어깨에 추가로 짊어지게 되었다. 소녀가 "외동딸"이라는 사실은 종종 소녀의 정상적인 발달을 방해한다.

그러나 남자들에게 호의적인 편견이라고 해서 남자들에게 해를 끼치지 않는 것도 아니다. 많은 소년들이 약간의 육체적 결함이나 실망스런 다른 요소들 앞에서 무서움을 느낀다. 그러다가 일부 소년들은 "100% 완벽한 남자"가 될 능력에 의문을 품게 되고, 자칫 평생을 남자의 책임을 회피하면서 살게 된다. 결혼생활의 불화와 이혼, 동성애, 아이들 사이의 성적 비행(非行)이 증가하고 있는 현상은 남녀 성별 차이를 과도하게 강조한 결과인 측면도 있다.

앞부분에서 암시했듯이, 인간 발달의 정상적인 과정은 두 단계로 나뉠 수 있다. 개인이 환경의 도움을 받아 성장을 꾀하는 개성화라는 초기 단계가 있고, 사회적 기여의 측면에서 개성화가 지속적으로 이뤄지는, 공동사회에의 적응이라는 이차적인 단계가 있는 것이다. 아이는 성인이 된 뒤 환경과 어느 정도 화해를 하며 인류의 동료애 속으로 들어가지 않고는 두 번째 단계로 자연스럽게 성장하지 못한다. 이 통과는 대체로 어머니의 중재를 통해서 성취된다.

아이의 어머니는 아이가 최초로 사회계약을 맺는 사람이다. 어머니의 사랑은 최초의 사회적 인정이다. 아이가 자신이 아닌 다른 인간 존재에 의해 평가를 받고 있다는 사실을 깨닫는 순간, 아이의 사회적 적응이 시작된다. 이때 어머니는 반드시 아이를 낳은 어머니일 필요는 없다. 어머니의 품 안에 안겨서 아이는 환경 안에서 100% 믿어도 좋은 개인을 처음으로 경험한다. 이를 시작으로 아이는 인간의 적응이라는 정상적인 목표를 향해 점진적으로 나아간다.

어머니는 이중적인 성격의 어떤 기능을 하는 것이 분명하다. 이 기능의 첫 번째 성격은 아이가 세상에서 처하게 되는 상황과 화해하도록 중재하는 것이며, 두 번째 성격은 아이가 스스로 성장할 힘을 키우고 다른 사람들에게 적응할 힘을 키우도록 응원하는 것이다. 아주 미묘한 이 역할을 완벽하게 해내는 어머니는 무척 드물다. 이때 아이의 어머니가 저지르는 실수들 안에 무한히 다양한 인간 패턴의 씨앗들이 들어 있다. 전형적인 실수가 몇 가지 있으며, 이 실수들은 예외 없이 뚜렷이 구분되는 유형의 "문제" 어른을 낳는다.

아이들이 더 이상 옛날처럼 가혹하게 다뤄지지 않는다 할지라도, 그럼에도 불구하고 지금처럼 이기적인 시대에는 자식을 무시하거나 미워하는 어머니가 많다. 혼외 관계에서 태어났거나 못생겼거나 부모가 원하지 않은 아이들은 종종 반사회적인 성격을 발달시킨다. 왜냐하면 그런 아이들의 보호자들이 세상에 관심을 두지 않거나 세상과 조화를 이루지 못하고 있기 때문이다. 많은 범죄자들이 가난한 가정에서 나오는 것은 결코 이상한 현상이 아니다. 추함과 질병을 낳는 빈곤과 함께, 아이를 무시하고 혐오하는 행태가 가난한 가정에서 가장 빈번하게 일어나기 때문이다. 이런 아이들도 직관적으로 용기와 독립을 배우지만, 그들의 용기는 언제나 사회에 맞서 반항하는 엉터리 용기이다.

이런 범죄적인 행동에 대한 책임을 전적으로 아이들에게 돌려서는 안된다. 사회가 이 아이들이 부모의 따뜻한 사랑을 받지 못하는 가운데, 그리고 사회적 감정을 키우거나 자신이 사회적으로 중요한 존재라는 느낌을 키우지 못하는 가운데 성장하도록 내버려두었기 때문이다. 이 아이들은 마치 적국에서 의심을 눈총을 받는 스파이처럼, 우리 가운데에 있으면서도 이해 받지 못하는 이방인 같은 느낌을 받으며 살아간다.

어떤 사람에게는 기회를 주고 또 어떤 사람에게는 기회를 주지 않는 지금의 사회 구조는 이 아이들의 눈에 탐욕스럽기 그지없는 용(龍)으로 비친다. 그래서 이 아이들에겐 용에 맞서 무기를 드는 것이 정당해보일 것이다. 이보다 훨씬 더 흔한 유형은 어리광을 부리며 응석받이로 자란 아이이다. 이런 아이는 삶의 초기 몇 년을 어머니의 뜨거운 사랑 속에서만 자란다. 그런데 이 어머니의 뜨거운 사랑은 아이의 양육에 이롭긴 하지만 정신적으로 아이에게 엄청난 피해를 입히는 측면도 있다. 아이가 세상에 적응하도록 키우는 임무를 제대로 발휘하지 못하는 어머니보다 그 임무를 과도하게 발휘하는 어머니가 훨씬 더 많다.

그런 어머니들은 자신이 아이에게 없어서는 안 되는 존재라는 점을 입증해 보인다. 그렇게 되면 아이는 스스로 생각하고 행동하는 능력을 절대로 발달시키지 못하게 된다. 만약 아이가 영원히 동화 속의 왕자나 공주처럼 살게 되어 있다면, 그런 식으로 따뜻한 보살핌을 받는 가운데 인간 사회로 들어가는 것도 매우 바람직할 수 있다. 불행한 일이지만, 세상은 절대로 그렇게 호락호락하지 않다. 우리 문명은 구성원들에게 최대의 기여와 최대의 적응을 요구한다. 문명이 보상하는 예는 극히 드물지만, 문명의 처벌은 아주 신속하게 이뤄진다. 문명이 각자에게 기회를 보장해주는 데 대한 보답으로 사회적으로 유익한 것을 내놓지 않는 사람들은 문명의 처벌을 받게 되어 있다.

어떤 점에서 보면, 응석받이로 자란 아이는 증오의 대상이 된 아이의 태도와 거의 똑같은 태도로 인간 세계를 볼 것이다. 응석받이로 자란 아이는 외국인 적(敵)이나 마찬가지이다. 말하자면 트럼펫과 온갖 찬사, 화환, 도시의 열쇠 등으로 환영을 받았던 아이는 성장함에 따라 자신이 받았던 환영은 자신 앞에 놓인 삶의 과제들과 전혀 아무런 관계가 없다는 사실을 깨닫고 배신감을 느끼게 된다는 뜻이다. 응석받이로 키우며 과도하게 걱정하고 과도하게 보호하는 것은 많은 부모들이 따르고 있는 엉터리 양육 방법들이다. 그런 것들을 엉터리라고 지적하는 이유는 그 방법들이 오히려 아이가 훗날 반드시 직면할 공동체적 과제에 대한 준비를 제대로 하지 못하도록 막기 때문이다. 따라서 아이를 혐오하는 것이나 아이를 응석받이로 키우는 것이나 똑같이 아이의 열등감을 키우고 장래 아이의 적응을 어렵게 만들 것이다. 아마 현대 문명 안에서 아이의 무력감을 이런 식으로 정서적으로 과도하게 강조하는 것이 그릇된 삶의 패턴을 낳는 가장 큰 원인일 것이다.

삶의 패턴은 대체로 아이가 5세나 6세가 될 시기에 고착된다. 말하자면, 이 시기에 일어나는 일단의 상황들이 아이의 열등한 상황에 특별한 색깔을 입히며 아이의 삶의 목표를 굳히게 된다는 뜻이다. 그렇게 되면 안전이나 완전성, 우월 등으로 여겨지는 것들을 추구하는 행동 패턴이 생겨나게 된다. 만약에 아이가 훗날 교육이나 처지의 갑작스런 변화를 통해서 통찰을 얻지 못한다면, 그 같은 행동 패턴은 역동적이고 통일된 강을 이루며 지속적으로 흐르게 된다.

개인이 자신의 경험을 통해 배우는 경우는 극히 드물다. 자기 자신에게 객관적일 수 있는 기술을 사전에 배운 사람이라야만 경험에서 배울 수 있다. 말하자면 자신의 행동 패턴에 변화를 줄 수 있다는 뜻이다. 이 기술은 좀처럼 저절로 배워지지 않는다. 이 기술은 대체로 외부 영향이나 교육을 통해 얻어진다. 절대다수의 인간은 자신의 경험을 자신의 패턴에 맞춰 왜곡시킨다. 사람들은 무의식적으로 그런 식으로 살고 있다. 그렇기 때문에 대체로 보면 주로 본인에게 어울리는 경험이 일어난다. 어떤 의미에서 보면, 우리의 경험은 어린 시절의 열등한 상황과 그 상황을 보상하려는 삶의 목표의 본질에 따라 결정된다. 자신의 삶의 패턴을 완벽하게 이해하는 방법을 배우고, 필요하다면 그 목표를 바꿀 수 있고, 또 자신의 행동에서 좋은 점과 나쁜 점을 파악할 줄 아는 개인만이 자신의 운명의 주인이고 자신의 영혼의 선장이라고 할 수 있다. 개인 심리학은 사람들이 자신의 목표와 자신의 패턴을 이해하도록 돕고 또 그것들을 변화시킬 수 있도록 돕는다. 적어도 신경증적인 행동에 따를 수 있는 큰 잘못을 작은 실수로 대체할 수 있도록 한다는 점에서 보면, 개인 심리학은 분명 사람들이 행동 패턴을 바꿀 수 있도록 돕는다. 이 점이 개인 심리학의 최고 미덕이다.

우월의 목표가 확정되기만 하면, 각 개인은 현실의 장애들이 허락하는 한 최대한 직접적으로 그 목표를 성취하기 위해 앞으로 나아간다. 개인은 이 목표를 이루기 위해 적절한 도구와 적절한 가치를 선택한다. 우리는 이 도구를 성격적 특성이라고 부르고, 도구 전체를 인격이라고 부른다. 한 인간의 인격은 그 사람이 인생의 목표를 성취하기 위해 선택한 도구와 장비의 총합이라고 볼 수 있다. 다른 심리학 체계에서 아주 흔하게 사용되고 있는 "인격의 분열"이라는 이론은 어떤 심리적 현상을 묘사하기만 할 뿐 설명은 하지 않는 허구이다. 인격은 이 에세이의 서두에서 설명한 바와 같이 하나의 통일성이다. 그렇다면 "인격의 분열"처럼 보이는 것은 다른 상황에 대처하기 위해 다른 세트의 도구들을 선택한 것에 불과하다. 어느 날 주식시장에서 과감하게 투자하는 모습을 보이다가 이튿날 소극적인 자세를 보인 투자자를 놓고 인격의 분열로 힘들어한다고 말하면 우스꽝스럽게 들릴 것이다. 이 투자자의 목표와 패턴은 그대로이다. 돈을 버는 것이 목표이고 패턴인 것이다. 오직 그것을 성취하는 도구만 바뀌었을 뿐이다.

개인이 선택하는 구체적인 도구는 그 사람의 체질과 환경, 시대, 그리고 그가 맞닥뜨리는 저항에 따라 달라진다. 그래서 "야심가"의 공격성과 성자의 순종만큼이나 서로 크게 다른 삶의 패턴이 존재하게 되는 것이다. 무솔리니(Benito Mussolini)와 간디(Mahatma Gandhi)는 똑같은 목표를 추구하고 있었을 것이다. 단지 시대와 환경이 그들로 하여금 서로 상관없는 수단을 선택하도록 강요했을 것이다. 아이들의 경우에 삶의 패턴은 종종 부모의 특별한 관심에 의해 좌우된다. 설교자의 아들들이 자주 범죄자가 되고, 변호사와 경찰관의 아들들이 종종 범죄자가 되는 것은 결코 우연이 아니다. 반항아의 기질이 있는 아이는 부모의 고압적인 권위에 압도당하고 있다고 느껴지면 재빨리 부모의 심리적 약점을 찾고 부모의 패턴이 가진 아킬레스건을 건드리는 경향을 보인다. 특히 형이 탁월한 재능을 갖고 있을 경우에 동생은 같은 분야에서 경쟁할 것을 두려워하여 다른 영역의 활동을 선택할 수 있다. 만약 장남이 아버지의 모델을 따르고 있다면, 둘째 아이는 가족의 총애를 놓고 첫째와 경쟁을 벌이면서 거의 틀림없이 어머니를 이상으로 선택하고 형의 모델을 비하하면서 자신에게 남은 유일한 길을 따르며 안전과 통일성을 추구할 것이다.

이런 식으로 각 개인은 자신의 모든 경험을 검사할 통각(統覺) 체계를 세운다. 그 사람이 자신의 온갖 경험에 들이대는 것은 이런 식으로 인위적으로 발달시킨 잣대이다. 그리스 신화에 나오는 프로크루스테스와 그의 악명 높은 침대에 관한 전설이 이 통각 체계를 가장 그럴듯하게 묘사하는 것 같다. 프로크루스테스가 자신의 침대 크기에 맞춰 키가 작은 불행한 방문객의 몸을 잡아 늘리거나 키가 지나치게 큰 방문객의 발을 잘랐듯이, 각 개인도 자신의 통각 방식이라는 프로크루스테스의 침대에 맞춰 모든 경험을 재단하게 된다. 바로 여기서 똑같은 경험이 개인에 따라 다르게 받아들여지는 이유가 확인된다. 또 다른 비유를 이용한다면, 제1차 세계대전이 있다. 불행한 전쟁을 거치면서, 야수적인 면을 보인 사람도 있고 포탄 쇼크로 신경증에 걸린 사람도 있고 세계 평화를 위해 적극적으로 노력하게 된 사람도 있다. 그런 한편 삶의 패턴의 본질 때문에 그런 경험에도 전혀 아무런 영향을 받지 않고 예전 모습 그대로 남은 사람도 있다.

　개인 심리학은 상대적인 과학이며, 기준을 내세우는 법칙들의 집합은 아니다. 개인 심리학에는 절대적인 충동 같은 것도 없고, 모든 병에 두루 통하는 만병통치약 같은 것도 없고, 개인의 구원을 위한 단순한 공식 같은 것도 절대로 없다. 그럼에도 우리 시대에 적절한 상대적인 어떤 공식을 대략적으로 소개하는 것은 바람직하다. 이 공식을 갖고 있으면, 우리는 그것과 신경증 환자나 범죄자, 정신병 환자라고 부르는 사람들의 행동을 쉽게 비교할 수 있을 것이다. 여기서 과감하게 정상적인 사람을 대략적으로 묘사한다면, 완전한 인간 존재가 되는 것을 삶의 목표로 가진 사람일 것이다. 이 목표를 달성하기 위해 그 사람은 자신의 개인적 약점과 어린 시절의 경험을 사회적으로 값지고 생산적인 일로 보상하려 할 것이다. 그런 인간 존재는 정직과 성실, 책임감을 발달시킬 것이다. 나이가 듦에 따라, 그의 사회적 연결과 유용성은 더욱 넓어질 것이고, 태도도 더욱 훌륭해질 것이고, 용기도 더욱 커질 것이다. 그는 행동과 판단과 봉사 활동 등에서 더욱 독립적인 존재가 될 것이지만, 그의 활동은 어디까지나 그 시대의 사회적 필요에 지배당할 것이다. 의미를 추구하는 노력을 통해서도 해소되지 않은 야망이나 자만심은 사회복지에 기여하는 쪽으로 승화될 것이다. 그 사람은 이성(異性)을 동료로 존중할 것이고 노동뿐만 아니라 삶의 특권까지도 이성과 똑같이 나누려 할 것이다.

이처럼 과감하게 그린 개요에서도, 대부분의 인간 존재들은 이 규범에서 멀리 벗어나 있다는 사실이 명백해진다. 소수의 인간 존재들만이 인류애와 인간성을 삶의 목표로 잡고 있다. 많은 사람들은 자신의 삶의 목표를 다음과 같은 표현으로 압축할 수 있을 것이다. "난 신처럼 되고 싶어." "난 모든 사람의 주목을 받고 싶어." "난 모든 사람의 사랑을 받아야 해." "나는 섹스로 모든 여자(혹은 남자)를 정복해 행복하게 해 줘야 해." "나는 100% 완벽한 남자가 되어야 해." "나는 최소의 노력으로 최대의 행복을 누리고 싶어." "나는 사악한 동료 인간들의 음모에서 벗어나야 해."

"나는 모든 책임을 피하고 어린 시절의 낙원으로 돌아가야 해." "나는 평생 아기처럼 살고 싶어." "나는 지식으로 환경을 지배해야 해." "나는 사회가 나를 돌봐주도록 평생 아파야 해." "나는 모든 위험을 피해야 해." 이와 비슷한 삶의 목표는 어린 시절의 상황을 그릇 평가한 데 따른 결과이다. 아이가 처음에 자신에 대해 열등감을 심하게 느낄수록, 보상적인 차원에서 나오는 우월의 목표는 그만큼 더 높아지고 신이라는 이상에 더 가까워진다. 병에 걸린 아이는 완벽하게 건강하기를 원하고, 가난한 아이는 부자가 되기를 원하고, 근시를 가진 아이는 세상을 시각적인 것으로 바꿔놓기를 원하고, 행동이 서투른 아이는 완벽한 행동을 원하고, 미움 받는 아이는 인간의 능력을 넘어서는 그런 사랑을 원한다. 무능한 아이의 목표는 전지전능이다. 개인의 권력과 안전은 성장이나 발달과 더불어 온다는 진리를 깨닫기 오래 전에 그 목표가 설정되기 때문에, 개인의 삶의 목표가 인간의 포부와 활동으로 이룰 수 없는 경우가 종종 있다.

개인은 살아가는 과정에 이따금 목표를 성취했다는 느낌을 주관적으로 느끼는 어떤 기법을 발견한다. 그러면 이 기법이 이차적인 목표로 부상할 것이다. 이젠 수단이 목표를 능가하는 현상이 나타난다. 이런 경우에 개인은 원래의 목표를 보지 않게 되고 평생 동안 바보처럼 자신이 선호하는 도구를 되풀이하고 확장하다가 그만 한 인간 존재로서 지닌 능력을 망치고 만다. 예를 들어 보자. 응석받이로 큰 아이는 어머니의 사랑이라는 낙원을 잃어버렸다고 느낀다. 그러면 몇 년 동안 이 아이의 목표는 책임을 지지 않아도 좋은 응석받이 아이가 되고, 또 위험한 병에 걸리는 것이 된다. 그렇게 되면 부모가 예전의 위로와 관심을 다시 보이며 아이의 곁을 지킬 것이기 때문이다. 이 같은 경험은 권력을 휘두르는 수단으로서, 그리고 자신의 이상을 성취하는 한 방법으로서 병의 가치를 아이에게 가르쳐준다. 아이는 병이라는 두 번째 목표를 삶의 목표로 정하고 모든 새로운 과제와 결정, 어려움 혹은 장애에 똑같은 장치, 즉 병으로 접근한다.

어떤 도구를 하나의 삶의 목표로 격상시키는 이 기법의 비극은 그 개인이 자신의 내면에 진정한 파워를 정상적으로 발달시킬 기회를 잃게 된다는 사실에 있다. 이 파워야말로 그에게 객관적인 안전을 보장할 터인데도 말이다. 그 도구의 실질적인 유효성도 위험해진다. 왜냐하면 그런 사람은 병을 통해 얻은 주관적인 안전이 거짓이라는 것을 알고 있기 때문이다. 또 그런 사람은 그 병을 재발시켜야 하는 필요성 때문에 정신적으로 고문을 당하다가 그만 건강과 관련해 자기연민에 빠져 세상과의 접촉을 잃을 뿐만 아니라 삶의 즐거움까지 잃고 말기 때문이다. 신경증의 비극은 모든 신경증 환자가 삶의 책임을 회피하느라 치르는 대가가 책임감을 갖고 살 때 치르게 되는 대가보다 결과적으로 훨씬 더 크다는 사실에 있다. 신경증 환자는 자신의 무의식적 장치들이 발각될 수 있다는 두려움을 끊임없이 느끼는 상태에서 살고 있다. 그는 삶을 두려워하고 죽음을 두려워한다. 그러면 그는 용기라고는 하나도 없는 산송장이된다.

다리가 부러진 사람은 달리기를 하지 않는 데 대해 어떠한 정당화도 필요하지 않다. 그러나 신경증 환자는 동료에 대한 관심 부족과 무책임, 성취의 실패, 우유부단, 꾸물대는 버릇, 소심, 성적 도착(倒錯), 허영심, 야망, 자기연민 등을 정당화하느라 세월을 다 보낼 것이다. 모든 인간 존재의 내면에는 인간 사회 안에서 인간적인 존재가 되고 협력할 필요성을 인정하는 무엇인가가 있다. 그것을 어떤 사람은 양심이라고 부르고, 어떤 사람은 '오버 소울'(over-soul)이라고 부른다. 그 이름은 중요하지 않지만, 그런 것이 존재한다는 것만은 신경증 환자들이 자신의 실패를 정당화하려고 끊임없이 노력한다는 사실에 의해서도 입증되고 있다. 모든 신경증은 "나는 하지 않을 거야."라는 말을 인위적으로 (대체로 무의식적으로) 다듬은, "나는 능력이 없어."라는 말로 대체하는 것에 지나지 않는다. "나는 하지 않을 거야"라고 말하면, 사회의 비판을 불러일으킬 수 있다. 그러나 "나는 능력이 없어."라는 말은 신경증 환자를 정당화할 뿐만 아니라 그의 실패의 책임을 집단에게로 넘기는 결과까지 낳는다. 그런 한편 신경증 환자는 주관적으로 그 같은 행태가 정당하다는 느낌과 면죄부를 받았다는 느낌을 받는다. 이렇듯 신경증은 자기기만의 장치이다. 말하자면 자신에게 유익한 일을 하지 않기 위해 제시하는 불행한 알리바이가 바로 신경증이라는 뜻이다.

어른들의 신경증은 어린 시절의 "문제"로 시작한다. 모든 "문제" 아이는 잠재적 신경증 환자이다. 그러나 "문제" 아이들은 "문제" 환경에서만 나온다. 말하자면 "문제" 아이들은 나쁜 환경에 대한 정상적인 반응인 것이다. 그런 아이들은 인간의 본성을 무시하는 거친 환경에서 아주 잘 자란다. 정신위생은 교육의 문제이며, 알프레드 아들러는 아이들의 행동의 일탈을 막는 데 자신의 방법을 적용함으로써 이 문제를 해결하려 나섰다. 이것이 아들러가 사회에 기여한 최대의 공로이다. 물론 다른 정신과의사들도 신경증이 어린 시절에 시작한다는 것을 알고 있었다. 그러나 아들러는 어린 시절의 행동의 일탈을 조사하는 기법을 개발했을 뿐만 아니라 그 일탈을 예방하고 제거하는 기법까지 개발했다. 그리하여 개인 심리학은 심리치료의 한 체계라는 원래의 범위를 크게 벗어나면서 사회학과 교육학의 초석이 될 수 있었다.

어린 시절의 신경증은 언제 어디서 시작하는가? 신경증을 잘못된 삶의 패턴에서 나온 산물로 여겨도 무방할 것이다. 달리 말하면, 자신의 열등한 상황을 잘못 해석하고 현실과 객관성, 공동체적 삶의 법칙들을 침해하는 어떤 과잉보상의 패턴을 무의식적으로 촉발시킨 사람이 현실에서 극복하기 힘든 장애에 봉착할 때, 그 사람은 새로운 패턴을 만들어내게 된다. 이 새로운 패턴이 바로 그의 신경증이다. 이 패턴은 장애를 해결하지 못한 실패를 정당화하려는 시도이거나 그 장애를 피해가려는 정신적 우회이다. 어떤 경우에 그 사람은 망상적인 체계를 만들어냄으로써 장애가 존재한다는 사실 자체를 부정하는 패턴을 보이기도 한다. 또한 신경증은 문제와 장애가 존재하지 않았던 옛날의 상황을 복구하려는 시도를 보인다. 아니면 자신의 실패에 책임이 있다고 생각하는 사람들에게 복수하는 형식으로도 신경증이 나타난다.

어린 시절에 나타나는 신경증의 몇 가지 예는 신경증의 역학을 이해하는 데 도움을 줄 것이다. 세상에 태어난 뒤로 6년 동안 소화에 어려움을 겪은 한 외동아이는 주변의 극진한 보살핌 속에 응석받이로 자랐다. 지금 이 아이는 난생 처음으로 유치원이라는 공동체에 적응해야 하는 과제에 직면하고 있다. 그때까지 이 아이의 생활은 당연히 그런 적응에 대한 준비로는 최악의 상태였다. 유치원은 환경을 지배하려는 삶의 패턴을 가진 아이가 처음 겪는 좌절이다. 그 전까지, 아이는 주변의 어른들이 자신의 요구를 들어주지 않을 경우에 밥을 먹지 않고 단식투쟁을 벌였다. 그러면 즉시 아이의 부모는 무릎을 꿇었다. 이 단식투쟁이 아이의 신경증의 전조였다. 왜냐하면 이 아이는 부모에게 항의의 뜻을 전하고 부모를 굴복시키기 위해 자신의 신체적 열등을 악용하고 있었기 때문이다. 그렇다면 이 아이는 20명의 아이로 이뤄진 공동체의 평범한 구성원이 되어야 하는 힘든 문제에 직면한 가운데 열등한 소화기관의 "방언"을 이용하여 그 전에 했던 것과 비슷한 방법으로 항의를 표시할 것이다. 아이는 매일 아침 학교 계단에서 구토를 한다. 이 같은 행동을 그 기원과 목표, 또 그 목표를 이루는 수단이라는 차원에서 조사하면, 아이의 행동이 이해될 것이다. 이 아이는 유치원에 적응하는 것 자체를 불가능하게 만듦으로써 자신에게 호의적이었던 그 전의 상황으로 돌아가기를 원하고 있는 것이다.

또 다른 예를 보자. 첫 아들 다음에 여동생이 태어난다. 이 여자 아이는 예쁜 생김새와 애교로 오빠 대신에 가족의 애정을 독차지하게 된다. 이런 경우에 소년은 그런 상황을 이해하지 못하고 자신이 여동생 때문에 권좌에서 쫓겨났다고 생각하며 동시에 그 전까지 애정을 쏟았던 어머니에게 배신감을 느낀다. 이 소년은 점점 다음과 같은 식으로 엉터리 삶의 목표를 정하게 된다. "여자들을 조심해야 해. 여자들은 모두 배신자야. 여자는 모두 적이야!" 이 소년은 어린 시절과 사춘기를 거치는 동안에 모든 소녀들을 짓궂게 집적거리고, 여성적인 모든 것을 얕보고, 여선생 앞에서 공부하길 거부하고, 자신의 남성성을 지나치게 강조함으로써 그런 무의식적 목표를 추구할 것이다. 이 소년의 프로크루스테스 공식은 이런 식으로 굳어질 것이다. "남자는 선(善)이고, 여자는 악이야." 사춘기에 이를 때, 이 소년은 삶에서 여자와 여자의 역할을 엉터리로 평가하는 체계를 체화할 것이다.

성적 성숙이 새로운 문제를 제기한다. 이 단계에서 신경증은 몇 가지 방향 중 하나를 취할 것이다. 만약에 이 소년이 친절한 남자 선생의 영향 아래에 놓이게 되거나 여자와의 관계에서 발견하지 못했던 그런 편안한 느낌과 연대감을 주는 친구를 만나게 된다면, 그는 아마 동성애라는 신경증을 선택할 수 있다. 이런 식으로 전개된다면, 그는 자신의 모든 사랑을 남자들에게로 돌릴 것이다. 왜냐하면 그의 그릇된 생각에는 여자를 만나 사랑하고 결혼하고 진정한 인간적 관계를 형성하는 것이 불가능해 보이기 때문이다. 이때부터 그는 여자들과의 관계를 철저히 피하고, 남자들 사이의 우정을 미화한 책이나 여자들의 배신을 다룬 책을 읽음으로써 동성애자가 되기 위한 준비를 시작한다. 그러면서도 그는 이 책들이 다른 실망한 남자들이 자신의 실패를 정당화하기 위해 쓴 것이라는 사실을 깨닫지 못한다.

그런 한편, 그는 자신의 성적 성숙을 여자들을 지배할 수 있는 또 다른 도구로 여기면서 돈 주앙 같은 인물이 될 수도 있다. 이렇게 될 경우에 그에겐 모든 여자가 자신의 성적 우월을 입증해야 하는 도전으로 다가온다. 이런 삶의 패턴에 필요한 한 부분으로, 그는 성교는 곧 파트너를 종속시키는 행위라고 느낄 것이다. 그러면 그는 여자들과의 관계에서 진정한 행복을 전혀 느끼지 못할 것이다. 이런 남자들은 결혼이라는 둘만의 공동체에는 전혀 관심이 없고 오직 여자들의 꽁무니를 쫓아다니는 데에만 관심을 보일 것이다.

　아이들이 적응을 꽤 잘하고 서로 생활도 잘 꾸려 나가고 있는 대가족의 막내를 보자. 이 아이는 형들이나 누나들과 경쟁을 벌여야 한다는 생각에 지레 겁을 먹는다. 이런 경우에 아이는 대단히 힘들어 보이는 현실 세계를 대체하기 위해 나름대로 공상과 꿈의 세계를 구축한다. 아이는 다른 소년이나 소녀와 인간적 접촉을 하는 것이 무섭다. 왜냐하면 자신의 약점을 지나치게 깊이 느끼고 있기 때문이다. 이 아이는 동화 같은 새로운 세계를 구축하고, 자기만의 언어를 쓰고, 자기만의 가치와 이상(理想) 체계를 갖고 있다. 다른 아이들과 접촉할 수 없는 탓에, 이 아이는 자신의 내면에서 환상적인 동무들을 상상하고 있다. 아이는 다른 아이의 언어를 말할 수 없기 때문에 자기만의 언어를 개발한다. 이런 아이에게는 인격의 분열이라는 허구가 필요하다. 왜냐하면 어떠한 인간도 철저히 혼자서는 살 수 없기 때문이다. 따라서 아이가 다른 아이들과 접촉할 수 없게 되면 상상의 친구들을 만들어낼 것이다. 그러면 이 상상의 친구는 어떠한 위험도 안기지 않고 온갖 요구를 다 들어주며 아이의 이상적인 세계의 그림과 딱 맞아떨어질 것이다.

　이 아이가 학교에서 진짜 문제에 봉착하게 되거나, 아니면 의미를 추구하려는 자신의 노력이 사춘기나 질병의 중압과 긴장 때문에 더욱 힘들어진다는 사실을 깨닫게 될 때, 그가 고립과 부정(否定), 외부 세상과의 단절 같은 패턴을 발달시키는 한편으로 내면생활에 충실한 모습을 보이는 것은 전혀 이상한 일이 아니다. 이런 아이들 중 일부는 점진적으로 삶과 조화를 이루며 시인이나 몽상가, 극작가, 소설가가 되고 이따금 철학자와 심리학자가 된다. 그러나 이런 아이들의 문제가 육체적 결함 때문에 더욱 복잡하게 꼬이기라도 하면, 아이들은 정신분열증을 일으킬 확률이 훨씬 더 높다.

정신분열증의 증상으로 제시되는 모든 것들, 말하자면 인격 분열과 무언증, 자기만의 언어, 비관주의, 성적 일탈 등은 이 징후들의 공통분모인 절망에 비춰보면 쉽게 이해된다. 의사들이 정신분열증에 나타나는 행동, 이를테면 고립과 무책임이라는 목표를 향해 나아가는 행동의 논리를 이해하기만 하면, 정신분열증은 치료 불가능한 병이라는 허구가 깨어질 것이다. 아들러가 보여준 바와 같이, 정신분열증 환자를 치료하는 의사가 환자보다 더 낙관적인 마음을 갖는다면, 정신분열증도 치료가 가능하다. 의사가 절망에 빠진 환자와 교류하면서도 마치 환자가 추론을 제대로 하고 있는 것처럼 행동하는 것이 정신분열증 치료에 필요한 조건을 조성하는 길이다.

삶의 패턴

인간의 삶의 패턴의 다양성을 묘사하는 작업은 대략적으로 하는 것조차도 불가능하다. 그러나 모든 인간 존재가 문제에 봉착하면서 처하게 되는 상황을 대략적으로 그리는 것은 가능하다. 인간과 우주의 관계 때문에 인간이 직면해야 하는 문제들이 있는데, 이 문제들은 세 개의 집단으로 분류할 수 있다. 사회의 문제와 일의 문제, 섹스의 문제로 나눌 수 있는 것이다.

첫 번째 집단의 문제들은 인간이 생물학적으로 공동체 생활을 필요로 하게 되어 있다는 사실에서 비롯된다. 인간이기를 바라는 모든 사람은 어떤 공통의 끈, 특히 언어와 이성(理性), 상식, 공감 등을 통해서 동료 인간들과의 연결을 확고히 다져야 한다. 사회는 개인을 위해 존재한다. 사회는 개인이 타고난 재능과 힘을 최대한 발달시키기 위해 고안한 최고의 수단이다. 두 번째 집단의 문제, 즉 일의 문제는 각 개인이 사회 구조를 떠받쳐야 하는 필요성에서 비롯된다. 개인은 사회에 분담금을 내야 하는데, 이 분담금을 우리는 유용한 일이라고 부른다. 세 번째 집단의 문제는 인간의 양성애 기질에서, 그리고 이 기질이 사랑과 결혼이라 불리는 사회적 조건을 통해서 최대한 잘 해결된다는 사실에서 비롯된다. 사랑과 결혼의 외적인 형식은 시대와 장소에 따라 다 다르지만, 사랑과 결혼은 시대와 장소를 불문하고 공동체의 사회적 선(善)과 밀접한 관련이 있다.

이 세 가지 문제는 우리 모두가 각자 역할을 맡아야 하는 거대한 '스리 링 서커스'(three ring circus: 같은 공간 안에서 공연이 동시에 세 곳에서 벌어지는 서커스/옮긴이)에 빗대어 설명될 수 있다. 이 문제들을 해결하는 것은 각 개인의 재량에 맡겨지는 그런 개인적인 과제가 아니다. 인간 사회는 집단과 개인의 상호 보호적인 기여를 통해서만 존재할 수 있다. 그러나 다른 모든 서커스에서와 마찬가지로, 우리가 우주라고 부르는 큰 천막 아래에서도 사이드 쇼(side show:곁들이는 작은 쇼)가 아주 다양하게 펼쳐진다. 어떤 사이드 쇼는 주 무대와 가깝고, 어떤 사이드 쇼는 주 무대와 다소 멀다. 인간이 펼치는 코미디를 관찰하는 사람은 틀림없이 많은 인간 존재들이 이 사이드 쇼를 벌이느라 바쁘다는 사실을 발견할 것이다. 이들의 활동이 3개의 거대한 링 안에서 공연하는 사람들의 활동보다 훨씬 더 열정적인 것처럼 보인다. 이 사이드 쇼 공연자들이 바로 신경증 환자들과 정신병 환자들이며, 이들의 과잉 행동은 자기 자신과 동료 인간을 기만하게 되어 있다. 그들은 자신이 주요 무대에서 벗어나 있다는 사실에 대한 정당화로 선의와 절망, 무책임, 극단적인 활동성을 드러내 보인다.

그렇다고 이 사이드 쇼 공연자들이 인간으로서 져야 할 의무를 악의적으로 피하고 있다고 믿어서는 안 된다. 그들이 사회적으로 무용한 패턴을 지속하고 있는 이유는 모든 인간 활동이 일관성을 보인다는 사실을 모르고 있기 때문이다. 그들은 도전할 준비가 되어 있지 않은 상태에서도 보다 큰 삶의 영역을 갈망하면서 그 영역을 따라잡지 못하는 자신의 실패에 대한 책임을 면하려고 노력한다. 그런 상황에서 이런 소리가 자주 들릴 것이다. "만약에 …하기만 하면, 나도 …할 수 있을 텐데." "나도 알아. 하지만 …" 그런 사람들의 신경증은 바로 "만약에"라거나 "하지만"이라는 단어로 표현되고 있다. 신경증 환자나 정신병 환자는 망설이는 모습을 보이고, 실천 불가능한 조건을 달고, 움츠리고, 자신의 책임을 동료가 대신 지도록 한다.

신경증의 첫 단계는 아들러가 "머뭇거리는 태도"라고 부른 징후들이 나타나는 것으로 시작된다. 의심과 우유부단, 지연, 비관주의, 삶에 대한 경시, 불안, 소심, 과도한 야망(언제나 개인적 권력이나 지배에 대한 야망이다), 고립, 무관심, 비정상적인 피로, 조바심 등이 머뭇거리는 태도의 성격적 특징들이다. 인간의 모든 활동은 어떤 목적을 갖고 있다는 사실을 고려한다면, 이런 특징의 목적도 추론 가능할 것이다. 의심과 우유부단, 게으름을 성격에 대한 정적인 묘사로 여겨서는 안 된다. 이런 특징들도 실제로 보면 저마다 목적에 적절한, 매우 동적인 도구들이다. 그 목적이란 삶의 결정적인 테스트를 피하고, 문제에 대단히 느리게 접근하고, 많은 사람들의 정상적인 활동으로부터 "거리"를 두는 것이다. 정상과 신경증의 경계선은 서로 겹치고 선명하게 구분되지 않는다. 그렇기 때문에 인간 존재의 정상적인 목표와 활동으로부터 떨어진 그 "거리"가 신경증의 심각성을 판단하는 유일한 기준이다.

인류의 대부분은 목구멍이 포도청인 관계로 각자 일의 문제를 어느 정도 해결하게 되어 있다. 그럼에도 불구하고, 이 영역 근처에서 벌어지는 사이드 쇼도 아주 많다. 동료 시민들의 동정심에 의지하며 살아가는 거지 같은 개인은 틀림없이 사이드 쇼 예술가로 여겨질 수 있다. 경제적인 이유로 각자의 성적 기능을 왜곡시키는 뚜쟁이와 매춘부도 비슷한 범주에 속한다. 사기꾼이나 범죄자, 그리고 선량한 사람들을 등치며 살아가는 지하 세계의 사람들은 일이 저주가 아니고 개인을 해방시키는 한 형식이라는 점을 절대로 깨닫지 못한 개인들이다. 사회에 기여할 기회를 갖지 못할 만큼 직장을 밥 먹듯 바꾸는 사람들, 정상적인 작업 조건에 적응하지 못하는 사람들, 다른 인간을 착취하는 것을 업으로 삼는 사람들은 일의 의미와 가치를 이해하지 못한 불행한 사람들이다.

　카드나 마작을 하거나 수다를 떨면서 권태에서 벗어나려 하는 여자들, 자신의 힘을 믿지 못해 "운"(運)을 숭배해야 하는 도박가들, 동료 인간들의 탐욕과 무지를 악용하는 남녀들은 인류의 행복에 생산적으로 기여하는 데 따르는 어려움을 직시할 용기를 갖지 않은 사람들이다.

　사람들 사이의 연결과 협력의 분위기가 하루가 다르게 강화되고 있는 세상에서, 고립은 사실상 불가능하다. 인간과 접촉할 다리를 모조리 끊어버린 정신이상자들만이 고립될 수 있을 뿐이다. 앞에서 암시한 바와 같이, 개인의 이상적인 사회관계는 동료 인간들과 접촉할 다리를 최대한 많이 건설하는 것이다. 인간이 믿을 수 있는 유일한 안전은 동료 인간들의 선의에 근거한 안전이다. 교육이 실패한 탓에, 불행한 많은 영혼들이 동료들과 접촉할 다리를 건설하지 않고 벽을 쌓음으로써 안전을 확보하려고 시도하고 있다. 고립의 기술은 결과적으로 속물근성이나 편협, 혐오, 의심, 질투, 시기, 이기주의의 기술이다. 계급의식과 사이비 애국심, 당파성, 자만, 허영, 염세(厭世)는 자기중심적인 은둔의 도구들이다. 무례와 현학적 꼼꼼함, 무뚝뚝함, 천박함, 겉치레는 사회적 적응을 더욱 어렵게 만든다.

　이런 것들이 사회적 삶의 사이드 쇼들이다. 성적인 문제들과 관련한 우리 시대의 훈련은 성을 대하는 태도를 정상적으로 발달시키기에 부적절하다. 우리는 지금도 여전히 남녀 간에 협력보다 적개심이 원칙인 그런 세상에 살고 있다. 또 성적인 문제의 해결은 다른 문제와 달리 개인의 생활에 절실히 필요한 것이 아닌데다가 이 문제를 원만히 해결하려면 상당한 정도의 사회적 감정이 요구된다. 그렇기 때문에, 이 영역의 사이드 쇼는 아마 다른 두 영역의 사이드 쇼보다 월등히 더 많을 것이다. 이 사이드 쇼들을 모두 열거하는 것은 이 에세이의 범위 밖이다. 여기서는 우리 시대에 성적 일탈이 존재한다는 것은 상당한 비율의 사람들이 성적 영역에서 사이드 쇼를 벌이고 있다는 사실을 보여주는 증거라고 말하는 것으로도 충분할 것이다. 성적 일탈의 예를 든다면, 남녀 모두에게서 확인되는 동성애와 여자의 성불감증, 남자의 발기 부전, 성교 통증, 매춘, 사디즘과 마조히즘, 페티시즘, 과도한 자유연애, 극단적인 엄격주의, 포르노그래피 숭배, 타블로이드 신문의 성적 문제 악용, 피임 관련 정보에 관한 합법적 금지 등이 있다.

여기에다가 금욕과 자위행위 공포증, 백인 여성의 강제 매춘, 조혼, (부모가 이성 자식에게 비정상적으로 애착을 느끼는 것과 같은) 육체적 및 정신적 근친상간, 강간, 이 시대의 도착적인 성행위 등을 보탠다면, 우리는 "개화된" 평균적인 남녀가 성적 문제에 대처할 준비가 크게 부족하다는 사실을 깨달을 것이다. 어떤 심리학 체계가 인간의 모든 고뇌는 성적 부적응으로 시작하고 모든 신경증은 성적 기능의 탈선에서 비롯된다고 전제해도 전혀 놀랄 일이 아니다. 아들러 심리학의 학생들은 재빨리 이 심리학 체계의 바탕에서 오류를 찾아낼 것이다. 성적 행동은 절대로 신경증이나 정신이상의 원인이 아니다. 성적 행동은 신경증이나 정신이상의 한 징후일 뿐이다. 성적 행동은 종종 신경증의 첫 번째 신호가 된다. 그러나 어떤 개인의 행동 패턴을 전체적으로 주의 깊게 분석하고, 그의 삶의 목표와 그 목표에 접근하는 방법을 검토하면, 그 사람의 사회적 반응과 직업적 반응에서도 신경증적인 태도가 발견될 것이다.

개인 심리학의 치료 방법

개인 심리학의 치료는 개인 심리학의 철학적 전제를 근거로 하고 있다. 신경증의 "치료"는 신경증 환자에게 자신의 잘못을 들여다볼 통찰력을 제시하고 또 그의 방법이 비효율적이라는 점을 보여주면서 환자가 보다 나은 목표와 패턴을 발견하도록 용기를 불어넣는 기술에 주로 의존하고 있다. 이는 곧 정신과의사가 신경증 환자의 숨겨져 있는 지배 목표를 환자에게 드러내 보여주고, 신경증 환자의 무의식적 패턴이 형성되는 과정을 추적하고, 신경증 환자의 통각 공식을 찾아내서 그것을 환자의 현재 활동과 욕망뿐만 아니라 환자가 내놓는 자전적 자료에도 적용하고, 최종적으로, 신경증 환자에게 보다 인간적인 목표들이 신경증의 엉터리 안전보다 훨씬 더 큰 만족을 안겨준다는 점을 확신시켜야 한다는 뜻이다. 신경증 환자를 설득시킬 때에는 당연히 우호적인 분위기에서 대화가 이뤄져야 한다.

신경증 환자가 어딘가에서 어린 시절의 상황을 잘못 해석했다는 사실을 찾아내면서, 아들러 학파 정신과의사는 신경증 환자의 어머니가 성취하지 못한 역할을 재연한다. 아들러 학파 정신과의사는 선의와 인내와 공감의 태도를 보임으로써 환자의 마음을 얻는다. 환자는 어린 시절의 열등 상황을 다시 체험하면서 자신의 열등 콤플렉스는 어린 시절에 객관적인 상황을 오해한 결과 생긴 불필요하고 주관적인 산물이라는 사실을 깨닫게 된다. 그러면 신경증 환자는 인간의 우정이라는 보루가 고립이라는 가짜 성벽보다 훨씬 더 튼튼하다는 사실을 배운다.

환자를 분석하고 재교육하는 동안에, 아들러 학파 정신과의사는 개인적 권위를 모두 벗어던진다. 이것은 정신분석의 방법과 정반대인데, 정신분석의 경우에는 분석가가 환자에게 맹종을 요구하며, 환자에게 비판을 허용하지 않는다. 아들러 학파의 재교육은 그 성격상 의사와 환자의 합동 연구처럼 보인다. 환자는 자신의 삶에서 자료를 끌어내고, 정신과의사는 그 자료를 해석함과 동시에 환자를 격려한다. 정신과의사는 자신의 통찰의 우월성을 가능한 한 낮추려고 노력한다. 훌륭한 교육자처럼, 아들러 학파의 정신과의사는 자신의 지위를 이용하여 학생에게 굴욕감을 안기는 것이 아니라 용기를 불어넣는다.

정신과의사와 환자는 서로 머리를 맞대고 새로운 목표를 찾아낸다. 이때 목표는 언제나 능동적이고 인간적인 목표가 된다. 둘은 동시에 환자가 목표를 성취하는 데 적절한 방법도 새롭게 모색한다. 첫 몇 차례의 상담 동안에 상황에 대한 분석이 대략적으로 이뤄지기 때문에, 환자의 과거 세부사항에 대한 연구에 시간이 훨씬 적게 든다. 과거의 세부사항은 삶의 패턴을 확인시키는 데에만 쓰일 것이다. 패턴이 확인되기만 하면, 기존의 가치 있는 요소들을 새로 고안해낸 보다 효과적인 삶의 패턴으로 통합시키는 일에 많은 시간을 투입하게 된다.

이런 식으로 진행되는 치료에서 정신과의사가 환자를 교화하거나 설교를 할 기회는 절대로 있을 수 없다. 정신과의사는 환자보다 도덕적으로 조금도 더 우월한 위치에 있지 않다. 정신과의사의 태도는 언제나 이런 식이다. "나라면 이런 삶의 기술을 어떤 상황에서, 또 어떤 목표를 추구할 때에 이용하게 될까?" 모든 신경증은 기본적으로 낙담의 부산물이라는 것을 잘 알고 있는 가운데, 정신과의사는 환자에게 쉬운 과제를 준다. 당연히 환자가 풀 수 있는 과제이다. 이런 식으로, 환자는 용기와 사회적 감정이라는 자본을 점점 더 키워간다. 그러는 가운데 정신과의사는 환자에게 점점 더 어려운 과제를 제시한다. 그런 식으로 접근하다 보면, 환자의 행동 패턴이 3가지 영역의 삶의 문제 전부에서 정상에 가까이 다가서게 된다. 기본적으로 아들러 심리학에서는 정신과의사와 환자의 관계는 선생님과 학생의 관계와 비슷하다.

환자를 완벽한 인간으로 만들려는 시도는 절대로 하지 않는다. 환자가 새로 얻은 통찰로 누리는 혜택은 신경증에 따랐던 중대한 잘못을 사소한 실수로 대체할 수 있다는 점이다. 보다 충만한 삶을 삶으로써, 신경증 환자는 삶의 기쁨을 더 많이 누리게 된다.

개인 심리학을 따르는 심리학자는 행동과 품행에 문제가 있는 아이들에게 아들러가 제시한 기법을 적용하면서 이 기법이 간단하면서도 효과가 크다는 사실을 깨닫는다. 환자의 기록을 읽거나 환자의 어머니가 자식의 문제점을 설명하는 내용을 들으면, 정신과의사는 대체로 아이가 안고 있는 구체적인 문제의 본질에 대한 통찰을 얻을 수 있다. 문제아는 단순한 패턴을 보인다. 그러기에 그 신호들을 읽고 해석할 줄 아는 사람들에겐 치료 방법이 거의 즉시적으로 분명히 보인다. 이 책에 소개되는 사례들이 보여주듯이, 문제아는 이 에세이의 첫 부분에서 묘사한 요소들 중 일부 혹은 전부 때문에 낙담한 아이이다. 진짜 문제는 언제나 아이에게 어려움과 장애를 추가로 안기면서 아이의 정상적인 발달 경로를 가로막는 부모에게 있다.

그렇다면 문제아의 치료는 대개 아이의 역동적인 행동 패턴을 이해할 수 있도록 부모와 선생을 교육시키고 아이를 낙담시키는 요소들을 최대한 제거하는 것으로 이뤄진다. 개인 심리학이 논리적으로 단순하다는 점은 아이들이 이 심리학의 작동을 이해하고 그 관점을 받아들인다는 사실로도 입증되고 있다. 환자가 아주 어린 아이인 경우에는 부모와 정신과의사가 아이를 낙담시키는 요소들을 제거해주기만 하면 문제가 쉽게 풀린다. 나이가 많은 아이들인 경우에는 용기와 독립, 사회적 감정의 습득에 관한 훈련이 필요하다. 개인 심리학이 아이가 가진 문제 행동을 모두 치료할 수 있다고 주장하지는 못하지만, 부모와 선생이 치료에 현명하게 협력할 수 있을 때에는 아주 힘든 환자들까지도 개인 심리학의 치료에 반응을 보인다.

알프레드 아들러는 언제나 학교가 예방적인 정신 위생 진료소로 아주 이상적인 공간이라고 주장했다. 모든 아이는 학교에서 교실과 과제라는 사회적 상황에 처하면서 세상의 축도를 경험한다. 아들러의 접근법과 아이의 마음에 영향을 미치는 아들러의 기술을 배운 선생은 학교에서의 임무가 한결 가벼워졌다는 사실을 발견할 것이다. 신경증적인 행동 패턴을 인지하는 것이 그 행동 패턴을 정상적인 경로로 방향을 다시 잡는 첫걸음이다. 식물이 태양과 비와 적절한 토양에 확실히 반응하듯, 아이들은 격려와 이해에 분명히 반응한다. 부모와 선생들이 아이를 이해하고 격려하는 것은 아이들을 정적인 상태에 놓아둠으로써 낙담시키는 것만큼이나 쉽다. 아들러 심리학은 "인간 존재는 무엇이든 할 수 있다."는 신념을 첫 번째 원리로 제시한다. 이 원리는 나름의 한계를 갖고 있기도 하지만, 인간관계의 실질적인 원리로서 아주 소중한 가치를 지닌다. 한 가지만은 확실하다. 선생들이 아이들을 나쁘거나 어리석거나 게으르거나 신경증적인 아이로 분류할 때, 그렇게 해서 성취되는 것은 하나도 없고 오히려 아이들을 어리석고 신경증적인 아이로 만들 뿐이라는 사실이다. 아이들은 주변 사람들이 기대하는 대로 성장하게 되어 있다. 아이를 인간 사회의 조직에 잘 적응하고 있는 것처럼 다뤄보라. 그렇게 한다고 해서 손해 볼 일은 하나도 없고 종종 기적이 일어날 수 있다.

개인 심리학을 간단히 소개하는 이 에세이는 염세주의자나 소심한 사람들을 위한 것이 아니다. 그러나 인간 존재는 꾸준히 불을 피울 불씨를 품고 있다고 믿는 독자들, 또 인간 존재는 인간적인 존재가 됨으로써 행복할 권리를 누린다고 믿는 독자들은 이 글에서 공부를 계속할 자극을 받을 수 있었으면 좋겠다. 이 책에 소개되는 사례들은 그런 독자들이 인간의 삶의 패턴을 읽는 기술을 이해하는 데 많은 도움을 줄 것이다. 노련한 뮤지션이 교향악의 악보를 읽듯이, 독자들은 주변 사람들을 보면서 삶의 패턴을 읽어낼 것이다. 개인 심리학은 학문 이상으로 하나의 예술이다. 개인 심리학을 적용하는 작업은 창조적인 직관의 문제, 즉 인류 역사 내내 위대한 시인과 위대한 선생을 탄생시켰던 그런 인간적인 노력과 공감하는 문제이다. 삶을 충실하게 살면서 삶의 비애와 환희를 깊이 느껴보지 않은 사람들은 그 예술을 마스터하기 어렵다. 그럼에도 생각하는 사람은 모두 개인 심리학의 근본적인 원리들을 통달하고 응용하는 훌륭한 장인이 될 능력을 갖추고 있다.

베란 울프(엮은이)

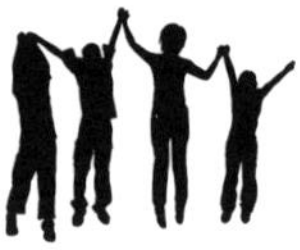

차례

패턴 # 1.

엄마가 가족을
지배하는 환경

오늘은 만 12살을 4개월 남겨 놓은 로버트를 고려할 것이다. 로버트의 선생은 소년이 지적 장애가 있는 것이 아닌가 하고 의심하기도 한다. 지적 장애의 문제는 아주 힘들고 복잡하다. 당연히 진단에도 특별히 조심해야 한다. 왜냐하면 한 인간 존재로서 이 환자의 실패 혹은 성공이 전적으로 우리의 결정에 좌우될 수 있기 때문이다. 이 나이의 정상적인 소년이라면 초등학교 5학년일 것이라고 기대하는 것이 합리적이다. 그러나 환자 기록부에는 이렇게 적혀 있다.

"소년은 학교에서 진도를 제대로 따라잡지 못하고 있다. 소년은 3
학년이며, 지능지수가 매우 낮다. 수업 시간에 조용하고 유순하다.
과거에도 소년은 언제나 느리고 내성적이었으며, 말도 아주 늦게
배웠다."

이 소년 환자의 경우에 정말로 지적 장애가 상당한 것처럼 보인다. 하

지만 간혹 정상적인 아이도 동작이 굼뜨고 내성적일 수 있다. 왼손잡이인 경우에 특히 그런 경향이 더 강하다. 왼손잡이 아이는 손놀림이 민첩하지 않은 경우가 자주 있다. 왼손잡이 아이는 그런 식으로 실패와 패배를 여러 차례 겪다가 지나치게 조심하게 되고, 그러다보면 움직임이 느리게 된다. 이 소년이 말을 매우 늦게 배웠다는 사실이 조금 걱정된다. 지적 장애가 있는 아이들이 공통적으로 말을 배우는 데 어려움을 겪기 때문이다.

정신적 지체가 심한 아이들은 말을 전혀 배우지 못한다. 그런 한편 응석받이로 큰 아이들 중에도 늦게까지 말을 배우지 않는 유형이 있다. 독일어에는 이런 유형의 아이들에게 쓰는 특별한 단어가 있지만 영어에는 없다. 이런 아이들은 말이 들리지 않는 것도 아니고 신체적 조건이 말을 하지 못하는 것도 아닌데도, 들을 수는 있지만 말을 하지 못한다. 그런 상황이라면 아이가 지적 장애를 가졌는지 여부를 결정하기가 매우 힘들어진다. 왜냐하면 이런 아이들 중 일부는 나중에 지적이고 또 대화에도 탁월한 것으로 확인되는 경우가 자주 있기 때문이다. 나는 역사 속의 인물이나 지금 생존해 있는 사람들 중에서 처음에 대단히 힘들어했지만 나중에는 말을 아주 아름답게 할 수 있었던 사람들을 알고 있다. 이 소년의 경우에 우리는 두 가지 패턴 중 하나를 확인하게 될 것이다. 지적 장애를 가진 아이의 패턴을 찾게 되든지, 응석받이로 큰 아이의 패턴을 찾게 될 것이란 뜻이다. 어떤 면에서 보면, 응석받이로 큰 아이의 패턴과 지적 장애를 겪는 아이의 패턴은 똑같다. 이 아이의 경우에 두 가지 패턴이 결합되어 있을 수 있다. 그렇기 때문에 진실이 무엇인지를 결정하는 일이 다소 힘들어질 것이다.

"소년의 아버지는 키가 작고 뚱뚱하고 소극적인 사람이며, 어머니는 매력적이고 활달한 여자이다. 소년의 집에는 열여섯 살과 열네 살인 누나가 둘 있다. 부모는 서로 마음이 맞고 싸우는 예도 없었지만, 어머니가 가정을 지배하고 있다. 어머니의 말에 따르면, 아버지는 딸들을 더 좋아하고 소년은 어머니와 더 가깝다."

소년은 가족의 외동아들과 막내로서 어떤 이점을 누리는 것처럼 보인다. 모순처럼 들릴지 모르지만, 나는 부모 중 어느 한쪽이 가정을 지배하는 환경에서 부부의 결혼생활이 행복한 경우를 많이 보지 못했다. 이 어머니가 아들이 자기와 더 가깝다고 말할 때, 그녀는 솔직하지 못했다. 그녀는 아마 "내가 아이를 응석받이로 키워 망쳐놓았어요."라는 말을 덧붙여야 했을 것이다.

"소년은 다른 가족보다 엄마에 대한 말을 더 자주 한다. 가족은 소년을 '버스터'(Buster: 건강하고 씩씩한 사내아이라는 뜻/옮긴이)라고 부른다. 소년의 발달이 느리기 때문에, 매우 부적절한 별명이다. 소년의 누나 둘은 고등학교에 다니고 매우 똑똑하다."

가족 중에서 한 아이가 매우 똑똑할 때, 다른 아이들이 문제를 안고 있을 확률이 높다. 똑똑한 아이의 탁월함이 다른 아이들을 더욱 열등해 보이게 만들 수 있다. 지금 고려하고 있는 이 소년 환자에게도 아마 이런 일이 벌어지고 있을 것이다. 지나치게 귀염을 많이 받으며 자란 아이는 쉽게 낙담한다. 로버트도 그랬을 수 있다. 그렇다면 로버트의 경우에 약간의 희망이 있다. 지적 장애가 있는 아이보다 지적인 아이를 낙담시키는 것이 더 쉽기 때문이다. 따라서 로버트가 학교에 가기 전까지는 용기 있는 아이였다고 결론을 내릴 수 있을 것이다. 어쨌든 로버트는 지적 장애의 예가 아닐 수 있다.

> "시험을 거쳐 입학했으며, 두 누나의 기록도 소년의 지적 능력을 짐
> 작하게 한다. 소년의 현재 선생이 소년을 낙담시켰음에 틀림없다."

이는 우리의 견해를 충분히 뒷받침한다. "아버지는 소년에게 부정적
인 태도를 보이고 있다. 아버지는 소년이 그런 상태로 태어났고 또 언제
나 그런 상태일 것이라고 믿고 있다. 어머니는 아이들 중에서 매를 맞으
며 자란 아이는 없다고 말한다. 어머니는 '외동아들이고 막내인데, 이
아이가 다른 아이와 다르다는 사실을 확인한 것은 큰 충격이었다.'고 말
한다."

아버지의 절망도 소년을 낙담시키고 있다. 왜냐하면 아버지가 자식에
게 품은 의견대로 성장하는 아이가 자주 있기 때문이다. 이런 사실 때문
에, 아이에게 용기를 북돋워주고 아이가 자신도 정상적인 발달을 꾀할
수 있다는 희망을 품도록 만드는 것이 우리의 과제가 될 것이다. 아이가
공립학교에서 3학년까지 올라갔다는 사실을 감안할 때, 나는 로버트의
경우는 절망적이지 않다고 믿을 수밖에 없다.

여기서 로버트에 대해 단지 문제아일 뿐이라고 생각하도록 하자. 말하
자면 지적 장애 문제는 고려 대상에서 완전히 배제하자는 말이다. 그러
면 가족 안에서 소년의 위치가 매우 제한적이라는 사실이 확인될 것이
다. 한편으로 보면, 소년은 자기 어머니와 매우 밀접하게 연결되어 있으
면서 그녀의 지지에 의존하고 있다. 또 다른 한편으로 보면, 소년은 자기
보다 똑똑한 누나들의 경쟁 상대가 되지 못하고 있다. 로버트는 용기가
없기 때문에 싸우지도 않는다. 이미 들은 대로, 로버트는 언제나 조용히
지낸다.

이런 상황에 처한 소년이 매우 잘 발달할 것이라고 기대하는 것은 무리이다. 예를 들어, 소년의 상황을 좁은 공간에서 자라는 세 그루의 나무에 비유할 수 있을 것이다. 만약에 세 그루 중에서 두 그루가 난관을 극복하고 강하게 자란다면, 세 번째 나무는 자유롭게 성장하지 못한다. 아이들의 세계도 이와 다를 게 하나도 없다. 이 가족의 경우 딸들이 이미 활용 가능한 공간을 모두 차지했으며, 따라서 소년은 자신의 목표를 낮게 잡지 않을 수 없었다. 말하자면 소년이 자신 있게 앞으로 발달하며 나설 수 있는 상황이 아니라는 뜻이다. 이런 식으로 우리는 이 소년의 발달의 전체 패턴을 설명할 수 있다.

"딸들은 서로 매우 친하게 지낸다. 소년은 자기와 함께 산책도 하고 영화관에도 가는 큰누나에 대한 말을 더 자주 한다. 소년은 작은누나가 자기를 집적거린다고 주장한다. 그래서 소년도 보복으로 작은누나를 괴롭힌다."

작은누나와 소년은 각각 그 상황의 극단적인 면을 보여주고 있다. 작은누나는 적극적이고 공격적이다. 환자 보고서에 작은누나에 관한 내용이 별로 없음에도, 작은누나는 가족 안에서 첫째가 되려고 노력하는 아이임에 틀림없다. 그런 한편 소년은 끊임없이 낙담하는 가운데 노력하길 포기하고 구석에 처박혀 있는 것에 만족하고 있다. 소년과 작은누나가 서로를 괴롭히고 있다는 사실은 둘이 경쟁하고 있다는 점을 보여주고 있다. 작은누나는 열네 살이고 소년은 열두 살에 가까워지고 있다. 이는 작은누나가 두 살 반일 때 소년이 태어났다는 뜻이다. 작은누나는 소년의 출현으로 인해 권좌에서 밀려났다는 느낌을 받았으며, 소년을 대상으로 한 그녀의 공격이 대단히 성공적이었기 때문에 소년은 거기에 맞서 경쟁하려 들지 않았다.

> "가족의 경제사정은 괜찮았다. 어머니는 가정을 돌보고, 아버지는
> 지역에서 식료품점을 운영하고 있다. 딸들은 옷을 잘 입었으며 여가
> 시간에 별도의 일을 하지 않는다. 방이 다섯 개이고 침대도 다섯 개
> 이다. 가족은 모두 각자의 침대에서 잔다. 소년은 벽 쪽으로 얼굴을
> 돌린 자세로 잠을 자고 가끔 보면 몸을 잔뜩 움츠린 상태에서 잔다."

나는 잠자는 자세를 연구했다. 그 결과 사람들이 밤에 잠을 자는 모습
을 지켜보는 것으로도 많은 것을 알아낼 수 있다는 사실을 확인하게 되었
다. 소년의 태도는 이렇게 말하는 것처럼 보인다. "나는 용기가 없어. 나
는 아무것도 보고 싶지 않아." 소년이 몸을 잔뜩 움츠릴 때, 그것은 자신
이 사라지고 싶다거나 고슴도치처럼 자신의 몸을 돌돌 말고 싶다는 뜻이
다. 그렇게 하면 적에게 노출될 위험이 없을 테니까.

> "아버지는 소년과 같은 방에서 잠을 잔다. 어머니는 아들이 잠들 때
> 까지 소년과 함께 누워서 달래줘야 할 때가 간혹 있다고 말한다."

이 대목이 중요하다. 왜냐하면 소년이 매우 무서워하면서 엄마에게 겁
이 많은 자신을 응원해 달라고 요구하고 있다는 사실을 보여주기 때문
이다. 소년은 하나의 독립적인 존재로 움직이길 원하지 않으며 어머니
의 주의를 끌도록 자신의 행동을 조정하고 있다. 소년을 자기 엄마가 없
는 상황에, 말하자면 학교 교실 같은 곳에 있도록 해 보라. 그러면 소년
은 금방 낙담할 것이다. 어떤 면에서 보면, 소년은 잠을 자는 자세에서
보듯 현실에 등을 돌리고 눈을 감을 것이다. 소년은 어떠한 문제도 직면

하고 싶어 하지 않는 것이 분명하다.

"어머니는 딸들이 어렸을 때 함께 잔 기간보다 아들과 함께 잔 기간이 훨씬 더 길다는 점을 인정한다. 부모는 둘 다 이탈리아계 사람이며, 여느 이탈리아계 가족처럼 아버지는 어머니와 딸들에게 어떠한 제한도 두지 않고 있다. 어머니는 '내가 집안을 전적으로 관리하고 있어요. 간혹 남편이 내가 너무 피곤해 하면 외출을 만류하지만 노골적으로 그렇게 강하게 반대하지는 않아요.'라고 말한다."

어머니의 말은 로버트가 자기 누나들보다 어리광을 더 많이 부렸다는 사실을 뒷받침하고 있다. 이미 우리가 의심한 대로이다. 더욱이, 아버지는 여자를 얕보지 않으며 가정을 지배하는 아내를 말리려는 시도도 하지 않았다.

"소년의 육체와 관련한 역사는 다음과 같다. 어머니는 소년을 출산할 때 12시간이나 산고를 겪었지만 어떠한 기구의 도움도 받지 않았다. 산고에 힘든 부분이 있었으며, 출생 도중에 소년의 얼굴에 푸른색이 많이 돌았다. 출생 후 몸무게는 5kg이었다."

출산 때 겪는 어려움은 아이의 발달에 생각만큼 중요하지 않다. 아마 소년의 머리가 컸을 것이다. 태어날 때 보면, 소년들이 소녀들보다 머리가 큰 것이 일반적이다.

"어머니는 아들이 귀여운 아기가 아니었으며 태어났을 때 피부가 노랬다고 말한다. 아이는 생후 2개월 때 홍역에 걸렸으며, 그 영향이 생후 15개월까지 이어졌다. 일찍 머리를 가누었으며, 6개월 때 똑바로 앉았다. 첫 이빨은 8개월 때 났으며, 이때 젖을 뗐다. 그 이후 아기에게 음식을 먹이는 것이 상당히 힘들었지만, 적절한 방법을 발견하기도 전에 아이의 장에 염증이 생겼다. 15개월 때부터 어머니는 오줌을 가리는 훈련을 시작했으며, 그 결과 소년은 두 살 때 오줌을 완벽하게 가릴 수 있었다. 아이에게 대구 간유를 조금씩 먹였다. 어머니는 아이가 크는데도 말을 하지 않자 뭔가 잘못되었다고 생각했다. 아이는 두 살 때 걸었다.”

출생을 지켜보았던 의사만이 이 아이의 노란 피부와 때 이른 홍역에 관한 정확한 정보를 제시할 수 있다. 아이가 두 살 때까지 걷는 것을 배우지 못했다면 구루병에 걸렸을 수 있다.

“아이는 가족이, 특히 어머니가 가장 잘 이해하는 몸짓과 몇 가지 소리로 의사소통을 했다.” 어머니가 아이의 이런 몸짓을 이해한 것은 매우 불행한 일이다. 말이 필요하지 않았기 때문에, 소년이 말을 배울 욕망을 별로 품지 않는 것은 놀라운 일이 아니다.

“아이의 청력에 전혀 아무런 문제가 없다. 의사는 어머니에게 소년에 대해서는 더 이상 걱정하지 말고 가만 내버려두라고 했다. 그러다 보면 언젠가 말을 하게 될 것이라는 진단이었다. 소년은 다섯 살에 말을 하기 시작했다. 소년의 임파선과 편도선이 제거되었다. 소년은 아픈 적이 없었고 모든 것을 잘 먹는다.” 어떠한 변덕을 부려도 주변 사람들이 다 들어주는 경우에 아이가 네 살 이후까지 말을 하지 않는 예는 드물지 않다. 그런 한편, 이런 아이들은 음식 투정을 곧잘 부리고 밤에 오줌을 사는 경우가 많다.

이 소년 환자는 이런 짓을 하지 않기 때문에, 이 대목에서 우리는 소년이 자기 어머니와 더 이상 좋을 수 없을 만큼 우호적인 관계를 유지했다고 결론을 내려야 한다. "2년 전부터 소년은 시력을 교정하기 위해 안경을 끼고 있다. 소년은 1년 반 쯤 전에 혼자 옷을 입는 법을 배웠다. 그런 뒤에도 소년은 꾸물대는 편이기 때문에 옷을 빨리 입어라는 재촉을 끊임없이 들어야 했다. 소년이 좌우 신발을 제대로 찾아서 신는 데도 시간이 많이 걸린다. 소년은 키(150cm)와 몸무게(45kg) 모두 또래의 아이들에 비해 월등히 크다."

소년이 열 살이 될 때까지 옷을 혼자서 입는 법을 배우지 않았다는 것은 그가 심하게 응석받이로 컸다는 사실을 보여주는 확실한 증거이다. 소년은 스스로 옷을 입는 것에 관심이 없었다. 가만있으면 엄마가 도와줄 것이기 때문이다. 소년이 또래의 아이들보다 더 크다는 사실은 뇌하수체의 병에 따른 징후일 수도 있지만 단순히 어머니가 아들을 잘 먹여 소년이 건강한 아이라는 증거일 수도 있다. "소년은 오른손으로 글을 쓰지만 그 밖의 모든 것은 왼손으로 한다."

이것은 아주 중요한 사실이다. 왜냐하면 소년이 선천적으로 타고난 왼손잡이로서 오른손에 맞춰진 세상에 적응하는 문제 때문에 낙담했을 수 있다는 점을 보여주기 때문이다.

"소년은 언제나 자기 엄마와 큰누나와 가까웠다. 소년은 아버지에 대해 좀처럼 언급하지 않는다."

대부분의 시간을 엄마와 함께 보내는 응석받이 아이들을 보면, 아버지가 어머니와 경쟁하지 못하는 그런 상황이 자주 확인된다. 이 소년의 아버지는 자기 아들에 대해 절망을 느낌으로써 정말로 큰 잘못을 저질렀다. 큰누나의 경우에는 소년 환자를 쉽게 설득시킬 수 있을 것이라고 나는 확신한다. 그러나 소년이 자기 아버지와 화해하는 것은 훨씬 더 어려운 문제이다. 어머니가 있는 한, 아이는 언제나 어머니 쪽을 바라볼 것이다. 아버지는 아들과 함께 여행을 하면서 아이와 멋진 시간을 보내고 아이와 "친구"가 되어야 한다. 어느 시점에 아버지는 로버트에게 자신이 아들의 지능에 대해 품었던 의견이 잘못이었다는 점을 고백해야 한다. 우리의 치료는 먼저 소년과 아버지가 화해를 이루는 것으로 시작되어야 한다.

"어머니가 아이에게 심부름을 시킨다. 그러면 아이는 즐거이 심부름을 하고 또 그 일에 대해 말한다. 어머니는 아들을 가게에 보내 두 가지 이상의 물건을 사오도록 할 때에는 반드시 쪽지에 품목을 적어야 했다. 이 보고서가 작성되기 시작된 이후에, 가게 주인이 소년의 어머니에게 품목을 적는 쪽지를 이용하지 않는 것이 좋겠다고 제안했다. 그 이후로 소년의 기억력이 향상되는 것이 확인되고 있다." 혼자서 활동하는 데 익숙하지 않은 아이를 가게로 심부름을 보낼 때, 아이가 두 가지 이상의 품목을 기억할 것이라고 기대하기는 어려울 것이다. 그러나 가게 주인은 소년을 이해하고 있고, 소년의 상황에 대해 잘 알고 있다. 평범한 사람들 중에도 그런 이해력을 가진 사람들이 많이 있다. 향상이 눈으로 확인되었고 또 향상의 가능성이 있다는 사실은 매우 좋은 신호이다. 그 같은 사실은 우리가 발견하는 잘못들 대부분이 해소될 수 있다는 믿음을 갖게 만든다.

"가끔 어머니는 소년이 상상 속의 아이와 대화하는 것을 목격한다. 소년이 말하고 있는 상대는 언제나 소년이다. 그럴 때면 소년은 거리의 소년처럼 거친 투로 말한다. 소년의 얼굴은 고양되는 빛이 역력하며 마치 싸우고 있는 것처럼 보인다." 많은 아이들이 이런 식으로 가공의 아이와 대화하는 놀이를 한다. 그렇게 오랫동안 말을 하지 않은 소년이 지금 말하는 훈련을, 그것도 혼자가 아니라 가상의 다른 아이를 앞에 놓고 하고 있다는 사실은 매우 흥미롭다. 로버트는 나중에 작가나 극작가가 될 수 있을 것이다. 왼손잡이 아이들은 종종 예술가가 된다. 우리는 이 소년의 놀이에서, 그리고 이 소년이 자기 누나들과 싸운다는 사실에서 소년이 동성인 소년과의 교제를 바라고 있다는 식으로 추론할 수 있을 것이다. 어쩌면 소년은 이미 여자에 대해 공포를 느끼고 여자들의 힘을 과대하게 평가하고 있을지도 모른다. 소년의 어머니가 사람들을 지배하려 드는 여자이기 때문에, 소년은 특히 더 그럴 수 있다. 소년은 틀림없이 생생한 상상력을 갖고 있을 것이다. 이런 상상력은 소심한 아이들에게 매우 흔하다. 공상 속에서 담대하고, 당당하고, 용맹스럽기는 쉬운 일이기 때문이다.

정말이지, 소년은 겁쟁이이다. 그럼에도 자신이 겁쟁이라고 믿는 것은 자존심에 상처를 안긴다. 그래서 소년은 상상 속에서 자신이 정복자라고 믿고 있다. 여기서 우리가 해야 할 일은 소년에게 현실에서 용감해지는 길을 제시하는 것이다.

"소년은 거리에서 소년들과 어울리지 않는다. 소년은 '거리의 소년들은 나처럼 놀지 않아. 그 아이들은 언제나 싸우는데, 나는 싸우는 것을 좋아하지 않아.'라고 말한다. 간혹 소년은 조용한 웃음을 발작적으로 웃는다. 이 점을 어머니는 두려워한다. 웃음 발작은 심한 경우도 가끔 있지만 거의 언제나 사라진다." 소년은 소심하기 때문에 거리의 아이들과 놀지 않는다. 소년의 어머니가 무서워하는 웃음 발작은 어머니의 지배를 완화시킬 수 있는 도구이다. 아마도 어머니가 소년에게 굴복하지 않거나 소년에게 충분히 몰입하지 않을 때, 웃음 발작이 가장 심하게 나타날 것이다.

"소년은 간혹 잠을 자다가 벌떡 일어나 침대에 앉아서 혼자서 여러 가지 일에 관해 말한다. 그러다가 다시 조용히 누워 아무 일도 없었다는 듯 잠을 잔다."

많은 아이들이 밤에 엄마를 옆으로 불러오기 위해 외친다. 이 소년은 단지 자기 어머니에게 어떤 암시를 주는 선에서 만족하고 있다.

"학교에서 소년은 친구를 사귀려고 노력하지만 곧잘 낙담한다. 아이들은 소년을 피하지도 않고 소년과 특별히 친하게 지내려고도 하지 않는다. 소년은 선생들을 많이 거쳤지만, 옛날 선생들 중에서 소년이 이름을 기억하고 있는 선생은 딱 둘 뿐이다."

응석받이로 큰 아이가 쉽게 친구들을 사귀지 못하게 되면, 곧 그 아이는 친구 사귀기를 포기한다. 이 아이의 기억에 대해 말하자면, 아이는 선생들의 이름을 기억하지 못한다. 그가 그 선생들을 좋아하지 않았기 때문이다. 이는 기억력이 약해서가 아니고 잊고 싶은 욕망 때문이다. "소년이 학교에서 주변의 아이들에게 말을 걸기 시작한 것은 극히 최근의 일이다. 소년은 여섯 살에 학교에 입학해 3학년까지 다니면서 공부한 과목을 여러 차례 다시 들어야 했으며 지금은 3학년 2학기 과정을 다시 다니고 있다."

소년이 다른 아이들에게 말을 붙이지 않는다는 사실은 이 소년 환자가 얼마나 고립되어 있는지를 잘 보여주고 있다. 그럼에도 불구하고, 소년은 향상되는 모습을 보이기 시작하고 있다. 소년이 일찍 여섯 살에 학교에 입학한 것은 다행이다. 수업을 반복해서 들은 것이 소년에게 용기를 주었을 리는 만무하다. 우리는 소년이 학교에 그다지 관심이 많지 않다는 것을 이해할 수 있다. 여기서 우리의 임무는 소년에게 희망을 주는 것이다. 그렇게 하는 한 가지 방법은 소년이 노력한 결과가 신통치 않을 때에도 소년에게 좋은 성적을 주는 것이다.

이 방법은 들리는 것만큼 그렇게 나쁘지 않다. 이 소년에게 나쁜 성적을 줌으로써 낙담시키는 것은 아무런 의미가 없다. 나의 권고는 소년이 진전을 보일 때까지 소년에게 어떠한 성적도 매기지 말자는 것이다. 학교에서 소년에게 쉬운 과제를, 그러니까 이 소년이 확실히 풀 수 있는 과제를 주는 것도 좋은 방법일 것이다. 선생은 소년의 특별한 관심사를 찾아내야 하고 소년이 그 관심사를 추구할 수 있도록 용기를 불어넣어 줘야 한다. 소년에게 자신이 진정으로 소중한 학생이라는 느낌을 받도록 하는 것이 선생의 임무이다. 공립학교에서 이런 임무에 충실하기가 참으로 어렵다는 사실을 나도 잘 알고 있다. 또 다른 아이들이 로버트가 선생님의 총애를 받고 있다고 오해할 수 있다는 반대도 제기될 수 있다. 이에 대한 나의 대답은 이렇다. 학급 전체가 선생이 이 소년을 잘 다룰 수 있도록 도와줄 수 있는 분위기가 조성되어야 한다는 것이다. 만약에 다른 학생들이 이 소년을 돕고 나선다면, 환자는 크게 개선될 것이다.

"쓰기는 7학년 아이의 수준이다."

소년이 잘하는 분야가 하나 있다. 소년은 손을 많이 단련시켰다. 이것은 왼손잡이 아이로서 자신의 결점에 대한 보상이다. 이 특별한 단점을 극복했음에도 불구하고, 소년은 용기를 잃었다. 사람들은 대체로 성공보다 패배에 더 강하게 영향을 받는다. 소심한 아이의 패턴에서, 패배는 성공보다 훨씬 더 큰 영향을 미친다. "소년의 그림은 형편없다."

이 같은 진술에도 불구하고, 나는 로버트가 적절히 자극만 받으면 그림 그리기에 상당한 발전을 이룰 것이라고 믿는다. 이것은 형편없는 시력에 대한 보상이 될 것이다. 소년이 학교에서 안경을 끼지만 안경 끼는 것을 좋아하지 않기 때문에 눈을 훈련시키지 않았다고 선생은 말한다. "소년은 읽기에서 많이 뒤처진다."

일부 왼손잡이 아이들이 읽기가 늦다는 것은 잘 알려져 있다. 이는 왼손잡이 아이들이 단어 속의 글자를 거꾸로 보는 경향이 있기 때문이다. 로버트는 아마 그런 유형의 왼손잡이일 것이다. 나의 학생인 앨리스 프리드만(Alice Friedman)은 왼손잡이 아이들이 단어를 읽을 때 단어의 글자들을 거꾸로 뒤집는다는 사실을 발견했다. 오른손잡이들에겐 왼쪽에서 오른쪽으로 이동하는 것이 정상이다. 그러나 왼손잡이들에겐 오른쪽에서 왼쪽으로 이동하는 것이 훨씬 더 쉬우며, 이런 근본적인 경향은 그 사람의 전체 심리에 스며든다. 왼손잡이의 특이성을 제대로 인정받지 못하고 있는 왼손잡이 아이는 학교에서 여러 차례 실패를 경험하다가 결국에는 흥미를 잃고 만다. 이유는 왼손잡이 아이가 오른손잡이 아이들과 읽기에서 상대가 되지 않기 때문이다. 읽기와 그림 그리기에서 겪는 불운이 왼손잡이 아이가 겪는 모든 문제에 그대로 반영되기 때문에, 이 아이의 진전이 중단되는 것은 결코 놀라운 일이 아니다. 만약에 로버트가 왼손잡이와 관련 있는 읽기 장애로 힘들어하는 것으로 확인된다면, 우리는 그 문제를 바로잡아 줘야 한다.

우리의 진단을 도와줄 신호가 많다. 만약 로버트가 단어를 적으면서 글자들의 순서를 바꿔놓는다거나, 동물을 그리면서 오른쪽에서부터 왼쪽으로 그려나간다거나, 두 손을 움켜쥘 때 왼쪽 엄지손가락이 위로 오게 잡는다면, 아이는 틀림없이 왼손잡이이다.

"글자를 적을 때 3가지 특징이 나타난다. 소년이 단어를 제대로 알고 있을 때도 있고, 단어를 알고 있으면서도 글자 두 개를 거꾸로 쓰는 때가 있고, 모르는 단어인 경우에는 거의 틀림없이 'e'로 시작한다(많은 단어들이 'e'로 끝나고 이런 아이의 타고난 경향이 단어를 끝에서 시작하기 때문에, 모르는 단어를 'e'로 시작하는 것을 왼손잡이임을 말해주는 중요한 신호로 보는 것이 합리적이다/엮은이). 선생은 마지막 두 가지 사항을 왼손잡이의 탓으로 돌린다."

이것은 단지 소년의 절망을 보여주는 한 징후일 뿐이라고 나는 믿는다. 소년은 단순히 어떻게 해야 할지 그 방법을 모르고 있다.

"1926년 3월에 소년은 지능 검사를 했다. 당시에 그는 여덟 살이었지만 정신연령이 4년 6개월밖에 안 되는 것으로 나타났다."

여기서 이 소년이 지적 장애를 갖고 있다는 의심이 더욱 커진다. 그러나 지능 검사가 결정적인 것은 아니다. 우리의 진단을 멈춰서는 안 된다. 지나치게 어리광을 부리며 자란 아이는 학교에서 실패를 할 경우에 크게 놀란다. 그렇기 때문에 그런 패배를 겪고 나면 아이는 시험을 칠 때에 정신을 제대로 집중하지 못한다. 당연히 결과도 믿을 만한 것이 못 된다. 낮은 지능지수는 응석받이 아이의 패턴과도 딱 맞아떨어진다. 낮은 지능지수가 지적 장애를 겪는 아이의 특성인 것과 마찬가지이다. 심리 테스트 결과는 우리의 다른 모든 발견들과 일치할 때에만 소중하게 여겨져야 한다. 그러나 이 경우에 소년의 실패는 어머니의 지원을 받으려는 깊은 소망과 깊은 낙담 때문이다.

"스탠포드-비네 지능 테스트에 따르면, 소년의 지능지수는 52이

다. 그러나 소년은 매우 매력적이고 쾌활하며 테스트에 매우 협조
적이다."

마지막 문장은 소년이 응석받이로 컸음을 보여주는 또 하나의 근거를
제시한다. 동시에 소년이 자신의 매력을 이용할 수 있을 만큼 충분히 똑
똑하다는 점을 보여주고 있다. "소년이 자극에 반응하는 시간은 빠르고,
주의력도 좋다. 소년은 습관적으로 마지막 단어를 반복하고 있지만, 현
재의 선생은 그 같은 사실을 모르고 있다."

단어를 반복하는 것은 아이가 확신을 품지 못하고 있다는 점을 보여
주는 신호이며, 또한 머뭇거리거나 더듬음으로써 시간을 벌려는 시도이
다. 소년의 현재 선생은 이 결점을 발견하지 못했을 수 있다. 이유는 선
생이 이 소년을 강하게 압박하지 않고 있고 또 소년도 선생을 두려워하
지 않기 때문이다.

"소년은 지적 발달이 많이 늦으며, 색깔과 형태를 잘 구분하지 못한
다. (이때까지 소년은 안경을 끼지 않았다.)"

눈에 선천적인 결함이 있는 것은 의심의 여지가 없다. 그리고 소년은
색맹일 수도 있다. 소년이 형태를 구분하지 못한다는 사실은 적절한 훈
련이 되지 않았다는 점을 암시한다.

"숫자를 기억하는 능력은 네 살짜리 아이와 같고, 생각을 기억하는
능력은 세 살짜리 아이와 같다."

이 정보는 정말로 실망스러워 보이지만, 어른도 심각한 긴장 상태에

놓이면 숫자를 헤아리지 못하기도 한다. 시험을 치는 동안에 로버트의 감정과 태도가 시험 결과에 큰 영향을 미쳤을 수도 있다.

"소년은 학년 구분이 없는 반에서 공부하라는 권고를 들었지만, 그의 어머니가 동의하지 않았다. 그래서 소년은 열등반에서 다른 아이들과 함께 공부하게 되었다. 소년은 꿈이 전혀 없다고 말한다." 이 아이에게 꿈이 전혀 없다면, 그것은 소년이 현재 상태에 철저히 만족하고 있다는 신호이다. 그것은 또 소년이 엄마의 관심을 끈다는 목표에 도달했다는 점을, 또 세상이 소년에게 아무런 문제를 제기하지 않고 있다는 점을 말해주고 있다. 소년은 집과 학교에서 안전을 획득했으며 그러기에 이제 더 이상 노력을 하지 않는다.

> "처음에는 어린 시절의 기억이 전혀 없다고 말해놓고도 소년은 '어떤 어린 소녀가 나에게 자기 자전거를 타게 했다'고 말했다. 최근에 있었던 일인데도, 소년은 마치 오래 전의 일인 것처럼 말한다."

이 기억은 소년의 패턴과 맞아 떨어진다. 말하자면 모든 사람이 자신의 하인이 되길 원하는 그런 패턴 말이다. "야망에 대해 말하자면, 소년은 한때는 받아쓰기를 혼자서 스스로 할 수 있을 정도로 성장하기를 바랐고, 또 한때는 아버지를 위해 가게를 청소할 수 있기를 원했다." 만약에 소년이 첫 번째 야망을 제 스스로 표현했다면, 그것은 자신의 결점을 알고 있으면서 미래에 극복하길 원한다는 점을 암시하는 좋은 신호이다. 한편, 두 번째 야망은 소년이 자기 아버지로부터도 사랑을 받고 싶어한다는 점을 보여주고 있다.

> "또 다른 야망은 거리에서 놀 수 있을 만큼 자라는 것이다. 소년은

돈을 벌기 위해 일을 하는 것 따위는 좋아하지 않는다. 3가지 소망을 고려한다면, 소년은 커지고, 강해지고, 학과목을 배우는 쪽을 택하고 있다. 첫 두 가지는 꽤 자연스레 일어났다."

일을 피하려는 소년의 욕망에서 다시 낙담의 흔적이 발견된다. 소년의 야망에 관한 한, 나는 첫 두 가지는 특히 운동이 중요한 역할을 하는 미국에서 모든 소년이 품는 소망이라고 믿는다. 공부를 하겠다는 소년의 야망은 문제가 어디에 있는지를 보여주고 있다.

"집 안에서 책을 읽을 것인지, 아니면 거리에 나가서 놀 것인지를 놓고 선택할 기회가 주어질 때, 아이는 두 번째를 택한다. 선생은 이 소년 환자가 큰 덩치와 왼손잡이의 서투름에 낙담한 막내의 예라고 믿고 있다. 소년에게 책임질 일을 주라고 부모에게 부탁했다. 또 소년이 유익한 활동을 하면 놓치지 않고 칭찬을 하고, 소년이 보는 앞에서 누나들을 칭찬하는 것을 피하라고 일러주었다. 선생도 학급에서 아이에게 책임을 부여했다. 학생들에게 종이를 나눠주는 일이나 교실의 공기를 바꾸는 일이 소년에게 주어졌다. 소년은 그런 일을 하라는 신호를 즉각 알아차렸다. 처음에는 급우들에게 나눠줄 종이의 양을 잘 몰라 당황하곤 했으나 곧 나아지는 모습이 보였다."

선생이 이 소년을 돕기 위해 선택한 길은 아주 훌륭했다. 나도 그 이상의 방법을 떠올리지 못한다. 이 아이에게 나는 아이를 교육시키는 과정에 약간의 잘못이 저질러졌다는 점을 설명하고 싶다. 나는 소년이 자기도 누나들만큼 나아질 수 있다고 믿도록 용기를 불어넣어주고 싶다. 그러면서 소년에게 지금까지 성공하지 못한 것은 어머니를 지나치게 의존하고 자신감을 잃었기 때문이라는 사실을 설명해주고 싶다. 우리 모두가 소년의 성공을 믿고 있다는 점을 소년에게 보여줘야 한다. 그 성공이 즉시적으로 나타나지 않더라도 그렇게 해야 한다. 학습은 수영과 비슷하다. 처음부터 수영을 할 수 있었던 사람은 아무도 없다. 그렇지만 누구나 배우면 수영을 할 수 있게 된다. 이런 이치를 소년에게 쉽게 설명해줘야 한다.

아이는 또한 친구들과도 더 좋은 관계를 유지해야 한다는 점을 이해할 수 있어야 한다. 소년이 방과 후에 집단 활동이나 클럽 활동을 하도록 해야 했다. 그러면 아이는 낯선 사람들과 더 많이 어울리게 되고 따라서 자기 엄마와 함께 지내는 시간을 줄이게 될 것이다. 소년이 읽기에서 특별히 어려움을 겪는 이유를 설명해줘야 하고 읽기를 다시 교육시켜야 한다. 어른들이 소년을 절망감에서 구해낼 수 있다면, 소년은 반드시 나아질 것이다. 환자 기록부의 마지막 부분은 이미 소년이 올바른 길로 들어섰다는 점을 보여주고 있다. 나는 곧 선생이 소년의 향상을 확인하게 될 것이라고 확신한다. 이 외에, 우리는 어머니와 대화를 하고 아이가 똑똑하긴 하지만 어머니가 아이를 독립적으로 키울 수 있을 때에만 아이의 똑똑함을 즐길 수 있을 것이라는 점을 설명해줘야 한다. 이 소년 환자가 겪는 어려움을 통해서, 문제아 중에서 응석받이로 큰 아이들의 비중이 가장 큰 이유가 분명히 확인된다.

어머니가 들어온다.

아들러 박사: 로버트에 대해 몇 마디 나눠야겠어요. 로버트는 똑똑한 소년이에요. 또 소년이 겪는 어려움은 대부분 어머니가 아이의 문제를 대신 해결해주고 있기 때문에 일어나고 있어요. 그러면 아이가 독립적으로 행동할 필요성을 전혀 느끼지 못하게 되지요. 당신이 상황을 바로잡을 수 있어요. 아이가 보다 독립적으로 성장하도록 하고, 아이가 낯선 아이들이 있는 곳으로 가도록 하고, 친구들과 더 많이 어울리도록 해주면 돼요. 아이가 클럽에 가입하거나 자유 시간에 친구들과 어울려 놀도록 해줘야 합니다. 로버트가 어머니와 너무 오랫동안 함께 있는 것은 좋지 않아요. 왜냐하면 로버트가 어머니를 지배하는 요령을 알고 있고 당신에게서 무엇을 기대할 수 있는지를 언제나 알고 있기 때문이지요. 또한 소년은 왼손잡이일 것 같군요. 소년이 특히 읽기와 쓰기에서 어려움을 겪는 이유가 왼손잡이 때문일 거예요. 제대로 가르치기만 하면, 아이는 다른 아이들 못지않게 잘 쓰고 잘 읽을 수 있어요. 그러나 지금은 아이가 낙담한 나머지 제대로 배우려 들지 않아요. 지금까지 실패를 많이 경험했기 때문이랍니다. 아이가 혼자서 몸을 씻고 옷을 갈아입도록 해야 해요. 아이가 실패를 하더라도 잔소리를 하지 않도록 하세요. 또 소년이 아버지와 더 가까워지도록 하는 것도 중요합니다. 남편에게 로버트에게 기회를 많이 주라고 일러주세요. 아버지가 아이와 며칠 여행을 함께 하면서 아이의 친구가 되는 것이 좋겠어요. 소년에게 아버지가 아들의 성공을 믿는다는 점을 가급적 자주 알려줘야 합니다. 로버트는 정상적인 아이

라는 것이 나의 의견입니다. 당신이 허락하신다면, 지금 로버트와 대화하면서 아이를 독립적인 존재로 키울 수 있을 것인지 확인하고 싶군요.

어머니: 아이가 많이 놀랄 것 같아요. 이렇게 많은 사람이 있을 것으로 예상하지 않았기 때문에, 나도 크게 놀랐으니까요.

소년을 부른다. 소년이 강의실로 들어설 때, 어머니가 "이리 온, 버스터."라고 말한다. 그러자 아이는 곧장 어머니에게로 달려가 두 팔로 어머니를 끌어안는다.

아들러 박사: 네가 너의 어머니를 보호해야만 하는 거니? 나는 너의 어머니가 쓰러질 거라고 생각하지 않는데. 어머니가 혼자서도 잘 서 있을 수 있다고 생각하는데. 너는 언제나 어머니의 도움을 받고 싶은 거니, 아니면 성숙한 어른이 되고 싶은 거니?

로버트: 어른이 되고 싶어요.

아들러 박사: 너는 일을 너 스스로 하고 싶은 거니, 아니면 다른 사람이 대신 해 주길 바라는 거니?

로버트: 어머니가 대신해 주는 게 좋아요.

아들러 박사: 네가 어머니를 좋아하는 것은 아주 좋은 일이야. 하지만 어머니가 너를 대신해서 모든 일을 해 줄 것이라고 기대해서는 안 돼. 너는 스스로 많은 일을 처리할 때 더 큰 행복을 느끼게 될 거야. 이젠 모든 일을 너 혼자서 하도록 하려무나. 다른 아이들은 아주 일찍부터 혼자서 해. 너에게 약간의 문제가 있는 것은 네가 일을 혼자하는 것을 늦게 시작해서 그런 거야. 지금이라도 모든 일을 혼자 처리하기 시작하면, 너는 크게 나아질 거야. 양치질도 스스로 하고, 샤

워도 스스로 하고, 옷도 스스로 입어야 해. 너의 어머니가 네 일에 간섭하지 못하도록 해야 하는 거야. 그러니 너의 일은 네가 직접 하는 게 훨씬 더 낫지 않겠어? 너 수영 배웠니?

로버트: 배웠어요.

아들러 박사: 수영을 처음 배울 때 어려웠던 기억이 나지? 수영을 지금처럼 잘 하기까지 시간이 많이 걸렸을 거야. 무슨 일이든 처음에는 어렵기 마련이란다. 하지만 조금만 노력하면 너는 성공할 수 있어. 수영을 배울 수 있었다면, 당연히 읽기도 배울 수 있고 산수도 할 수 있는 거야. 그러나 줄기차게 노력해야 하고 또 인내심을 발휘해야 해. 너의 어머니가 대신 해주길 기대해서는 안 돼. 나는 네가 그런 것을 잘 해낼 수 있다고 믿어. 다른 아이들이 너보다 더 잘 한다고 해서 걱정할 필요는 하나도 없어. 너의 선생님께서 네가 최근에 향상을 이루고 있다고 하더구나. 그건 정말 대단한 일이야. 친구들과 함께 어울려 노는 건 어떨까? 클럽에 가입하는 것은?

로버트: 좋아요.

아들러 박사: 너에게 재미있는 클럽을 하나 소개할 거야. 거기서 너는 재미있게 놀고 친구들과 대화하면서 네가 얼마나 독립적인지를 보여주는 거야. 네가 아빠와 둘이서 여행을 하는 것도 좋은 아이디어일 것 같네.

로버트가 자기 엄마와 함께 강의실을 떠난다.

학생: 왼손잡이에게 오른손으로 글을 쓰는 것을 가르쳐야 합니까?

아들러 박사: 두 가지 이유로 그렇게 하는 것이 바람직하다고 생각해요. 우선, 우리의 문명 자체가 오른손잡이이지요. 둘째, 어떤 사람이

언제나 왼손만을 쓴다면, 사람들의 눈에 두드러지게 된다는 점이지요. 그러면 왼손만 쓰는 사람은 자신은 다르거나 동등하지 않다고 믿게 됩니다. 여러분은 틀림없이 왼손잡이들에 관한 불쾌한 통계를 보았을 것입니다. 그러나 나의 통계는 왼손잡이 중에서 예술적인 소질을 가진 사람이 많다는 점을 보여주고 있어요. 약하기 마련인 오른손을 제대로 훈련시키면, 예술적 재능을 특히 잘 발휘할 수 있어요. 왼손잡이 아이가 오른손을 쓰도록 훈련시킬 경우에 그 아이가 말더듬이가 된다는 미신이 있지만, 이런 미신을 진지하게 받아들여서는 안 되지요. 분명히 말하지만, 오른손에 대한 훈련이 엉터리로 이뤄진다면, 아이는 비난을 듣고 수치심을 느끼게 됩니다. 그러면 아이는 말을 더듬는 부작용을 보일 수도 있어요. 선생이 아이가 기본적으로 왼손잡이인지 오른손잡이인지를 아는 것이 대단히 중요해요. 아이가 왼손잡이라서 어려움을 겪을 수도 있으니까요.

학생: 중학교에 들어갈 준비가 되어 있는 10세 소년이 양손을 다 쓰면서 매우 조숙한 모습을 보인다면, 박사님께서는 어떻게 하시겠습니까? 이 소년은 오른손으로 글을 쓰라고 강요하면 신경이 대단히 날카로워지며 울기도 합니다.

아들러 박사: 훈련을 잘못 받았기 때문이지요.

학생: 이 소년은 피아노를 아주 잘 칩니다.

아들러 박사: 피아노에 쏟는 관심을 이용해서 오른손을 훈련시킬 수 있어요. 그런 훈련은 소년과 개인적인 관계가 없는 사람에 의해서 행해져야 합니다. 그런 사람이라면 아이에게 과학적인 관점에서만 말을 할테니까요. 누구나 알듯이, 피아노를 연주하게 하면 소년이 양손을 모두 연습하게 되지요.

학생: 왼손잡이 아이를 훈련시키는 방법을 가르쳐주실 수 있습니까?

아들러 박사: 당연하죠. 왼손잡이 구기 선수들과 프로권투 선수들은 스스로 그런 훈련을 합니다. 왼손보다는 오른손이 훨씬 더 민첩하기 때문이지요. 노력하는 사람에겐 반드시 성공이 찾아오는 법입니다. 예술 분야의 왼손잡이들에게 특별히 더 맞는 말이지요. 여기서 우리의 소년 환자로 돌아가도록 하지요. 로버트의 가장 큰 문제는 학교 공부라는 것을 알고 있어요. 로버트가 강의실로 들어오자마자 어머니에게 매달렸다는 사실을 기억하죠? 이 같은 행동은 소년의 전체 삶을 특징적으로 보여주고 있어요. 로버트는 언제나 자기 엄마가 자신을 받쳐주길 원해요. 그런 소년도 우리의 지시사항을 실천한다면 금방 개선될 것입니다.

학생: 상황에 따라서 그런 아이에게 체벌을 해도 괜찮다고 생각하십니까?

아들러 박사: 나는 모든 체벌에 절대로 반대합니다. 나의 방법은 어린 시절 초기의 상황을 알고, 설명하고, 설득시키는 것입니다. 그런 아이를 때려서 무슨 결과를 얻을 수 있겠어요? 아이를 체벌하는 것은 어떠한 이유로도 정당화되지 않아요. 아이는 학교의 실패이기 때문이지요. 아이가 읽지 못한다면, 그것은 아이를 적절히 훈련시키지 못했기 때문입니다. 체벌은 훈련에 절대로 도움이 되지 않아요. 체벌의 유일한 결과는 아이가 실패를 해도 벌만 받으면 그만이라는 식으로 생각하게 된다는 것입니다. 아이가 불쾌한 상황을 피하기 위해 결석을 할 수도 있어요. 체벌을 아이의 눈으로 보도록 하세요. 그러면 체벌이 문제를 더욱 심각하게 만든다는 것이 확인될 것입니다. 말이 난 김에 하는 말인데, 아이를 다루는 방법을 이해하지 못하는 사람이 아이를 때린다는 점을 강조하고 싶군요.

엮은이 노트

아들러 박사의 강의 시간이 끝난 뒤, 이 책의 엮은이는 이 소년 환자를 몇 개월 동안 치료했다. 철저히 검사한 결과, 아이는 왼손잡이 아이 특유의 난독증을 심하게 앓고 있는 것으로 드러났다. 이 아이의 왼손잡이는 매우 두드러졌으며, 몸의 왼쪽 반이 확실히 우세하다는 사실뿐만 아니라 모든 본능적인 반응에서 왼손을 더 선호한다는 사실로도 암시되었다. 아이는 단어들의 내적 구조에 대한 개념이 전혀 없었으며, 단어의 글자들의 순서를 바꾸고, 플러스와 곱하기 기호를 혼동하고, 알파벳 글자들의 발음 사이의 상관성을 전혀 알지 못했다. 소년에게 엮은이가 운동감각을 키우기 위해 특별히 고안한 방법을 가르쳤다. 그런 식으로 2개월 동안 치료한 결과, 소년은 동급생보다 글을 훨씬 더 잘 읽을 수 있게 되었다. 상담 시간에 소년을 혼자 보내도록 어머니를 설득시키는 일이 대단히 힘들었다. 소년의 어머니는 소년을 캠프에 보내자는 제안에는 끝내 동의하지 않았다.

이 소년 환자의 경우에 큰 진전이 있었지만, 소년이 다시 억제당하다가 완전한 독립을 이루지 못할 가능성은 언제든 있다. 아이가 어떤 결점을 타고나서 그런 것이 아니라, 아이가 정서적으로 어머니에게 고착되어 있어서 그럴 수 있는 것이다.

패턴#2

범죄로 가는 길

오늘 논의할 환자는 여덟 살 소년이다. 환자 기록부의 첫 부분에 이렇게 적혀 있다.

> "칼 T는 나이가 8년 2개월이고, 초등학교 2학년이며 IQ는 98이다. 이 아이의 문제는 가족이나 선생, 소년들에게 거짓말을 한다는 점 이다. 아이는 절도를 몇 차례 저질렀고, 다섯 살 이후로 거짓말과 도둑질을 일삼고 있다. 다섯 살 이전에는 아무 문제가 없었다."

칼의 평균 IQ가 98이기 때문에, 이 아이는 지적 장애를 갖고 있지 않다고 자신 있게 결론을 내릴 수 있다. 거짓말은 이 아이가 안전을 느끼지 못하고 심약하다는 점을 보여주는 신호이다. 거짓말하는 아이가 문제라면, 먼저 아이가 허풍에서 거짓말을 하는지, 또 아이의 환경에 아이가 두려워할 누군가가 있는지부터 알아내는 것이 현명하다. 아마 이 아이는 처벌이나 비난, 굴욕감을 피하고 싶어 할 것이다. 환자 기록부를 보면,

아이는 다섯 살 이후로 거짓말을 하고 물건을 훔친 것으로 되어 있다. 그 전에는 전혀 문제아가 아니었다. 만약 이 관찰이 정확하다면, 다섯 살 때 소년의 삶에 어떤 위기가 있었다고 단정할 수 있을 것이다. 아이가 어떤 열등 콤플렉스를 갖고 있고 또 다른 사람들보다 자기 자신에게 관심을 더 많이 기울이고 있을 수 있다. 물건을 훔친다는 것은 아이가 굴욕감을 느끼고 있기 때문에 쓸데없는 방법으로 자신의 자존감을 높이려고 노력한다는 뜻이다.

"아이의 어머니는 선생에게 자신이 아이의 아버지와 결혼을 하지 않았다는 비밀을 털어놓았다. 그녀의 어머니, 즉 아이의 외할머니는 그녀가 아주 어릴 때 세상을 떠났다. 그녀는 열여섯 살에 아버지 친구의 꾐에 넘어갔으며, 그 후로 아버지의 친구를 한 번도 만나지 않았으며 그 사람도 그녀가 자기 아이를 낳았다는 사실조차 몰랐다." 혼외 관계에서 태어난 아이가 스스로 사회적 관심을 발달시키기는 어려울 것이다. 우리 문명에서, 사생(私生)은 수치로 여겨지며 그런 배경을 가진 아이는 방어적일 수밖에 없다. 칼은 어려운 환경에서 성장했다. 사생아 중 많은 아이들이 범죄자나 알코올 중독자, 성도착자가 된다. 이는 그런 아이들이 대단히 불리한 조건에서 살면서 행복에 이르는 지름길을 약속할 것 같은 불법적인 행동에 쉽게 끌리기 때문이다. 이 소년의 경우에 아버지는 아예 부재했으며, 소년은 사회적 감정을 정상적으로 발달시킬 기회조차 누리지 못했다.

"소년이 다섯 살일 때, 어머니가 결혼했다. 의붓아버지에게도 칼보다 두 살 위인 딸이 하나 있었다."

칼의 문제는 다섯 살 때 시작되었다. 그렇다면 바로 그의 어머니가 결혼하던 해였다. 아마 소년은 적절한 사회적 접촉을 하던 한 사람인 어머니를 어머니의 남편에게 빼앗겼다는 느낌을 받았을 것이다. 그때 소년은 "아무도 나에게 관심을 두지 않아."라는 식으로 결론을 내렸을 것이다. 느닷없이 등장한 누나는 상황을 더욱 어렵게 만드는 요소였다. 왜냐하면 소년의 어머니가 이 아이도 돌봐야 했을 것이기 때문이다. 아마 이 소녀는 발달이 잘 되어 있고, 아버지의 사랑을 받고, 처신이 바른 아이일 것이다. 이 점이 칼의 문제를 더욱 힘들게 만들었을 수 있다. 어쨌든 칼은 다섯 살에 지나지 않았으며, 그때까지 아이가 겪은 경험은 아이가 새로운 상황을 직시할 수 있는 용기와 힘을 충분히 길러줄 그런 것은 아니었다. 그래서 아이는 문제아가 되었다.

"지금은 아이가 둘 더 있다. 하나는 두 살 반 여동생이고, 다른 하나는 한 살 반 남동생이다."

이 아이들은 소년 환자의 입지를 더욱 좁히고 있다. 이제 소년에겐 다른 아이들이 부모의 사랑을 더 많이 받는다고 믿게 만드는 그런 패턴이 생겼을 가능성이 아주 크다.

"두 살 때까지 아이는 자기 어머니와 살았다. 그러다가 어머니는 유치원에 일하러 갔다. 3개월 동안 아이는 코네티컷 주의 탁아소에서 지냈다. 탁아소에서 불행하게 지내던 아이는 집으로 돌아온 다음에 겁을 잔뜩 먹은 나머지 모든 사람을 멀리하게 되었다."

어머니와 함께 살던 2년 동안, 칼은 아마 어머니에게만 관심을 쏟았을 것이다. 분명히 말하지만, 탁아소에서의 경험은 사회적 감정을 전혀 발달시키지 못했을 것이다. "소년은 6개월을 어머니와 함께 지냈다. 그런 다음에 소년의 어머니는 어떤 의사의 아이들을 돌봐주러 갔다. 그 사이에 칼은 가까운 사람의 집에 맡겨졌다. 그래도 소년의 어머니는 매일 소년을 만났다. 소년은 다섯 살에 어머니가 결혼할 때까지 그 집에서 행복하게 지냈다. 소년의 어머니와 아버지는 구세군 신자이며, 아버지는 구세군 악대에서 악기를 연주하고 있다." 칼은 어머니 곁에 있을 때에만 행복했다. 부모의 직업은 그들이 꽤 가난했음을 뒷받침한다.

> "소년의 어머니는 선생과 처음 면담하는 시간에 울면서 '칼을 어떻게 해야 할지 모르겠어요.'라고 말했다."

부모가 아이에게 낙담해 있으면, 그건 분명 아이에게 아주 나쁘다. 그런 경우에 아이는 모든 희망을 버려도 정당화가 된다. 아이가 희망을 잃을 때, 그때까지 아이가 갖고 있던 사회적 관심의 마지막 흔적마저 사라지게 된다. "아이가 나쁜 짓을 할 때마다 아버지는 혁대로 아이를 때린다. 아이는 주일학교에 정기적으로 나가고 있으며, 지난주에는 새로운 주일학교에 출석했다. 아이에게 15센트가 주어졌다. 10센트는 차비이고, 5센트는 기부금이다. 소년이 집을 나간 뒤, 소년의 어머니는 아이가 전차를 맞게 타는지 걱정이 돼 아이를 지켜보기 위해 길 모퉁이로 나갔다. 거기서 그녀는 아이가 캔디 가게에서 나오는 것을 목격했다. 아이는 거기서 10센트를 썼다."

이런 것들은 중요한 사실들이다. 왜냐하면 아이의 환경 안에 있는 무서운 사람이 누구인지를 알 수 있게 하기 때문이다. 캔디 가게는 차별당한다고 느끼는 아이에게 아주 간단한 보상이다. 그런 아이는 보상의 길을 많이 갖고 있지 않다. 캔디 가게는 가장 흔한 보상의 길 중 하나이다.

"소년은 최근에 학교에 와서 선생에게 캔디 한 상자를 건넸다."

소년이 선생이 자기를 좋아하도록 하기 위해 뇌물을 먹이려고 한다는 사실로부터, 우리는 아이가 한때 응석받이로 컸으며 주위 사람들의 관심의 대상이 될 때의 즐거움을 기억하고 있다는 결론을 끌어낼 수 있다. "아이는 어머니의 돈을 4달러 50센트 갖고 있었다. 캔디 가게에서 받은 거스름돈이었다. 선생은 그 돈을 봉투에 넣어서 하교할 때까지 대신 간직했다. 그런 다음에 그 돈을 소년에게 돌려주었다. 그러면서 어머니에게 그 돈을 반드시 돌려줘야 한다는 점을 강조했다. 다음날 학교에 온 칼에게 돈을 돌려줬느냐고 물었을 때, 아이는 '예.'라고 대답했다. 그런 상황에서는 어떤 아이도 아니라고 대답하지 않을 것이다. 아이가 훔쳤다는 것을 인정할 것이라고 기대해서는 곤란하다.

"얼마 뒤 선생은 그의 급우들 중 많은 아이들이 칼로부터 새로운 장난감이나 돈을 받았다는 사실을 알아차렸다." 소년은 선생님뿐만 아니라 급우들에게까지 뇌물을 먹이길 원한다. 여기서 우리는 소년이 애정과 인정의 결핍을 느끼고 있다고 결론을 내려야 한다. 소년이 나쁘게 행동하고 문제아가 되고, 따돌림을 당하는 것은 그다지 놀라운 일이 아니다. 그러나 칼에게는 이 모든 것이 그의 삶의 핵심적 주제, 즉 "다른 사람들이 자기보다 선호되고 있다."는 생각을 재확인시켜준다는 점을 우리는 깨달아야 한다.

"선생은 소년에게 어머니를 학교에 데려 오라고 일렀다. 그 돈의 출처에 대해 여러 차례 거짓말을 한 뒤에야 아이는 자기 집을 방문한 아저씨에게서 훔친 것이라고 실토했다."

이런 경우에 선생은 조사를 매우 신중하게 해야 한다. 먼저 어머니를 상담하고, 다른 아이들이 소년의 절도에 대해 모르게 한 것은 현명한 조치였다.

> "칼은 두 살까지 정상적이고 건강한 아이였다. 그러나 그 이후로 아이는 다소 약했다. 아이는 화장실에 자주 간다. 칼의 어머니가 아이를 병원으로 데려가 진단을 받았으나, 신장에는 아무 문제가 없다. 소년은 학교에서 자위행위를 자주 한다."

이 같은 사실들은 칼이 교실에서 선생의 주의를 끌기를 원한다는 점을 추가로 암시한다. 선생과 급우들에게 뇌물을 먹여 관심을 끄는 데 실패하자, 그는 자위행위를 통해 관심을 끌려 한다.

"그는 매일 밤 오줌을 싼다." 이게 사실이라면, 칼의 어머니가 아들에게 오줌을 가리는 것을 제대로 가르치지 않았다고 결론을 내릴 수 있을 것이다.

> "소년에겐 후식을 주지 않았지만 그래도 오줌을 싸는 데는 아무런 변화가 없었다. 아이는 6개월 동안 후식을 먹지 않았다. 1주일 동안 오줌을 싸지 않으면, 25센트를 주겠다고 약속했다. 그러나 소년이 오줌을 싸지 않는 날은 단 하루도 없었다."

만약에 아이의 패턴이 어머니의 관심을 요구하는 것이라면, 이런 방법 중 어떤 것도 아이가 오줌을 싸는 무기를 포기하도록 만들지 못할 것이다. 소년이 어떻게 그렇게 소중한 무기를 포기할 수 있겠는가? 소년의 목표는 쓸모없는 우월을 추구하는 것이다. 말하자면 관심의 초점에 서는 것이다. 아이는 이 패턴을 따라야 한다. 만약에 아이가 이 길을 중단한다면, 아이는 다른 길로 주의를 끌려는 노력을 배가할 것이다. 이런 아이에게 후식을 주지 않는 것은 캔디에 대한 욕망만을 더 키울 뿐이다. 어머니가 아들이 오줌을 싸지 않도록 하기 위해 취한 방법은 아이의 체면만 손상시킬 것이다. 아이는 가족으로부터 적절한 평가를 끌어내려는 희망을 완전히 잃어버렸지만, 그래도 여전히 자신이 관심의 초점이 되는 방법을 알고 있다.

"아이는 백일해를 심하게 앓았다. 2년 전에 소년은 위장에 문제를 일으켰으며 그 일로 1년 동안 음식을 엄격히 관리해야 했다. 그러나 그 이후로는 아무 문제가 없었다." 아이가 1년 동안이나 음식을 관리해야 하는 그런 위장 장애를 일으킨다는 것은 좀 특이하다. "소년이 떠올리는 최초의 기억은 두 살 때 어머니의 화장품을 창밖으로 내던졌고 거리의 소년들이 그것을 주워서 집으로 가져단 준 일이다. '그래도 아주 어렸기 때문에 벌을 받지 않았다.'"

양육이 제대로 되지 않은 아이들이 주변의 관심을 충분히 받지 못하고 있다고 느낄 때 창밖으로 물건을 집어던지는 것은 그다지 특별하지 않다. 내가 알고 있는 또 다른 아이는 몇 살 어린 여동생을 두고 있었는데, 이 아이는 손에 집히는 대로 무엇이든 창밖으로 던졌다. 아이는 그런 비행으로 처벌을 받다가 급기야 불안 신경증을 일으키기에 이르렀다. 이 불안 신경증은 아이가 무엇인가를 창밖으로 던질 수도 있다는 두려움으로 인해 생기며, 이 때문에 소년은 하루 종일 울며 지냈다. 이 소년은 자신이 다시 나쁜 행동을 할 가능성에 대한 과장된 공포를 통해서 주의를 끌 또 다른 방법을 발견한 것이다.

이런 유형의 아이를 처벌하면 아이의 상태만 더욱 악화시키게 된다. 왜냐하면 아이로서는 그 상황을 도무지 이해하지 못하기 때문이다. 아이에게 혹시 가족에게 무시당하거나 차별당하는 것은 아닌지 물으면,

아이들은 "아뇨."라고 대답할 것이다. 그러면서도 아이는 언제나 "나를 더 가까이서 봐줘요."라는 메시지를 보내는 짓을 할 것이다. 거짓말이나 자위행위, 절도, 오줌을 싸는 행위는 아이가 무시당할까 두려워하면서 관찰의 대상이 되길 원하며 무의식적으로 이용하는 도구들이다.

칼의 초기 기억이 처벌과 연결되어 있다는 사실에 주목하라. 칼은 마치 자신이 처벌을 받지 않았던 때가 있었는데 지금은 그런 짓을 하면 처벌을 받는다는 식으로 말하는 것 같다. 매를 맞는 것에 정말로 저항하지 않는 아이들이 있다. 그런 아이들은 매를 맞으면서 혼자서 이런 식으로 다짐한다. "더 교활해져서 다음에는 절대로 발각되지 않을 거야." 이것은 범죄 경력을 위한 훈련으로 아주 훌륭하다. 이 소년의 예에서 우리가 가장 우려하는 것이 바로 범죄 경력이지 않는가. "소년의 야망은 의사가 되는 것이다. 소년의 큰누나는 간호사가 되고 싶어 하고, 소년은 누나와 같은 병원에서 일하길 원한다."

소년의 진짜 야망은 최소의 노력으로 모든 사람보다 앞서는 것이다. 의사가 되려는 욕망은 그 야망을 구체화하는 한 방법이다. 소년이 아파서 엄청난 고통을 겪었고 또 소년의 어머니가 병원에서 일했기 때문에, 칼에게는 의사가 되는 것이 신에게 가까이 다가서는 것으로 여겨졌을 수 있다. 게다가, 소년은 적어도 큰누나와 동일한 존재가 되기를 원하고 있고 또 병원의 의사는 간호사보다 지위가 높다는 사실을 이미 잘 알고 있다. 둘째 아이가 첫째 아이를 능가하려고 노력하는 것은 전형적인 현상이다. 그것은 간단하고 평범한 이야기이지만, 칼의 준비 과정은 특별히 나빴다.

분명히 소년은 방어적이며, 치료의 방향은 소년이 자기 형이나 누나들과 동등하며 가족에게 무시당하지 않고 있다는 확신을 품게 만드는 쪽으로 맞춰져야 한다. 소년에게 나쁜 행동보다 착한 행동을 함으로써 더욱 중요한 존재가 될 수 있다는 점을 설명하면 된다.

아버지에게는 혁대로 아이를 처벌할 것이 아니라 아이를 달래야 한다고 가르쳐야 한다. 구세군에서 활동하는 아버지는 그런 충고에 귀를 기울일 것이라고 나는 확신한다. 또 어머니도 마찬가지일 것이라고 믿는다. 분명히, 문제는 매우 심각하다. 아이를 절망하게 하는 어머니와 엄한 아버지, 그리고 소년보다 더 많은 사랑을 받는 형과 누나들이 있는 칼의 가정을 지금보다 더 행복한 곳으로 바꿀 수 없는 것으로 확인된다면, 소년을 보다 호의적인 환경으로 빼내는 조치가 필요할 것이다.

어머니에게 칼이 무시당하고 있다고 느끼게 만드는 상황에 대해 설명해줘야 한다. 아이들은 상황을 제대로 이해하지 못하는 탓에 종종 실수를 저지른다. 어머니는 가족 중에서 이 아이에게 영향을 미칠 수 있는 중요한 존재이다. 왜냐하면 어머니가 아들이 사랑을 제대로 받고 있다고 느끼게 만들기가 훨씬 쉽기 때문이다. 칼에게는 친구들을 사귀라고 조언해야 한다. 친구들에게 관심을 갖고 정직하게 대하기만 한다면, 친구들에게 뇌물을 먹일 필요가 없다는 점도 가르쳐야 한다. 이 소년 환자는 범죄성이 가족의 상황에서 기원한다는 사실을 보여주는 좋은 예이다. 어떤 소년이 강도 행위를 저지를 때까지 기다리는 것은 정말로 어리석은 짓이다. 범죄자로 발전할 싹부터 잘라내는 것이 최선의 방법이다. 이 소년 환자가 바로 그런 예이다.

컨퍼런스

학생: 박사님께서는 이 아이의 아버지의 종교적 훈련과 관행이 아이가 반대 방향으로 나가도록 영향을 미쳤다고 믿으십니까? 구세군 신자는 매우 엄격하고, 자녀들에게 매일 그날 저지른 잘못에 대해 회개

하도록 합니다.

아들러 박사: 이 소년의 행동의 원인으로, 내가 설명한 그 이상의 것이 있다고는 생각하지 않아요. 환자 기록부를 볼 때, 거기에 없는 내용을 읽지 않도록 조심해야 합니다. 만약에 소년이 권위적인 종교적 관점 때문에 압박감을 느끼며 힘들어 한다는 내용이 있었다면, 당연히 학생의 관점을 고려해야 할 것이지만 그런 압박에 대한 언급은 전혀 없어요. 그럼에도 학생의 해석은 소중할 수 있지만, 그건 어디까지나 다른 각도에서 중요할 수 있어요. 만약에 이 소년이 아주 반항적인 아이라면, 소년은 자기 부모의 가장 취약한 부분을 공격할 수 있어요. 달리 말하면, 소년은 부모의 종교를 공격할 수 있어요. 최근에 매우 유능한 독일의 사회학자가 아주 흥미로운 통계 자료를 하나 발표했어요. 법의 집행에 종사하는 사람의 가정에서 범죄자가 많이 나온다는 내용이었어요. 판사나 변호사, 선생의 자식들 중에 범죄자가 많은 이유에 대해서는 아무도 설명하지 못하고 있어요. 내가 볼 때, 그에 대한 유일한 설명은 이제 방금 언급한 바로 그것이 아닐까 싶어요. 호전적인 아이들은 부모의 가장 민감한 부분을 공격한다는 점 말입니다. 의사의 집안에서 병이 많은 것도 아마 그 때문이 아닐까요?

칼의 어머니에게 들어오라는 말을 전하지만 그녀는 강의실로 들어서길 망설인다.

아들러 박사: 이 어머니의 머뭇거리는 태도는 용기가 부족하다는 점을 암시하고 있어요. 아마 그녀는 아들의 비행에 대해 공개적으로 말해야 한다는 사실에 수치심을 느끼고 있을 거예요. 아니면 우느라 들어오지 못하고 있을 수도 있어요. 우리는 그녀를 위로하고 용기를 북

돋워줘야 합니다. 여러분 중에서 내가 왜 밖으로 나가서 어머니를 데려오지 않는지 궁금해 하는 사람이 있을 것 같군요. 나도 그녀가 그렇게 해주길 기대한다는 것을 알고 있어요. 하지만 나는 여기서 기다릴 거예요. 자칫 우리가 그녀의 아들에게 지대한 관심을 쏟고 있다는 인상을 줄 수도 있으니까요. 나는 그녀에게 아들의 비행에 대해 차분하게, 말하자면 이 아이의 비행은 꽤 흔한 일이고 또 쉽게 바로잡힐 수 있는 행동이라는 식으로 말하고 싶어요.

어머니가 강의실로 들어온다.

아들러 박사: 칼의 잘못은 절대로 특별하지 않아요. 많은 가족과 선생이 그런 잘못을 비극으로 생각한다는 사실을 나도 알고 있지만, 그 정도의 문제는 결코 심각하지 않아요. 아이가 언제나 올바른 길을 걸을 수는 없지 않아요? 언젠가 어느 교실에 들어가서 "도둑질을 한 번도 해보지 않은 사람 있어요?"라고 물었던 적이 있어요. 그랬더니 모든 아이들이 훔쳐본 경험이 있는 것으로 확인되었어요. 선생도 마찬가지로 물건을 훔친 적이 있다는 점을 인정했어요. 그러니 절도를 아주 무서운 행동으로 볼 필요는 없겠지요. 왜냐하면 아이들이 자기 어머니가 자신에게 절망하고 있다고 느낄 때 쉽게 낙담하기 때문이지요. 만약에 당신이 칼의 신뢰를 얻으려고 노력하고 또 칼에게 당신이 아들의 미래에 대해 큰 희망을 품고 있다는 점을 믿도록 용기를 불어넣는다면, 정말로 좋은 결과가 나타날 거예요. 칼이 가족 내의 다른 아이들에게는 어떤 식으로 행동하는가요?

어머니: 다른 아이들을 매우 좋아하는 것 같아요.

아들러 박사: 아이가 가끔 질투를 합니까?

어머니: 아이에겐 의붓누나가 하나 있어요. 둘 사이에 약간의 질투가 있는 것 같아요.

아들러 박사: 의붓누나는 발달이 잘 되어 있고, 매우 똑똑하고, 사랑을 많이 받지요?

어머니: 예.

아들러 박사: 가족 중에서 한 아이가 큰 발전을 이루고 있을 때, 다른 아이들이 그 아이와 경쟁하기를 두려워한다는 사실이 종종 확인되고 있어요. 이런 상황을 피하기는 어렵지요. 그러니 당신이 두 아이를 화해시킬 수 있다면, 아주 좋은 결과가 나타날 것 같군요. 당신의 아들은 자신이 사랑을 받지 못하고 있다고 생각하고 있어요. 아들이 거짓말을 하고 다른 비행을 저지르는 것은 아이가 불행한 상황에 처해 있기 때문이지요. 아들에게 용서받을 수 있다는 생각을 품게 만들고, 또 아들이 질투와 열등감을 느끼는 이유를 당신이 잘 이해하고 있다는 인상을 주도록 하세요. 격려를 받을 경우에 아이는 학교에서 더 훌륭한 학생이 될 것이고, 의붓누나와 화해할 수 있다면 대단히 훌륭한 아이가 될 거예요. 아들이 당신을 많이 의존하지요?

어머니: 예.

아들러 박사: 아들이 아버지에게도 많이 의지합니까?

어머니: 아들은 아버지에 대해서도 많이 생각하지만 그렇게 가깝지는 않은 것 같아요.

아들러 박사: 아버지가 칼에게 기회를 줄 수 있을 것 같은가요? 아버지와 아들이 이따금 산책을 함께 하면서 자연이나 세상에 대해 이야기하는가요? 아버지에게 그럴 시간이 있어요?

어머니: 예. 가끔 그런 시간을 갖고 있어요.

아들러 박사: 이런 부류의 소년을 많이 보았어요. 아들은 다른 아이들

만큼 사랑을 받는다는 느낌을 받기만 하면 금세 행동에 변화를 보일 거예요. 아이의 현재 행동을 보면 의붓누나만큼 잘할 능력이 있다는 확신을 품지 못하고 있는 게 확실해요. 그러나 이런 식의 잘못된 생각은 아이에게 당신의 사랑을 보여주면 금방 바로잡아져요. 아이가 잘못을 저지르더라도, 나라면 당신이 지금까지 한 것과 달리 아이를 처벌하지 않을 거예요. 이젠 당신도 아이에게 체벌을 하거나 후식을 먹지 못하게 해도 아무런 소용이 없다는 사실을 알게 되었을 테지요. 아이가 혹시 거짓말을 하거나 훔치기라도 하면, 아이에게 "다시 부당하게 대접받고 있다는 기분이 드니? 네가 원하는 것이 뭔지 말해볼래?"라는 식으로 접근해 보세요. 이런 대화는 칼에게 아주 강한 인상을 남길 거예요. 그러면 아이가 밤에 오줌을 싸는 일도 없어질 거라고 나는 믿어요. 나의 경험에 비춰보면, 밤에 아이가 오줌을 싸는 것은 누군가가 자기를 보살펴주기를 바라기 때문이지요. 잘 아시겠지만, 당신이 아이가 원하는 것을 들어주기 위해 밤중에 일어난다면, 아이는 자신이 아기였을 때처럼 당신의 보살핌을 받고 있다고 느낄 거예요. 아이는 어둠을 무서워해요?

어머니: 아이는 무서워하는 게 별로 없어요.

아들러 박사: 아들의 비행은 부모의 사랑을 받으려는 경쟁에서 누나를 이길 희망을 완전히 잃어버린 데서 비롯되었다는 분석이 맞을 거예요. 내가 칼에게 용기를 한번 불어넣어볼까요?

어머니: 예.

어머니가 강의실을 나간다.

아들러 박사: 여러분은 문제를 해결할 결정적인 열쇠를 찾는 것을 보

왔어요. 의붓누나에 대한 질투가 그 열쇠랍니다. 아이를 이런 불쾌한 상황에서 해방시킬 수 있을 것이라고 믿어요.

소년이 강의실로 들어온다.

아들러 박사: 난 네가 학교에서 훌륭한 학생이라고 알고 있어. 네가 주의를 집중하고 공부를 열심히 하면, 친구들과 선생이 너를 좋아할 거야. 네가 공부를 더 열심히 하면, 너도 누나만큼 훌륭한 학생이 될 거야. 그렇게 되고 싶지?

칼: 예.

아들러 박사: 의사가 되고 싶다고 했지? 의사는 아주 좋은 직업이란다. 나도 의사잖아. 훌륭한 의사기 되기 위해서, 넌 너 자신보다 다른 사람들에게 관심을 더 많이 기울여야 해. 그래야만 네가 사람들이 아플 때 뭘 필요로 하는지를 이해할 수 있어. 너는 훌륭한 친구가 되도록 노력해야 하고, 너 자신에 대해 너무 많이 생각하지 않도록 해. 만약에 다른 사람이 너에게 친절하게 대하도록 하기 위해 선물을 준다면, 그건 진정한 우정이 아니야. 그러나 만약에 네가 어떤 사람을 좋아하고 또 그 사람에게 거짓말을 하지 않는다면, 그 사람은 너의 진정한 친구가 될 거야. 너도 그런 친구를 얻을 것이라고 나는 믿어. 시간이 조금 지난 뒤에 네가 진정한 친구를 얻었는지 내가 물어볼 거야. 너의 누나는 너보다 나이가 많아서 너보다 조금 더 많이 알지만, 그건 중요하지 않아. 만약에 네가 비난을 받거나 처벌을 받을 짓을 하지 않는다면, 너는 금방 누나를 따라잡게 되고 누나만큼 사랑을 받게 될 거야. 그러면 좋지 않겠니?

칼: 좋아요.

아들러 박사: 너는 누나에게 좋은 친구가 되어야 하고 누나에게 관심도 가져야 해. 누나는 너를 좋아하지?

칼: 예.

아들러 박사: 그러면 일이 아주 쉽게 됐어. 네가 할 거라곤 누나 공부를 방해하지 않고 네가 도와줄 수 있을 때 누나를 도와주기만 하면 돼. 그것뿐이야. 누나가 얼마나 열심히 공부하는지 지켜보고, 너도 그렇게만 해 봐. 그러면 너는 누나와 동등한 조건이 되는 거야. 누나나 엄마로부터 물건을 슬쩍하는 그런 행동으로는 절대로 너는 발전하지 못해. 너는 인내하며 공부함으로써 네 자신이 대단히 소중한 존재라는 사실을 보여줘야 해. 간혹 사람들은 부당하게 대접을 받기도 해. 그러나 너 자신부터 불공평하지 않을 만큼 강해야 하는 거야. 다른 사람들에게 관심을 갖고 다른 사람들을 속이지 않는 것이 사랑을 얻는 좋은 방법이란다.

소년이 강의실을 나간다.

아들러 박사: 내가 이 소년에게 이런 식으로 말한 이유는 그가 거짓말을 하고 물건을 훔치는 이유를 알지 못한다는 확신이 섰기 때문입니다. 아이는 완전히 절망에 빠져 있고 또 당혹감 속에서 자신의 위치를 안전하게 지키려고 광적으로 노력하고 있어요. 아이의 부모는 소년에게 사랑과 애정을 확실히 베풀어야 합니다.

선생: 아버지는 딸이 더 좋다고 말하고 있어요.

아들러 박사: 아버지에게 딸을 선호하는 모습을 보이지 않도록 가르쳐야 해요. 이를 위해 나는 아버지에게 소년과 함께 산책을 하면서 대화를 나누도록 하라고 제안하고 싶어요. 그러면 칼은 아버지로부

터 제대로 사랑을 받고 있다고 느끼게 될 거예요. 아울러 아버지가 자신에게 관심을 갖고 있다는 느낌도 받을 거구요.

학생: 아이가 다시 거짓말을 하거나 훔친다면, 어머니는 어떻게 해야 합니까?

아들러 박사: 어머니는 "너는 누나와 경쟁하려는 희망을 다시 잃은 거니? 나는 네가 거짓말을 하거나 훔치지 않고도 성공할 수 있다고 확신하는데."라고 말해야 합니다. 무엇보다 어머니가 절망하는 일이 있어서는 안 돼요. 이런 부류의 아이들이 나중에 자살하는 경우가 종종 있어요. 우리는 그런 불상사를 미연에 방지해야 합니다.

패턴 # 3.

리드하기를 원하는
소년

오늘은 만 아홉 살이 거의 다 된 존이라는 아이를 볼 것이다. 이 아이의 현재 문제는 다음과 같다.

"아이는 다른 아이들을 사귀지 못한다. 늘 싸우려 든다. 학교에서 학급을 방해하고 바보처럼 행동함으로써 시선을 끌려고 노력한다. 다른 아이들에게 전혀 적응하지 않으려 하고 끊임없이 주목받기를 원한다."

소년이 다른 아이들과 어울리는 데 어려움을 겪는다면, 그 아이는 사회적 관심이 부족할 가능성이 크다. 소년이 주위의 눈길을 끌기 위해 싸운다면, 그 아이는 삶의 문제를 유익한 방향으로 직면할 만큼 용감하지 않을 수 있다.

"부모도 아이 때문에 집에서 골머리를 앓고 있다. 선생이 학교에서

힘들어하는 만큼 부모도 힘들어 하고 있다. 아이는 아주 짓궂게 굴
고 말을 듣지 않는다."

존의 행동은 집에서나 학교에서나 똑같다. 그렇다면 아이는 두 상황을
비슷한 것으로 보고 있음에 틀림없다. 그래서 아이가 집에서나 학교에
서나 똑같이 적절히 평가받지 못하고 있다고 결론을 내릴 수 있다. 아이
가 매우 짓궂고 명령을 즉시 따르지 않는다는 사실은 전혀 놀랍지 않다.
왜냐하면 반항아가 쉽게 복종할 것이라고 기대하긴 어렵기 때문이다.
쉽게 복종하는 반항아는 절대로 있을 수 없다.

"어머니는 아이가 아기였을 때 16개월 동안 매우 엄격한 유모를 두
었다고 한다. 저녁 6시 이후에는 아무도, 심지어 아버지까지도 아
이의 방에 들어가는 것이 허용되지 않았다고 한다."

분명히 유모는 아이의 부모에게도 엄격했다. 아이가 잠을 자는 동안
에 방해하지 않는 것은 현명한 처사이긴 하지만, 아이가 깨어 있는 동안
에도 사람들을 보지 않아야 하는 이유를 나는 이해하지 못하겠다. 소년
은 유모하고만 연결되어 있었다. 유모가 아기의 사회적 관심을 발달시
킬 기술을 갖추지 않았을 것이기 때문에, 아이는 불리한 조건에서 성장
했다. 앞으로 아이의 초기 기억을 알게 될 때, 아이가 처한 조건이 어떠
한 점에서 불리했는지가 확인될 것이다.

"가족은 아버지와 어머니, 환자, 그리고 세 살인 여동생으로 구성되
어 있다."

매우 흔한 가족 구성이다. 소년은 거의 9세였으며, 오랫동안 외동아들로 지냈다. 소년의 반항적인 태도가 여동생의 출생으로까지 거슬러 올라갈 것 같지는 않다. 그보다는 소년이 외동아이의 특징을 발달시켰을 가능성이 더 크다. 소년이 충분한 관심을 끌기 위해 싸울 필요성을 느끼는 이유를 이해하기는 다소 어렵다. 아마 소년의 삶에 상황을 악화시킨 무슨 일이 일어났을 것이다.

> "부모의 관계는 정상적이고 행복하다. 소년이 복종하는 유일한 사람은 아버지이다. 예전에 아버지는 소년에게 극도로 엄했으며 나쁜 짓을 하면 가혹하게 처벌했다."

부부의 불행한 결혼생활이 아이가 사회를 삐딱하게 보게 만들 위험이 있다는 점은 잘 알려져 있다. 그런 한편, 서로 마음이 잘 맞는 부모의 자식은 지나치게 오랫동안 아기의 위치에 있을 수 있고 또 부모보다 열등하다는 감정을 느낄 위험이 있다. 부모는 아이가 보는 앞에서 애정 표현을 지나치게 많이 해서는 안 된다. 만약에 존이 아버지에게만 복종한다면, 어머니는 약하고 아이가 공격 대상으로 어머니를 선택했을 가능성이 있다. 처벌은 사회적 감정의 성장을 방해하는 최고의 방법이다. 존은 유모와 어머니에게는 일종의 사회적 감정을 발달시켰겠지만 체벌을 하는 아버지와는 어떠한 끈도 형성하지 못했을 것이다.

아이는 실제로 자기 아버지를 증오할 수 있고 또 아버지가 어딘가로 가버리거나 죽기를 바랄 수도 있다. 이런 태도는 언제나 부적응의 결과이다. 지그문트 프로이트가 말한 오이디푸스 콤플렉스가 바로 이런 것이 아닐까? 오이디푸스 콤플렉스는 인위적인 문제이다. 당신도 아이를 때려서 아이가 오이디푸스 콤플렉스를 일으키도록 할 수 있다. 마찬가지로 아이가 부모 둘 다에게 사회적 관심을 갖도록 함으로써, 오이디푸스 콤플렉스를 예방할 수도 있다.

> "아이는 엄마와 단둘이 있게 되면 엄마에게 짓궂게 굴고 성가시게
> 한다. 그러면 어머니는 신경이 예민해진다. 아이는 어머니의 말을
> 듣지 않음으로써 어머니를 불행하게 만든다. 아이는 자신이 엄마를
> 쉽게 조종할 수 있다는 사실을 알고 있다. 어머니는 아들 앞에선 속
> 수무책이다. 따라서 아버지가 소년의 훈련과 훈육을 전적으로 책임
> 지고 있다."

존의 어머니는 아이 앞에서 자신의 고통에 대해 불만을 터뜨리는 현명하지 못한 모습을 보이고 있다. 아이는 언제나 강자이다. 그런 아이와 싸워봐야 아무런 소용이 없다. 그녀가 "아이는 나의 말을 듣지 않아요." 라고 말할 때, 우리는 그 말이 무슨 뜻인지 잘 모른다. 어쩌면 그녀가 아이에게 지나치게 많은 것을 요구하고 있을 수도 있다. 아이가 개처럼 복종하는 것은 절대로 바람직하지 않다. 부모와 자식 사이에는 동지의 관계가 형성되어야 한다. 나는 자식에게 맹목적인 복종을 고집하는 부모를 많이 보았다. 이 어머니의 행동은 아이 앞에서 자신의 지적 파산을 선언하고 모든 문제를 남편에게 넘겨버린 그런 절망한 사람의 행동이다.

> "어린 소녀는 매우 똑똑하고 순종적이고 사랑스럽다. 부모는 종종
> 존에게 여동생이 대단히 주의 깊고 순종적이라는 점을 상기시킨다.
> 그러면서 여동생의 품행을 존이 따를 본보기로 제시하고 있다."

가족 중에서 한 아이가 반항적인 경우, 다른 아이의 행동이 본보기로

치켜세워지는 경우가 자주 있다. 순종적인 아이라고 해서 반드시 친절하고 선한 것은 아니다. 어쩌면 남의 비위를 맞추는 행위의 이점을 배워버린 기회주의자일 수도 있다. 여동생이 태어났을 때 언니가 대단히 반항적으로 변한 그런 가족의 예를 나는 기억하고 있다.

이 어린 여동생은 언제나 매우 상냥하고, 부모의 칭송을 많이 듣고, 모범적인 아이가 되었다. 이유는 그렇게 하는 것이 원하는 것을 얻을 수 있는 최선의 방법이란 사실을 깨달았기 때문이다. 그러다가 학교에 입학하고 응석을 받아주던 환경이 사라지게 되자, 소녀는 그 이후로 어떤 문제가 생기기라도 하면 실수를 저지를 위험을 감수할 용기가 없어 고민만 계속하는 그런 모습을 보였다. 그녀에겐 친구도 하나도 없었고, 직장도 없었다. 그녀는 사랑도 하지 못했고 당연히 결혼도 하지 못했다. 그녀는 모범적인 사람이 되고 싶고 관심의 중심에 서고 싶은 욕망을 해소시킬 유익한 경로를 전혀 발견하지 못했다. 그 때문에 그녀는 모든 것을 먼지 하나 없이 깨끗하게 유지하려고 애를 쓰는 그런 강박 신경증을 앓기 시작했다. 그녀는 자신이 세상에서 가장 순수하고 깨끗한 사람이라고 느낌으로써 우월의 목표를 성취했다. 또 그녀는 자신을 건드리거나 자신에게 접근하는 모든 사람에 의해 자신이 더럽혀진다고 믿었다.

지금 분석하고 있는 환자 존의 여동생은 아마 자신이 오빠의 본보기가 되고 있다는 사실을 사회적 관심보다는 자만심과 주위의 사랑을 받고 싶은 야망에서 즐길 것이다. 그럼에도, 이 소년이 여동생을 좋아한다고 해도 놀랄 필요가 없다. 또 그 반대의 소리를 듣더라도 놀랄 필요가 없다. 이와 비슷한 경우엔 두 가지 상황이 벌어질 수 있다.

"부모가 여동생을 칭송해도 존은 별로 개의치 않는 것 같다. 존은 여동생이 귀엽고 또 자신도 여동생을 많이 사랑한다고 말한다. 어

머니는 존이 여동생에게 나쁜 버릇을 가르칠까 걱정하고 있다. 여
동생은 이미 인상을 쓰고 오빠를 모방하려는 태도를 보이고 있다."

아마 존은 여동생의 상냥함에 적개심을 느끼지 않을 것이다. 이유는
존이 자신의 호전적인 태도를 더 우수한 기술로 여기고 있기 때문이다.
존은 자신이 복종하기보다는 반항함으로써 더 많은 권력을 얻을 수 있
다는 사실을 깨닫고 있다. 이젠 여동생도 자신의 의견에 동의하기 시작
하는 것처럼 보인다.

"어머니와 아버지는 함께 가게를 운영하고 있다. 어머니는 오전 9
시에 집을 나가서 오후 6시 반에 돌아온다. 그 사이에는 모든 일을
가정부와 유모에게 맡긴다. 집은 깔끔하고, 고상한 가구도 갖추고
있다. 방은 여섯 개다. 존과 여동생은 같은 방에서 별도의 침대에
잔다. 유모도 아이들과 같은 방에서 잔다."

이 환자의 경우에 훈육은 거의 유모의 손에 이뤄지는 것 같다. 그러나
반항적인 아이는 유모를 무시한다. 유모가 돈을 받고 일을 한다는 사실
을 아이도 잘 알기 때문이다. 아이들은 부모와 가정부의 차이를 재빨리
감지한다. 존은 아마 언제나 유모를 지배할 수 있었을 것이다. 지금 존은
가족 모두를 지배하길 원하고 있다.

"존의 출생은 정상이었다. 몸무게는 3.5kg이었다. 아이는 처음부터
우유를 먹었다. 홍역과 디프테리아, 유행성 이하선염(耳下腺炎)에
걸렸으며, 편도선을 제거했다. 아이가 쉽게 피곤해서 신경과를
찾은 적이 있으며, 신경질적이었다."

여기엔 몇 가지 의학적인 문제들이 있다. 우유를 먹이는 것이 아기를 키우는 최선의 방법은 아닌데도, 나는 우유를 먹고 자란 아이들이 만족스럽게 발달하는 모습을 자주 보았다. 빈혈이 있고 영양이 충분하지 않은 아이들은 종종 쉬 피곤해지지만 존의 경우에는 여기에 해당되지 않는다. 어린이나 어른이나 삶의 요구에 맞서는 하나의 방어로 나타나는 그런 피로도 있다. 존이 공부와 놀이에 관심을 많이 보이지 않는 이유도 그런 피로 때문일 것이다. 존은 어머니와 갈등을 빚는 데서는 그렇게 쉽게 피곤해하지 않는 것 같다.

> "존은 무슨 일이든 제때 기억하지 못하는 것 같다. 옷을 입는 것이
> 언제나 느리다."

사회적 감정이 제대로 발달하지 않은 아이들은 협력을 거부하기 때문에 주의를 기울이지 않거나 주의를 집중하지 않는다. 불완전한 기억은 타인들에 대한 관심이 부족한 탓이다. 옷을 입는 것이 느리다는 사실은 그가 응석받이로 큰 아이라는 점을 뒷받침하는 증거이다. 이런 유형의 아이들만이 옷을 입거나 음식을 먹는 데 문제를 보인다. 존은 엄격한 유모에게 응석을 부리며 지내다가 후에는 엄격하게 훈육을 받게 되었을 것이다. 유모가 바뀐 것도 그를 반항아로 만들기에 충분하다.

> "존은 옷을 입으며 빈둥거린다. 누군가가 도와줘야만 제때 옷을 입
> 을 수 있다. 소년은 옷을 느리게 입는 바람에 종종 학교에 지각한
> 다. 아니면 신문가판대에 서서 기사 제목을 읽느라 학교에 늦는 경
> 우도 있다. 소년은 아홉시에 잠을 자면서도 아침에 피곤해 한다."

존은 제때에 학교에 가기를 원했다면 아마 옷을 충분히 빨리 입었을 것이다. 그러나 학교는 존이 직면하고 싶지 않은 문제이다. 존은 자신이 지배할 수 있는 상황을 찾고 있다. 학교는 그런 상황이 아니다. 지금, 아침에 일어난다는 것은 "학교에 가야 한다"는 의미이다. 그래서 아이는 주저하고 피곤해 하는 모습을 보이고 있다. 이때 주저와 피로는 현실을 직시하지 않으려는 아이의 속내를 아주 잘 표현하고 있다.

"소년은 엄마만 아니라 아버지도 좋아한다고 말한다."

나는 이 말이 진실이라고 믿지 않는다. 만약에 아이에게 "엄마가 더 좋아, 아빠가 더 좋아?"라고 묻는다면, 아이는 "둘 다."라고 대답할 것이다. 아이들은 언제나 그런 식으로 대답하게 되어 있다. 아이들은 어느 쪽이든 좋아하지 않는다는 식으로 표현하는 것은 좋지 않다는 사실을 잘 알고 있다. 만약에 아이가 부모 중 어느 쪽을 더 좋아하는지 알고 싶다면, 질문을 던질 게 아니라 아이의 행동을 관찰하도록 하라.

"소년은 엄격한 아버지에게만 복종한다. 그 외의 다른 사람들에겐 복종하지 않는다. 소년의 어머니는 아이에게 너무 관대하여 아이를 망치고 있다. 그녀는 매일 아이에게 학교에서 잘하라고 부탁하지만 아이는 어머니 말에 무관심하다."

어머니의 간청은 전혀 쓸모없다. 이 아이의 목표는 정해져 있다. 자신에게 특별히 호의적이지 않은 상황이면 무조건 피하는 것이 아이의 패턴이다. 이 아이에게 가장 큰 어려움은 자신이 지배하지 못하는 상황에 처하는 경우이다. 어머니의 간청과 눈물은 아무런 소용이 없을 것이다.

아이는 불쾌한 상황으로 몰릴수록 더 강하게 반발한다. 간혹 아이가 설득을 당하고 앞으로 나아가는 것처럼 보이지만, 아이에겐 언제나 패배가 따른다. 패배가 불가피한 이유는 아이의 진짜 목표가 아이에게 강요되고 있는 행동과 일치하지 않기 때문이다.

> "어머니는 아이가 엄마를 자기 마음대로 갖고 놀 수 있으며 또 엄마와 단 둘이 있을 때면 말을 듣지 않고 짓궂게 군다고 말한다. 아이는 여동생과 함께 놀기를 좋아하지만 유모는 좋아하지 않으며 유모를 상대로 간혹 사악한 장난을 치기도 한다. 지난주에 아이는 유모의 입 안으로 물총을 쏘기도 했다. 그러자 아버지는 아이가 잠자리에 들 때 물총을 갖지 못하게 하는 벌을 내렸다. 아이는 인생은 무조건 재미있어야 한다는 식으로 생각한다."

아이의 사회적 감정을 보여주는 가장 확실한 지수는 가정부와의 관계이다. 이 아이는 인생을 진지하게 받아들이지 않고 있다. 이것은 응석받이로 큰 아이의 행동 패턴과 상당히 맞아떨어진다.

내가 기억하고 있는 또 다른 응석받이 유형의 아이는 이런 특성을 더 심하게 보였다. 한 소년은 학교에서 어떤 일이 벌어지든 항상 농담을 하고 웃음을 지었다.

선생이 질문을 던지면, 그 아이는 웃으며 대답을 하지 않았다. 그러자 선생은 아이가 지적 장애를 겪고 있다고 판단하고 아이를 나에게 데려왔다. 그러나 내가 아이의 신뢰를 얻게 되자, 아이는 나에게 스스럼없이 털어놓았다. "사람들이 나를 바보로 만들려 한다는 것을 나는 알고 있어요. 학교는 부모들이 아이들을 바보로 만들기 위해 만든 곳이에요." 절대로 아이를 조롱해서는 안 된다. 방금 언급한 예의 경우, 소년의 태도는 아주 어릴 때부터 아이를 조롱한 부모에게서 비롯되었다. 소년은 호전적인 아이였다. 부모가 아이에게 진지해지라고 요구하자, 아이는 거절했다. 이런 유형의 개인은 나중에 세상이 재미없다 싶으면 자살을 시도할 수 있다.

> "존은 언제나 놀기를 좋아하고 학교에 있을 때에는 바보처럼 굴려고 든다. 선생을 귀찮게 만들며 재미있어 한다. 책임감도 전혀 없고, 다른 사람들의 권리에 대한 배려도 전혀 없다. 학급에 친구도 하나도 없다."

여기서 이 아이가 학교에서 책임과 의무를 피하고 동시에 관심의 중심에 서기 위해 습득한 기술이 어떤 것인지가 확인된다. 아이의 삶의 패턴을 이해한다면, 책임감이나 다른 사람들의 권리에 대해 관심을 전혀 주지 않는 이 아이가 매우 똑똑하다는 점을 인정하지 않을 수 없다. 만약에 존이 환자 기록부에 적혀 있는 모든 사실들에도 불구하고 학교에 가기를 좋아한다고 말한다면, 아이의 정신 상태를 의심해야 할 것이다.

> "존의 급우들은 존을 말썽꾸러기로 보고 있다. 존은 언제나 귀찮게 굴고, 밀치고, 다른 아이들의 발을 밟는다. 다른 아이들을 넘어뜨리거나 가까이 있는 아무 아이에게나 싸움을 걸면서 재미있어 한다. 나는 언제나 그 아이가 나의 책상 바로 옆에 앉도록 한다. 또 언제나 맨 앞 줄에 앉힌다. 그래야만 아이의 행동을 통제할 수 있기 때문이다. 아이는 계단을 내려갈 때에도 지나치게 설친다. 그 때문에 저러다가 걸려 넘어져 다른 아이를 다치게라도 하면 어쩌나 하는 걱정이 앞선다. 아이는 근육 조절력이 다소 떨어지는 것 같다."

이 보고서를 근거로 할 때, 존은 자신이 목적을 달성했으며 스스로를 선생의 정복자로 여기고 있는 것이 분명하다. 나는 버릇없이 자란 아이들 중에서 줄 서는 것을 힘들어 하는 아이들을 많이 보았지만 몸의 균형을 제대로 못 지키는 아이는 좀처럼 보지 못했다. 아마 존은 다른 사람들이 웃도록 하기 위해 동작이 서툰 아이의 역할을 하고 있을 것이다. 그런 한편 아무도 홀로 행동하는 것을 훈련시키지 않은 까닭에 똑바로 걷지 못하는 아이도 있고, 삶의 패턴이 의존인 까닭에 배움에 관심을 두지 않아서 똑바로 걷지 못하는 아이도 있다.

> "아이가 거리에서 함께 노는 친구들은 여름 캠프에서 만난 소년 다섯 명이다."

이 아이가 길에서 친구들과 놀거나 싸울 때에도 근육 조절이 제대로 안 되는지 궁금하다. 이 아이가 외동아이의 패턴을 보이고 있기 때문에, 아이가 자기보다 나이가 많은 소년들과 어울릴 것이다. 언제나 그런 것은 아니지만, 외동아이들은 대체로 나이 많은 아이들의 무리에서 발견된다. 당신은 이를 두고 용기라고 볼지 모르지만, 나의 생각은 다르다. 아이가 나이 많은 소년들과 어울릴 경우에 나이 많은 소년들이 자신을 공격하지 않을 것이라고 판단하기 때문이라는 것이 나의 의견이다.

> "아이는 자기 집 근처로 오는 소년들과 곧잘 싸운다. 아이는 다른 어떤 것보다 싸우기를 더 좋아하며 언제나 남의 탓으로 돌린다. 학교의 다른 학생들과 얼마나 자주 싸우는지, 아이는 다른 학부모들의 불만 때문에 학교가 문을 열기 10분 전에야 집을 나설 수 있었다. 아이는 경찰 놀이나 다른 길거리 놀이를 좋아한다."

이것은 용기가 아니라 싸구려 영웅주의의 모방이다.

"소년은 탐정이 강도를 잡는 미스터리 소설을 좋아한다. 또 많은 작품을 매우 빨리 읽으며, 귀신 이야기와 미스터리 이야기를 좋아한다. 소년은 아무 클럽에도 가입하지 않았다."

이쯤 되면 이 소년은 교육이 잘못된 소년이라고 단정해도 좋을 것 같다. 이 소년의 패턴은 어떠한 수단을 써서라도 관심의 초점에 서는 것이다.

"나이가 5년 6개월 된 뒤로 소년은 캠프에 참가했으며 스포츠를 좋아한다. 캠프에 가서도 얼마나 짓궂게 굴었는지, 캠프 감독관이 소년을 집으로 돌려보내려 했다. 그러나 캠프 지도원이 소년의 지적 능력을 좋아하고 순진한 목소리에 끌려 캠프에 계속 남도록 했다. 해마다 소년이 잠자리를 준비하거나 텐트를 치우는 일을 캠프 지도원이 도와줬다. 소년은 캠프에서 단정치 못하고 꾸물댔으며 명령을 잘 따르지도 않으면서 가는 곳마다 책임을 회피하려 들었다."

나는 아이들에게 캠프를 적극적으로 권한다. 하지만 아이의 삶의 패턴이 이미 확고히 굳어졌을 경우에는 캠프 생활이 그걸 바꿔놓을 것이라고 기대해서는 안 된다. 캠프에 그 아이를 완벽하게 이해하는 누군가가 있다면 그런 변화도 가능하겠지만, 아이의 나쁜 행동이 캠프 생활을 통해 반드시 향상될 것이라고 믿는 것은 어리석은 짓이다. 존은 캠프에서도 교활함과 거짓 순진함 같은 바람직하지 않은 특성을 발달시킴으로써 헛된 우월과 기생(寄生) 생활이라는 목표를 성취했다.

"소년은 전반적인 지능이 매우 탁월하고 산수 문제를 풀기를 좋아
한다. 소년은 학교 활동을 좋아하며 자신이 잘 아는 과목의 공부는
마다하지 않는다."

이 보고서의 내용은 아주 우수하다. 아마 소년은 산수에서 성공을 거
두었고 따라서 산수에서 발전을 이루는 데 관심을 두고 있을 것이다. 이
소년이 가치 있는 일에 제대로 관심을 쏟도록 해서 흥미를 붙이도록 하
기만 하면, 문제가 해결될 것이라고 나는 믿는다. 우선 아이가 우리의 사
고방식을 이해하고 받아들이도록 하는 것이 중요하다. 소년에게 잘못된
것은 하나도 없다. 왜냐하면 어린 소년으로서는 자신이 삶에 대해 품고
있는 주요 관심이 책임 회피라는 생각을 꿈에도 하지 않기 때문이다.

"소년은 정신 연령이 신체 연령보다 1년 앞선다. 초등학교 1학년에 입
학한 뒤 소년은 선생을 좋아했고 공부도 곧잘 했다. 그러다 2학기 들어
서 선생을 좋아하지 않았으며 공부와 품행도 조금씩 나빠졌다. 소년이
가장 잘한 과목은 읽기와 산수였고, 가장 뒤떨어진 과목은 체육이었다.
그래도 소년은 근육 조절 테스트에서 10세 수준의 점수를 받았다." 체육
을 제대로 하지 못할 육체적 이유가 전혀 없다는 사실은 그가 운동에 관
심이 없기 때문에 행동이 서툰 아이의 흉내를 내고 있다는 우리의 믿음
을 뒷받침한다. 소년은 아마 체육 시간에 비난의 소리를 자주 들었을 것
이다.

"소년은 쉽게 피곤해하고 몇 시간 수업이 끝나고 나면 누워야 했다. 잉
크를 곧잘 쏟았기 때문에 글을 쓰는 시간에도 소년에게는 잉크를 사용
하는 것이 금지되었다. 소년의 노트는 매우 지저분하고, 그림도 형편없
다." 수업 시간 뒤에 피곤해 하는 것은 선생을 속이려는 장난에 불과할
것이다.

"아이는 수업을 방해하는 행동 때문에 자주 교장실로 불려갔다. 그러면 교장은 존에게 웃지 않고 슬픈 표정을 짓는 것은 좋지 않다는 식으로 타일렀다. 이 슬픈 표정은 그 아이 나름대로 순진하게 보이는 한 방법이다."

존을 교장실로 두세 차례 보내도 바라던 효과가 나타나지 않았다면, 더 이상 그렇게 하지 말아야 한다. 웃음은 다양한 감정의 표현일 수 있다. 이 아이 같은 반항아에게 웃음을 기대하는 것은 지나친 요구일 수 있다. 이 아이가 지금 맡고 있는 역할은 실수로 꾸중을 듣는 순진한 아이의 역할이다.

"나쁜 짓을 하여 꾸지람을 들을 때, 아이는 부드럽고 아기 같은 목소리를 낸다. 아이는 자신의 행동에 대한 말을 끊임없이 늘어놓는다. 아이는 옳지 않은 행동에 대해 사과는커녕 오히려 자신을 변명하면서거짓말까지 한다."

소년은 아마 지속적으로 말을 늘어놓음으로써 선생들을 패배시키길 원할 것이다. 소년의 교활함은 아버지의 훈육을 피하려고 노력한 결과이다.

"소년은 1928년 1월에 어느 대학교의 심리학자들을 찾아 검사를 받았다. 결과는 이런 식으로 나왔다. 신장과 몸무게는 평균 이상이고, 시력이 약하지만 안경의 도움을 받고 있다. 치과 치료가 요구된다. 정신 연령은 10년 3개월이며, 근육 조정 능력과 대인관계의 지각력은 10세 수준이다."

이 검사는 소년이 약간의 신체적 결함으로 힘들어 하고 있으며 격려를 충분히 받지 못하다 보니 결함을 보상하려는 노력을 적절히 추구하지 않았다는 점을 암시한다.

"아버지는 존에게 오후 다섯 시에는 집으로 들어오라고 요구하지만 존은 아버지의 지시를 어긴다. 소년의 친구들은 그날의 비밀회의가 끝나기 전에 집으로 가는 아이에게 60대를 때리는 것을 원칙으로 정하고 있다. 당연히 존은 맞는 것보다 때리는 것을 더 좋아할 것이며, 따라서 정해진 시간보다 더 오래 남는다. 그러다 보면 존은 부모가 한 말을 기억하지 못하게 된다. 존의 아버지는 이 점을 이해하지 못한다. 존이 매우 영리한 아이이기 때문이다. 존의 친구들은 용돈으로 50센트를 받는다. 존도 같은 금액을 원한다. 존의 부모는 아들에게 그만한 돈이 필요하다고 생각하지 않는다. 그들이 아들에게 필요한 모든 것을 제공하고 있고 아들이 돈을 헛되이 쓰는 것을 원하지 않기 때문이다. 존의 친구들은 존과 함께 주일학교에 가곤 했지만 지금은 가지 않기로 결정했다. 존도 마찬가지로 주일학교에 가고 싶어 하지 않는다. 존의 부모들은 아들이 종교의 가르침을 따라야 한다고 주장한다." 이 같은 사실들은 존이 자신도 중요한 역할을 할 수 있는 갱단과 함께 지내는 것을 더 좋아한다는 점을 암시한다. 존이 부모의 지시를 기억하지 않는 것은 부모의 요구가 자신의 패턴과 일치하지 않기 때문이다.

"아버지는 존이 품행에서 좋은 점수를 받기를 간절히 바라고 있다. 존은 매일 집으로 품행 기록부를 갖고 온다. 그러면 아버지는 아들을 구슬려 선하게 행동하도록 유도한다. 아버지는 존의 선한 행동을 현금으로 보상하는 아이디어를 제시했다. 존이 B를 받으면 15센트, B플러스를 받으면 20센트, A를 받으면 25센트를 주기로 했다.

그러나 만약에 존이 C를 받으면 거꾸로 존이 아버지에게 10센트를 내놓고 D를 받으면 25센트를 내놓게 했다. 최근에 존은 D를 받아왔다. 그러자 아버지는 아이를 꾸짖으며 반죽용 밀방망이로 살짝 때린 뒤 또 다시 D를 받으면 인정사정없이 맞을 줄 알라고 엄포를 놓았다. 그런데 불행히도, 존은 그날 다시 D를 받아왔다."

아무리 좋은 뜻을 품고 있을지라도 이 아버지는 어디까지나 아이를 건성으로 대하고 있다. 소년의 패턴이 명령을 따르지 않는 것이라면, 그런 아이에게 뇌물을 먹여 선하게 행동하게 하는 것은 불가능한 일이다. 이 아이에겐 체벌이 정말로 나쁘다는 사실을 모두가 잘 알아야 한다.

"학교에서 소년은 공부를 잘 하지만 품행은 정말 거슬린다. 소년은 혼자 중얼거리거나 다른 아이들에게 말을 걸거나 주의를 끌기 위해 광대 노릇을 함으로써 수업을 방해한다. 아이의 책상은 매우 어질러져 있다. 어떤 책은 의자에, 어떤 책은 바닥에 놓여 있다. 여기 저기 종이가 흩어져 있다. 글씨는 엉망이다. 수업이 끝날 때쯤 되면 아이의 용모도 엉망이 된다. 아침에 등교할 때에는 깨끗하고 말쑥했지만 하교할 때 보면 그렇게 변해 있다. 다른 소년의 아버지가 학교를 찾아와서 불만을 토로했다. 존이 자기 아들에게 싸움을 걸며 수업이 끝난 뒤 어느 담 모퉁이에서 기다리라고 협박했다는 것이다. 그래서 소년은 존의 공격이 겁이 나서 학교에 가는 것을 무서워했다. 존의 반 아이들은 존을 좋아하지 않는다. 항상 리더가 되기를 원하고 다른 아이들이 권력을 잡는 것을 허용하지 않기 때문이다."

이런 것들은 지금까지 살핀 패턴을 추가로 뒷받침하는 증거이다. 만약에 소년이 탁월한 싸움꾼이라면, 아이의 근육 조정이 그렇게 형편없을 수는 없을 것이다.

"소년은 보통 다섯 시까지 밖에서 놀다가 아버지 가게로 가서 6시까지 머문 다음에 저녁을 먹으러 집으로 돌아간다. 저녁 식사를 한 뒤에는 꼬마 동생이 잠들 때까지 부엌에서 책을 읽다가 9시에 자러 간다. 비가 내리는 날에는 아버지의 가게에서 책을 읽는다."

이 아이가 독서를 하는 중요한 이유 하나는 현실을 좋아하지 않고 자신을 책의 주인공과 동일시하는 공상에 빠지는 것을 더 선호하기 때문일 것이다.

"가정의 훈련과 훈육은 매우 부적절하다. 부모 모두가 아이를 망쳐 놓고 있다. 소년은 방과 후에 혼자 지내며 나쁜 버릇을 배웠다. 소년은 패거리 정신을 습득하고 있는 것 같다. 소년은 어둠을 무서워 하지도 않고 잠을 자다가 소리를 지르지도 않는다. 그런데도 침대에서 끊임없이 몸을 뒤척인다."

존이 어둠을 무서워하지 않는다는 것은 오해이다. 그렇게 보이는 이유는 소년이 밤낮을 가리지 않고 쉽게 자기 어머니나 가정부가 자신에게 관심을 기울이도록 할 수 있기 때문이다. "소년은 강도를 잡는 탐정이 되거나 암에 걸린 사람들(그의 할아버지가 암으로 세상을 떠났다)을 치료하는 의사가 되거나 곤경에 처한 사람을 도울 수 있는 변호사가 되기를 원한다."

요즘 암을 치료하는 것은 영웅적인 행위이다. 소년은 자신의 야망에 대해 묘사했기 때문에 패거리 활동과 어울리는 사회적 감정을 어느 정도 갖고 있는 것처럼 보인다. 거리의 소년들은 어떤 전통을 갖고 있다. 그런 소년들은 서로에게 충실한 것이다. 존이 패거리에 속한다는 사실은 소년에겐 매우 다행한 일일 수도 있다. 존이 강도가 아니라 탐정을 선호한다는 것도 또한 우리를 안심시키는 요소이다. 존의 기록은 전부 부정적이지는 않다. 그의 발달에 괜찮은 측면도 있는 것이다. 중요한 문제는 존이 엉뚱한 곳에 초점을 맞추고 있다는 점이다. 존이 싸우는 것은 그의 눈에는 그것이 자신의 중요성을 얻을 수 있는 유일한 길처럼 보이기 때문이다. 이 관점에서 치료가 이뤄져야 한다. 부모에게 여러 가지 제안을 내놓을 것이며, 특히 아버지에게 아들에게 매를 들 것이 아니라 아들의 친구가 되도록 노력하라고 조언할 것이다. 아버지와 아들이 함께 여행을 하면서 서로를 이해하려고 노력하는 것도 좋은 아이디어일 것이다.

존의 목표는 주의를 끄는 것이라는 점을 존 본인과 부모가 깨닫도록 하는 것이 대단히 중요하다. 틀림없이 소년에게 그 점을 설득시키는 것이 더 어려울 것이다. 소년이 자신의 삶의 목표를 똑바로 보기까지 시간이 어느 정도 걸릴 것이다. 우리는 소년을 돕기 위해 가능한 수단을 모두 동원해야 한다. 다행히 소년의 선생도 여기에 있다. 선생이 소년에게 소년의 행동에 대해 설명하고 소년이 보다 나은 길로 들어설 수 있도록 큰 도움을 줄 것이다.

학생: 이 아이의 목표가 무의식 안에 있다면, 아이가 어떻게 그 목표를 합리적으로 추구할 수 있을까요?

아들러 박사: 아이의 영혼에 거울 같은 것을 비추는 것으로 치료가 시작됩니다. 아이가 자신의 태도를 보면서 우리가 제시하는 다른 그림과 비교하도록 하지요. 그런 식으로 아이가 자신의 실제 모습을 보도록 할 수 있다면, 아이는 그릇된 행동을 하다가도 이에 대해 생각해 보게 될 것입니다. 그러면 아이의 비행(非行)이 약해지겠지요. 그러다가 아이가 자신이 그런 행동을 하는 이유를 완벽하게 이해하게 되면 다른 소년으로 바뀔 거예요.

어머니와 아버지가 강의실로 들어온다.

아들러 박사: 두 분의 아들을 이해하느라 좀 힘이 들었어요. 이제 어느 정도 이해했다고 믿어요. 내가 볼 때 두 분이 각자 몫을 해낸다면, 존을 정상적인 아이로 되돌려놓을 수 있어요. 존이 추구하는 중요한 목표는 관심을 끄는 것이라고 생각해요. 아이는 가끔은 건설적인 방법으로, 또 가끔은 나쁜 방법으로 관심을 끌려고 하고 있어요. 존은 읽기와 산수에 상당한 발전을 보였어요. 여동생을 대하는 태도도 바람직하고요. 훗날에 유익한 인물이 되려는 야망도 물론 좋아요. 그러나 존의 나쁜 행동은 존이 차별 대우로 마음에 상처를 입고 있다는 점을 암시하고 있어요. 존의 어린 시절 상황에 대해 조금 더 알고 싶군요. 어릴 때 응석을 지나치게 부리며 사랑을 받다가 갑자기 지지와 사랑을 잃게 되면, 아이는 마치 낙원을 잃어버린 것 같은 느낌을 받게 되

지요. 그러면 아이는 평생 동안 자신이 주인이 될 수 없는 상황을 피하려 들게 된답니다. 아기 때처럼 아무런 노력을 하지 않아도 관심의 초점에 설 수 있는 그런 상황이 아니라면, 아이는 반항아의 성격을 발달시키며 관심을 다시 끌려고 노력하게 되지요. 그러면 아이는 자신이 가장 사랑을 많이 받고 가장 강한 존재가 되지 못하는 한 어머니나 선생이나 다른 아이들과 싸우려 들죠. 존은 자신이 잃었다고 생각하는 낙원을 다시 정복하려고 투쟁을 벌이고 있어요. 기록부를 보면, 존은 생후 16개월 동안 아주 엄격한 유모를 두었던 것으로 되어 있어요. 정말 그랬는가요?

어머니: 유모는 언제나 엄격했어요. 아무도 아기 가까이 가지 못하게 했으니까요.

아들러 박사: 존은 유모를 좋아했어요?

어머니: 당시에는 아이가 너무 어려서 그런 걸 몰랐어요.

아들러 박사: 상황을 정확히 재구성하는 것은 불가능합니다만, 이 아이는 유모나 가정부, 혹은 어머니 손에 애기처럼 애지중지 자랐을 가능성이 있어요. 아시다시피, 아이는 오랫동안 외동으로 자랐지요. 어머니께서 아이의 응석을 받아주었습니까?

어머니: 절대로 그런 일은 없었어요.

아들러 박사: 그렇다면 유모가 아이를 버릇없이 키웠다고 볼 수 있겠군요. 그러나 누가 그랬든, 아이의 상황이 갑자기 변했어요. 존이 문제아가 된 것이 언제부터죠?

어머니: 2년 되었어요. 학교에 입학했을 때는 조금 문제를 일으키더니 일곱 살이 된 이후로 더 심해졌어요.

아들러 박사: 학교에 입학하면서 말썽을 일으키기 시작하는 아이들이 가끔 있어요. 학교에서는 노력 없이 우월한 지위를 누리는 것이 불가

능하기 때문이지요.

어머니: 처음에는 사립학교에 다녔어요. 거기서는 아이가 자유를 엄청 많이 누렸어요.

아들러 박사: 아마 존은 새로운 학교로 전학한 것을 호의적인 상황에서 불리한 상황으로 바뀐 것으로 느끼고 있을 거예요. 존의 행동은 지적인데, 목표가 잘못되었어요. 소년에게 자신이 유익한 존재가 될 때에만 사랑을 받고 평가를 받을 수 있다는 사실을 설득할 때까진 소년의 행동은 절대로 변하지 않을 거예요. 두 분에게 정말로 아이의 친구가 되도록 노력해달라고 제안하고 싶어요. 만약에 두 분이 아이가 그런 관점을 받아들이도록 설득시킬 수 있다면, 아이의 불복종은 사라질 거예요. 그러면 아이는 학교에서뿐만 아니라 가정에서도 자신의 위치를 다시 조정할 것이라고 확신해요. 아이를 교장실로 데려가거나, 아이에게 좋지 않은 성적표를 주거나, 체벌을 가하거나 아이를 돈으로 매수하려는 노력은 효과를 발휘하지 못해요. 두 분에게 나의 방법을 시도해보라고 강력히 권하고 싶어요. 두 분이 그렇게 하시겠다면, 존이 나쁜 아이라서 그런 것이 아니고 모두가 서로를 오해해서 그렇다는 점을 내가 존에게 몇 마디 말로 설명할 생각입니다.

어머니: 감사합니다.

아들러 박사: 좋아요. 아드님에게 좋은 얘길 들려주지요.

부모가 강의실을 떠난다.

아들러 박사: 내가 소년을 돕겠다고 제안할 때, 아버지는 매우 의심스러워하는 표정을 지었어요. 지금처럼 청중이 있는 상황에서 그들이 그런 제안에 "아니오."라고 대답하더라도, 여러분의 관점을 계속 고

집하면서 그들이 반감을 갖도록 할 게 아니라 그냥 나가게 하면 됩니다. 상담실을 벗어나자마자, 부모의 반대는 종종 묵인으로 바뀝니다. 존의 부모에게 존이 잘못을 저지른 것이 아니라는 점을 강조하는 것이 나의 목표였어요. 왜냐하면 부모가 언제나 아이를 죄인으로 여기고 있었기 때문이지요. 우리는 한 가지 사항을 간과했어요. 부모가 존에게 주일학교에 가라고 강요한다는 점입니다. 여러분은 부모의 엄격함이 존이 종교에 반항심을 품도록 만들었다는 사실을 알고 있어요. 부모를 공격할 때, 아이는 언제나 부모가 중요하게 여기는 것을 대상으로 선택하지요. 어떤 소년이 읽기와 산수에 뛰어나고 싸움도 할 수 있다면, 그 아이는 다른 과목에서도 잘하고 처신도 완벽하게 잘할 수 있다고 나는 확신합니다.

소년이 강의실로 들어온다.

아들러 박사: 의사가 되고 싶어 한다는 말을 들었단다. 넌 의사를 좋아하니?

존: 예.

아들러 박사: 곤경에 처한 사람을 돕는 것은 매우 보람 있는 일이란다. 의사가 되는 것도 별로 어렵지 않아. 어려운 일이라면 의사가 많지 않았겠지. 너에겐 친구가 많니?

존: 예.

아들러 박사: 좋은 친구들이니?

존: 예.

아들러 박사: 그 친구들을 좋아해?

존: 예.

아들러 박사: 그것 잘 되었구나. 네가 리더니?

존: 돌아가면서 리더를 해요.

아들러 박사: 너는 항상 리더가 되고 싶은 거니? 좋은 일에서 리더가 되는 것은 정말 멋진 일이란다. 하지만 간혹 소년들은 나쁜 일로 리더가 되는 것이 더 좋다고 믿기도 해. 좋은 일에서 리더가 되는 데는 용기가 많이 필요해. 내가 보기엔 너는 언제나 리더가 되길 원하는 것 같은데. 네가 아이였을 때, 사람들이 너의 응석을 다 받아주었니?

존: 아뇨.

아들러 박사: 다시 한 번 생각해보자꾸나. 아마 너는 자신이 옛날만큼 중요한 존재가 아니라는 느낌이 들지 모르겠구나. 그러면서 사람들의 주목을 끄는 유일한 방법이 수업을 방해하거나 어머니와 싸우는 것이라고 느낄 수도 있어. 아마 너는 다른 방법을 찾지 못했겠지만, 너만큼 똑똑한 소년은 더 좋은 방향으로 사람들의 관심을 끌 수 있어. 용기를 내서 새로운 방법을 한 번 시도해 볼래? 나는 네가 무엇이든 성취할 수 있다는 것을 알고 있어. 그리고 너는 학교에서 최고로 훌륭한 학생이 될 수 있어. 너는 그걸 믿지 않기 때문에 시도하기가 힘들지도 몰라. 모든 사람이 "존은 멋진 소년이야."라고 말한다면 너의 기분이 훨씬 더 좋을 것 같지 않니? 관심의 중심에 서기 위해 사람들을 성가시게 하는 것은 매우 비겁한 짓이란다. 너의 생각엔 학급에서 품행이 가장 좋은 학생이 되는 데 시간이 얼마나 걸릴 것 같니? 나의 판단엔 너같이 똑똑한 아이라면 2주일이면 충분할 것 같은데. 2주일 후에 다시 나를 만나서 어떻게 지내는지 말해줄 수 있겠어?

존: 예.

패턴 #4.

성장하는 것이
두려운 아이

오늘은 6년 8개월 된 조지를 분석할 것이다. 초등학교 1학년생이다. 환자 기록부에 따르면, 소년의 어머니는 아들의 언어 장애를 바로잡기를 기대하면서 아이를 이곳으로 데리고 왔다. 소년은 애기 말투를 쓰고 찡그리거나 광대처럼 굴고 글을 읽지 못하는 척하는 나쁜 버릇이 있다. 소년의 지능지수는 89이다. 소년의 언어 장애는 신체적 결함 때문일 가능성도 있다. 그러나 다른 나쁜 버릇도 있기 때문에, 존은 일부 측면에서 적응이 잘못되었을 수 있다. 후자의 경우라면, 아이는 동료들과 관계 맺기를 피하거나 동료의 범위를 좁힘으로써 안전을 느끼기 위해 부적절하게 애기처럼 말할 것이다. 우리는 다른 증거로도 이 가설을 뒷받침할 수 있어야 한다. 아이는 단정치 못하고 비사교적이며 음식 투정을 할 수 있다. IQ가 89인 소년은 틀림없이 지적이며, 따라서 애기처럼 행동하는 데에는 다른 목적이 있는 게 분명하다.

　지금까지의 경험을 근거로, 나는 이 소년이 성장에 따를 문제를 직면하길 두려워하는 아이가 아닐까 하고 의심한다. 나는 언제나 마실 것을 젖병으로 빨길 원하는 5세 소년을 알고 있다. 매우 특이한 이런 방법으로, 이 소년은 유아기에 느꼈던 편안한 상황에서 벗어나기를 원하지 않았다. 이 아이는 열등 콤플렉스를 갖고 있었다. 이런 아이는 "나는 성장하고 싶지 않아."라는 말을 대놓고 하지는 않는다. 그러나 행동을 보면 아이가 새로운 조건을 피하기를 원한다는 사실이 확연히 드러난다. 이런 경우에 아이는 자신이 성장하기를 원하지 않는다는 것을 의식적으로 알고 있을지라도 그 원인에 대해서는 의식하지 못한다.

　의식과 무의식은 절대로 모순되는 것이 아니다. 의식과 무의식은 한 방향으로 흐르는 두 개의 물줄기이다.

　아기로 남길 원하는 아이는 불가피하게 나쁜 습관을 가질 수밖에 없을 것이다. 아이가 왜 이 목표를 선택했는지, 그 이유를 아는 것이 매우 중요하다. 아이가 심하게 버릇없이 자랐을 수도 있고, 아주 잘생긴 아기였을 수도 있고, 태어나자마자 병에 걸렸을 수도 있고, 아니면 외동아들이거나 막내일 수도 있다. 아이가 광대처럼 굴고 인상을 쓰는 것은 주의를 끄는 멋진 방법인데, 이는 그 아이가 버릇없이 자란 아이라는 인상을, 그리고 자신에게서 멀어지고 있는 유쾌한 조건을 되찾기 위해 투쟁을 벌이고 있다는 인상을 뒷받침한다. 애기 같은 말투는 결점이 아니라 오히려 천재성의 표현이다. 애기 같은 말투와 찡그림은 아이의 창조적인 노력의 일부이다. 아이가 아기로 남길 원한다는 점을 감안한다면, 이 아이가 선택한 방법보다 더 효과적인 것은 없다. 많은 아이들은 익살스런 모습을 보일 길을 찾는다. 간혹 아이들은 어쩌다 주변 사람들을 웃게 만든 행동을 계속 연습하다가 결국 우스꽝스런 표정을 짓는 데 명수가 되기도 한다.

　글을 읽지 못하는 것처럼 꾸밈으로써, 조지는 다른 사람이 자신을 대신하도록 만들고, 읽지 않아도 되고 질문에 대답하지 않아도 되었던 아기 시절로 돌아간다. 이때 부모가 아이가 꾀를 부린다며 꾸짖으면, 그건 큰 실수가 될 것이다. 아이는 거짓말을 하고 있지 않다. 왜냐하면 아이가 자신의 목표를, 말하자면 부모가 정해주는 목표가 아니라 자신이 정한 목표를 충실히 추구하고 있기 때문이다. 만약에 훌륭한 학생이 되는 것이 아이의 삶의 목표라면, 아이는 질문을 읽고 대답하는 것을 배울 것이다. 그런데 이 아이는 그런 노력을 하지 않고 "나는 못해."라는 식으로 행동한다. 이런 현상을 심리학의 언어로 옮기면 "나는 아기이다. 그러니 나에겐 아무것도 기대하지 마라."라는 의미가 된다.

환자 기록부에는 "아이의 가족은 열네 살인 형과 각각 열한 살과 아홉 살인 누나로 이뤄져 있다."라고 적혀 있다.

이것은 우리의 가설을 뒷받침하는 두 번째 증거이다. 막내로서 아이는 버릇없이 컸을 가능성이 아주 크다. "형과 누나들은 조지와 자주 싸웠다."

이 점이 흥미롭다. 왜냐하면 조지가 겁쟁이가 아니라는 점을 보여주기 때문이다. 아이가 용기를 잃었다면, 형과 누나가 이 아이와 싸우는 일은 거의 없었을 것이다.

"소년은 누나들, 특히 열한 살인 큰누나와 더 잘 지낸다. 큰누나는 매우 능력 있는 아이이며 어머니가 아픈 동안에는 가족의 기둥 역할을 톡톡히 해냈다."

분명히 큰누나는 이 동생이 원하는 관심을 동생에게 쏟고 있다. 어머니는 아마 처음에 아이를 버릇없이 키웠을 것이고, 큰누나는 간혹 그런 어머니를 모방했을 것이다.

"형은 조지를 때리고, 또 조지의 친구들을, 그 중에서도 특히 조지
　가 집에 데려오는 흑인 소년을 싫어한다. 형은 조지의 태도가 끔찍
　하다고 말한다."

　형이 말하는 "끔찍한 태도"가 바로 애기 같은 태도이다. 나는 그 태도
가 끔찍하다고 생각하지 않는다. 나는 그 태도가 대단히 예술적이라고
생각한다. 아이는 아기처럼 행동하기로 마음을 먹었다면 그런 식으로
자신을 지켜야 한다. 아이는 자신의 목표를 바꾸지 못한다. 왜냐하면 자
신의 상황에 대해 아는 것이 전혀 없기 때문이다. 조지에게 성장하는 것
은 곧 더 많은 파워를 갖는다는 의미라는 점을 이해시키기가 대단히 어
렵지는 않을 것이다. 또 과거의 잃어버린 낙원을 찾는 것보다는 발전을
위해 노력하는 것이 훨씬 더 바람직하다는 점을 이해시키는 것도 그다
지 어렵지 않을 것이다.

　이 대목에서 학교의 가치가 강조되어야 한다. 왜냐하면 조지의 선생이
아이가 성장의 기술을 배우도록 격려하고 훈련시킬 수만 있다면, 아이
가 미래를 향해 확 트인 길을 걷게 될 것이기 때문이다. 아이의 어머니에
게도 아들을 보다 독립적인 존재로 키워야 한다는 점을 설득시켜야 한
다. 동시에 아들이 다른 가족과 급우들에게 관심을 더 많이 갖도록 유도
해야 한다고 일러줘야 한다. 형에게도 동생을 대하는 방법이 잘못되었
다는 점을 가르쳐야 한다. 조지가 얼굴을 찡그릴 때, 다른 아이들은 절대
로 웃지 말아야 한다. 다른 아이들이 동생에게 그런 싸구려 술책으로 자
신을 중요한 존재로 만들 기회를 줘서는 안 된다.

"가족의 다른 아이들은 조지의 애기 같은 말투를 듣기 싫어한다. 형
　과 큰누나는 학교에서 공부를 꽤 잘하고 IQ도 높은 편에 속한다. 작

은누나는 IQ가 낮은 편이다. 조지는 잘생긴 금발 소년이며, 다른 아이들은 피부가 검고 전혀 매력적이지 않다. 어머니는 '아이를 사랑하지 않을 수가 없어요. 금발에다가 너무나 귀엽게 생겼거든요.'라고 말한다."

여기에 아이가 애지중지 응석받이로 자랐다는 우리의 이론을 뒷받침하는 증거가 많이 있다.

"아버지는 이탈리아인으로 벽돌공이다. 어머니는 미국인이다. 부모는 사이가 별로 좋지 않다."

이는 아이의 발달을 더욱 복잡하게 만드는 요소이다. 만약에 부모가 서로 행복한 관계를 유지하지 못하고 있다면, 소년은 어머니에게 지나치게 많이 기대게 된다. 아마 소년은 자신의 사랑에서 아버지를 배제하는 성향을 보일 수 있다. 이 같은 성향은 아이의 삶을 크게 좁히고 또 아이가 책임이 요구되지 않는 아기로 남길 원하게 만드는 한 이유이다.

"조지가 어느 날 화가 잔뜩 난 상태에서 학교에 와서 이렇게 말했다. '엄마가 밤새 집에 들어오지 않았어요. 아빠가 엄마를 울렸어요. 그러자 엄마가 집을 나가서는 돌아오지 않았어요.' 그것 때문에 아이는 밤새도록 걱정했다. 아이는 계속해서 집에 갈 시간이 되지 않았느냐고 물었다."

만약에 아이의 엄마가 밤새 집에 들어오지 않았다면, 부부 싸움은 아주 심했을 것임에 틀림없다. 그런 상황에서 아이가 사회적 감정을 발달시키는 것은 특별히 더 어려워진다. 분명히 아이는 어머니에게 강하게 집착하고 있다.

"아이의 어머니는 집에 돌아와서 아이에게 영화관에 갔다가 갑자기 아파서 집에 들어오지 못하게 되었다고 설명했다." 이는 어머니가 아이에게 거짓말을 하고 있다는 점을 암시하고 있다. 어머니에게 아이에게 100% 진실을 말하라고 조언하기는 어렵지만, 나는 그녀가 좀 더 그럴듯한 거짓말을 찾을 수 있었을 것이라고 생각한다.

> "한때 이 가족은 매우 유복했다. 남부에서 재산도 어느 정도 있었고 자동차도 있었다. 어머니는 남부를 떠난 것을 후회한다. 어머니는 오랫동안 심하게 아팠다. 아버지는 몇 개월 동안 실직자로 지냈다. 그래서 몇 개월 전에 아버지는 학교에 재정적 지원을 요청했으나 지금은 일을 하고 있다."

여기에 이 아이가 겪고 있는 또 다른 어려움이 있다. 소년은 아마 돈이 많고 걱정이 덜했던 어린 시절이 지금보다 훨씬 더 행복했다고 기억하고 있을 것이다.

"어머니에겐 다른 주에 사는 열여섯 살 된 조카가 있는데, 이 조카가 조지와 비슷한 언어 장애를 갖고 있다." 이 정보는 어머니가 유전을 믿고 있는 것이 아닌가 하는 의심을 품게 한다. 이 조카의 어머니는 조지의 어머니의 언니이며, 두 사람은 자식들을 응석받이로 키우던 집안의 출신이다. 그렇다면 이것은 유전의 문제가 아니고 비슷한 상황에서 비롯된 비슷한 문제일 뿐이다. 물론 가족 전통을 조사 대상에서 배제해서는 안 된다. 그러나 깊이 철저히 조사해 보면, 성격적 특징이 유전된다는 이론은 단지 무식한 미신에 지나지 않는다는 사실이 확인된다.

"아이의 출생은 정상이었지만, 아이를 먹이는 일이 대단히 힘들었
다. 아이는 세 살까지 자주 아팠다."

어쩌면 이 아이는 영양 섭취 면에 문제가 있을 수 있다. 아니면 아이의
어머니가 단지 아이에게 영양을 공급하는 기술이 부족했을 수도 있다.
아이가 아플 동안에 응석받이로 컸을 가능성이 아주 크다. 왜냐하면 그
것이 이 가족의 전통과 일치하기 때문이다.

"아이는 편도선을 제거하는 수술을 받았다. 그렇게 하면 아이의 언
어 능력이 발달할 것이라는 믿음 때문이었다. 그러나 그 수술도 아
무런 효과가 없었다."

당연히 아이의 상황은 편도선 절제에도 변하지 않았다. 어떤 소년이
아기가 되길 원한다면, 그 소년은 편도선이 있어도 아기가 될 것이고 편
도선이 없어도 아기가 될 것이다.

"의사들은 어머니에게 아이의 발음기관에는 아무 문제가 없다고
일러주었다. 학교 선생도 몇 개의 충치가 있는 것을 빼고는 아이의
건강에 문제가 없다는 사실을 확인했다. 학교의 다른 아이들은 이
아이를 좋아하고 또 아이의 찡그림을 즐겼다."

어린 학생들은 쉽게 깔깔거리고, 조지는 스스로 우스꽝스러운 짓을 하
려고 노력했다. "소년은 급우들을 밀치거나 가까이 있는 아이들에게 말
을 걸면서 종종 아이들과 싸운다. 아이는 등교할 때에는 깨끗한 차림으
로 오지만 금방 양말을 구두 위로 내리고 넥타이를 푼다."

이런 것들은 그 아이가 한 사람의 행위자로서 가진 책략의 레퍼토리이다. "아이는 코트를 옷걸이에 거는 예가 없으며 그냥 벽장 안으로 휙 던진다. 아이는 추운 겨울에도 코트가 짧다는 이유로 코트를 입지 않고 학교에 왔다. 아이는 또 구멍이 났다는 이유로 점퍼를 입는 것까지 거부했다."

단정치 못한 몸가짐은 응석받이로 큰 아이임을 보여주는 가장 확실한 신호이다. 그러나 조지는 또한 허영심도 있어서 남루한 옷차림을 보이지 않으려 노력한다. 부모의 경제사정이 좋았을 때 아이가 멋진 옷을 입었다는 사실은 아마 아이의 인생에서 중요한 한 요소일 것이다. 만약에 아이가 언제나 해진 코트를 입었다면, 아이는 그 차이를 몰랐을 것이다. "아이는 산수를 잘하고, 글 읽는 것을 잘 배우고 있다."

이런 것들은 아이가 학교에서 어려움을 극복하고 있는 중이라는 점을 보여주는 멋진 신호들이다. 아이는 친절한 선생을 두었음에 틀림없다. 그렇지 않다면, 아이가 산수에 힘들어 했을 것이다. "아이의 글쓰기는 아주 형편없다. 아이의 노트는 지저분하다."

이 같은 사실은 아이가 왼손잡이일 수 있다는 점을 암시한다. 왼손잡이인 경우에는 글쓰기가 특별히 힘들 것이다.

"아이는 왼손잡이에서 오른손잡이로 바꾸었다. 교실에서 왼손을 쓰려는 시도를 좀처럼 하지 않지만 숫자를 왼손으로도 꽤 잘 쓴다."

소년이 왼손잡이 아이일 것이라는 짐작은 맞았다. 또 아이가 글쓰기에서 오른손의 약점을 완벽하게 보상하지 않았다는 짐작도 맞았다. 그런 아이는 종종 읽기를 배우면서 어려움을 겪고 그 실패 때문에 우둔한 아이로 여겨진다. 그러나 면밀히 조사해보면, 그런 아이도 오른쪽에서 왼쪽으로는 꽤 잘 읽는다는 사실이 확인될 것이다.

"아이는 칭찬에 빨리 반응한다."

이는 해석조차 필요하지 않은 대목이다. "아이는 서투르지 않으면서도 무엇이든 못하는 척 꾸민다. 예를 들어, 선생이 지켜보고 있으면, 아이는 종이조차 접지 못하는 것처럼 행동한다. 그러나 선생이 지켜보지 않으면, 아이는 종이접기를 완벽하게 해낸다." 여기서도 또 다시 이 소년의 목표가 확인된다. 자신에게 친절한 모든 사람을 자신의 요구에 따르게 하려는 의도가 보이는 것이다. 아이는 자신이 아기라는 점을 입증하려고 노력하고 있다.

"아이는 옷도 혼자 입지 못한다. 아이는 씻는 것도 싫어한다. 어머니가 씻어주면, 아이는 야단법석을 떨며 비명을 지른다."

아이가 버릇없이 컸다는 사실을 뒷받침하는 증거들이다. 아이는 어머니가 몸을 씻어줄 때조차도 비명을 지른다. 남이 씻어주는 것을 싫어해서가 아니라 어머니에게 고통을 추가로 안겨주기 위해서이다.

"어머니는 아이를 회초리로 때린다. 간혹 소란을 피하기 위해, 그녀는 아이의 몸을 씻는 일을 열한 살 딸에게 맡기고 그에 대해 별도로 보상을 한다. 아이는 혼자 힘으로 먹긴 하지만 놀아가며 먹기 때문에 매우 느리다."

아들을 응석받이로 키운 어머니가 회초리만 들면 아이가 스스로 몸을 씻을 것이라고 판단했다면, 그건 큰 오산이다. 식사 시간은 아이가 더 많은 관심을 끌 기회가 된다. "아이는 집에서 가족의 말을 듣지 않는다. 아이는 학교에서 인상을 쓰던 그대로 집에서도 인상을 쓰며, 인형이나 옷을 치우는 예가 없다. 아이는 두 누나와 같은 방에서 한 침대에 잔다."

어머니에게 아이들이 같은 침대에서 자는 것이 최선의 방법은 아니라는 점을 일러줘야 한다. "아버지는 아이에게 절대로 혼을 내지 않는데도 어머니와 아들의 관계가 아버지와 아들의 관계보다 훨씬 더 강하다. 어머니는 혹시라도 아들이 아버지를 더 좋아한다면 끔찍한 기분이 들 것이라고 말한다."

이 소년 환자가 안고 있는 문제의 많은 부분을 설명해주는 대목이다. 어머니와 아들의 관계가 더 가까운 것이 분명하다. 하지만 실제로 보면 어머니가 아들이 아버지와 친하게 지내지 못하도록 막고 있는 것 같다. 어머니가 이런 식으로 말을 하지는 않았지만, 우리는 그런 결론을 끌어낼 수 있다. 왜냐하면 결혼생활이 불행하고 아이가 어머니 쪽으로 기운다면, 그 어머니는 무의식적으로나 본능적으로 아이가 아버지에게 맞서도록 만들 것이기 때문이다.

> "아이는 길에서 몇몇 소년들과 놀긴 하지만 소녀들과 놀기를 더 좋아한다."

이 같은 선호는 이 아이의 패턴에 딱 들어맞는다. 아이는 여자들을 더 좋아한다. 어머니와 큰누나의 귀여움을 독차지했기 때문이다. 만약에 아이를 위해서 가정교사를 구할 필요가 있다면, 이 점도 반드시 고려되어야 한다. 분명, 아이가 이처럼 그릇된 정서적 고착에서 벗어나지 않도록 내버려 두는 것은 현명하지 않다. 그러나 처음부터 너무 강하게 아이를 공격해서는 안 된다는 점을 명심하라. 아이가 가정교사를 필요로 한다면, 가정교사는 여자여야 한다.

> "카우보이가 되는 것이 그의 야망이다. 이유는 영화에서 본 카우보
> 이들이 늘 싸움을 하고 있었기 때문이다."

낙담한 아이들이 공상 속에서 영웅적인 역할을 맡는 것은 매우 흔한 일이다. 이 소년에게는 카우보이가 마치 신처럼 보인다. 이 소년이 앞으로 나아가게 유도하는 것은 지나치게 어렵지는 않을 것이다. 소년의 야망은 소년이 어려운 일만 아니라면 진정으로 성장하길 원한다는 사실을 말해주고 있다. 달리 말해, 소년은 적절한 조건에서 영웅이 되길 원한다. "소년은 어떤 남자가 와서 자신의 집 문짝을 떼어내는 꿈을 꾼다."

이 소년의 꿈들에 대해서도 여러 가지를 짐작할 수 있다. 이런 아이에게 적절한 꿈은 성장의 위험을 암시할 것이다. 아이는 그런 꿈을 통해서 자신을 기만하면서 아기로 남고 싶어 하는 욕망을 정당화할 것이다.

이 환자의 기록부에 언급된 꿈은 다소 이상하지만 그래도 해석은 가능하다. 누군가가 다가와서 집의 문짝을 떼어낸다면, 그 집은 열려 있게 될 것이고 그러면 아이는 보호를 받지 못하게 될 것이다. 문은 일종의 보호이며, 조지는 자신의 방어에 관심이 아주 많다. 소년이 쓴 글자를 통해서, 아이가 왼손잡이라는 점을 암시하는 신호들이 많이 확인된다. 예를 들어 아이는 M자를 거꾸로 적으며, 종이의 왼쪽 여백이 아주 좁다. 글씨는 악필이다.

여기서 가장 중요한 과제는 아이의 어머니가 조지와 아버지를 화해시키도록 설득시키는 것이다. 형과 누나들에겐 동생을 비판하지 말고, 또 동생의 얼굴 찡그림에 관심을 주지 말라고 일러줘야 한다. 어머니는 아

들을 더욱 독립적인 아이로 키워야 한다. 어머니는 아들이 스스로 몸을 씻거나 옷을 입거나 가족을 위해 심부름을 할 때 보상을 할 수 있다. 선생님은 아이를 완벽하게 이해하고 있는 것 같다. 그렇기 때문에 선생에 겐 지시사항이 특별히 더 필요하지 않다. 선생은 아이의 노트가 조금 더 깨끗해질 때 아이를 칭찬하는 것을 잊지 말아야 한다. 그러나 아이의 노트가 지저분하더라도, 아이를 혼내서는 안 된다. 아이가 주의를 끌려고 노력할 때, 선생은 다소 과장된 반응을 보여야 한다. 선생은 다른 아이들이 없을 때 개인적으로 아이에게 이런 식으로 말할 수 있다. 아이가 정말로 원한다면, 선생이 모든 것을 대신해줄 수 있다고 말이다. 그럴 경우에 선생은 이런 식으로 말하면 될 것이다. "좋아. 너의 어머니가 너를 응석받이로 키웠구나. 그래서 너는 언제나 다른 사람이 대신 공부를 해주고 너를 보살펴주길 바라고 있어. 그건 신사로 성장하는 방법으로는 형편 없는 방법이야. 그 방법은 네가 아기로 남길 원할 때에나 통하는 방법일 뿐이야."

컨퍼런스

소년 조지가 어머니에게 매달린 채 강의실로 들어오면서 아들러 박사와 악수도 하지 않으려 한다.

아들러 박사: 왜 나와 악수를 하지 않으려 하니? 나는 너의 친구야. 직접 보니까 너는 큰 소년이구나. 너는 엄마에게 기대지 않고 혼자 걸을 수 있어야 해. 너는 아기가 아니지 않니?

소년이 아들러 박사의 손을 잡고 어머니에게서 떨어진다.

아들러 박사: 친구들은 많니? 모두 좋은 친구고? 너는 친구들을 도와주니?

조지는 이 질문들에 동의한다는 뜻으로 고개를 끄덕이지만 아들러 박사를 바라보지는 않는다.

아들러 박사: 여러분이 보시다시피, 아이는 내가 자기 친구라는 확신을 갖지 못하고 있어요. 아이는 나를 보지도 않으려 해요. (조지에게) 내가 너를 깨물기라도 할 것 같니? 넌 뭘 가장 좋아하니?

조지: 그림 그리기.

아들러 박사: 화가가 되고 싶은 거니?

조지는 대답을 하지 않는다.

아들러 박사: 화가보다 더 좋아하는 것은 없니?

조지: 카우보이가 되고 싶어요.

아들러 박사: 카우보이가 된다면 뭘 할 건데?

조지: 말을 탈 거예요.

아들러 박사: 말을 타고 싶다면 굳이 카우보이가 되지 않아도 되는데. 내가 보기엔 네가 다른 것도 될 수 있을 것 같거든. 그런데 아기가 되고 싶은 거니? 아니면 선생이나 의사가 되고 싶은 거니?

조지는 이 질문에 "아뇨."라고 대답한다.

아들러 박사: 내 생각에는 네가 학교 공부를 조금 더 열심히 하고 손을

깨끗이 씻으면, 사람들이 너를 더 좋아할 것 같네. 선생님도 너를 칭찬할 것이고. 형이 너를 괴롭히니? 형한테 앞으로는 너하고 싸우지 말라고 타이를 게. 또 너의 형한테 네가 애기처럼 말하면 너의 말을 듣지도 말라고 일러둘 거야. 앞으로는 네가 애기처럼 인상을 쓰거나 하면 아무도 너를 보지 않을 거야. 네가 하고 싶다면 밤이고 낮이고 인상을 쓸 수 있어. 넌 나중에 커서 뭐가 되고 싶니? 멋지게 말하는 법을 배우고 싶지 않아?

조지: 배우고 싶어요.

아들러 박사: 그렇다면 지금부터 옷을 입고 세수하는 것을 혼자서 해야 돼. 식사도 똑바로 하고 더 이상 아기처럼 굴어서는 안 돼. 늘 아기처럼 행동해서야 어떻게 카우보이가 될 수 있겠니? 그건 너를 훈련시키는 옳은 방법이 아니야.

소년이 서둘러 나가버린다.

아들러 박사: 소년이 서둘러 나간 것은 많은 사람들 앞에서 편한 마음을 느끼지 못하기 때문이지만, 나는 소년의 머리에 새로운 생각을 집어넣었다고 믿어요.

아들러 박사: (어머니를 향해) 조지가 스스로 아기의 역할을 만들어냈어요. 아마 아주 어릴 때를, 그러니까 자신이 매우 유쾌한 상황에 있던 때를 떠올리고 있기 때문일 거예요. 그 상황을 되살려내길 바라고 있는 것이지요. 그런 이유로 아이는 당신에게 문제를 일으키고 있어요. 당신이 씻어주고 입혀주도록 강요하고 있는 것이지요. 한마디로 자기를 아기처럼 돌봐 달라는 겁니다. 아이는 말썽꾸러기가 되고 싶어 하지 않아요. 아이는 훌륭한 학생이고 멋진 소년이에요. 나는 소

년이 짧은 시간 안에 문제를 극복할 것이라고 확신해요.

아이를 돕길 원한다면, 아이가 인상을 쓰더라도 관심을 두지 마시고 꾸짖지도 마세요. 아이가 인상을 쓸 때, 다른 아이들도 그걸 무시할 수 있어야 해요. 아이가 애기처럼 말을 하면, 듣지 않은 것처럼 행동하세요. 그러다 정상적인 아이처럼 말을 하면, 그때는 칭찬을 아끼지 말아야 해요. 아이가 엄마에게 너무 많이 기대고 있고, 남들 앞에서 수줍음을 많이 타더군요. 형과 아버지가 아이와 친하게 지내려고 노력하면, 상태가 많이 나아질 거예요. 나는 아이가 학교에서 적절히 용기를 얻고 있는 것으로 알고 있어요. 당신도 아이를 돕는다면, 모든 것이 잘 돌아가게 되어 있어요. 아이가 스스로 세수를 하고 옷을 입도록 하세요. 시간이 많이 걸릴지라도 그렇게 해야 합니다. 아이가 옳은 방향으로 노력하는 것이 보이면, 그때는 "훌쩍 큰 모습을 보니 정말 기쁘구나."라는 식으로 말하며 아이를 칭찬해주세요. 아이의 나쁜 버릇은 모두 아이가 성장하기를 두려워한 탓에 생긴 것이지요. 아이에게 성장하는 것이 결코 위험한 일이 아니라는 점을 이해하도록 용기를 불어넣어줘야 해요.

아이에게 설교를 하려 들지 마시고, 아이가 애기처럼 말하면 아이가 제대로 말을 하려고 노력할 때까지 관심을 조금도 주지 마세요.

어머니는 지시사항을 실천하겠다고 약속한다.

아들러 박사: (학생들을 향해) 여러분도 보았듯이, 간혹 나는 직접적인 지시를 많이 전하지 않아요. 어느 누구도 그런 아이를 치료하는 데 필요한 아이디어를 어머니에게 전부 말할 수는 없으니까요. 그래도 전체 상황을 제대로 이해했다면, 어머니는 무엇을 해야 할 것인지 많은

것을 알게 될 거예요. 모든 비상사태에 대처할 원칙을 쭉 나열하는 것은 불가능하지요. 물론 이 가족은 약간 불행해 보입니다만, 간혹 보면 가족에게 약간의 변화가 있어도 전체 분위기가 확 바뀌기도 해요.

학생: 아이의 응석을 받아주지 않으면서 어떻게 아이를 사랑할 수 있습니까?

아들러 박사: 아이를 사랑하는 것은 누구에게나 자유이지만, 아이를 의존하게 만들어서는 절대로 안 돼요. 아이가 독립적인 존재로 활동할 수 있어야 해요. 그러기 위해선 처음부터 아이가 독립심을 키울 수 있도록 훈련을 시켜야 합니다. 어떤 아이가 부모가 자신의 요구대로 움직인다는 인상을 받게 되면, 그 아이는 사랑에 대한 그릇된 관념을 갖게 되지요.

패턴 # 5.

반항적인
"나쁜" 소년

오늘은 나이가 12년 5개월인 소년을 고려할 계획이다. 이 소년의 문제는 태도가 교정되지 않고 있다는 점이다. 소년은 보호관찰 대상이면서도 싸움을 일삼고 도둑질을 한다는 비난을 듣고 있다. 부모는 주변 사람들로부터 소년을 시설로 보내라는 조언을 듣고 있다.

이런 상황은 부모가 아이가 올바른 삶을 살도록 설득시키지 못했다는 사실을 의미한다. 모든 사람이, 심지어 개인 심리학을 잘 배운 사람조차도 삶의 패턴을 바꿔놓기가 불가능하다고 판단할 그런 환자도 틀림없이 있을 것이다. 그렇다 하더라도 올바른 방법을 절대로 찾지 못한다고 판단하거나, 내가 하지 못하면 다른 사람도 마찬가지로 하지 못할 것이라고 생각하는 일은 절대로 없어야 한다. 대단히 어려운 경우에는 문제를 일으키는 아이에게 이런 식으로 말하는 것도 가끔 현명할 수 있다. "나는 네가 이런 식으로 행동하는 이유를 알고 있지만, 그 이유를 너에게 말로 명확하게 설명하지 못하겠구나." 이런 말은 대체로 환자에게 좋은 인상을 남긴다. 이런 유형의 아이들은 열등 콤플렉스와 우월 콤플렉스를 동시에 겪고 있다. 만약에 이런 아이가 어떤 환자든 다 다룰 수 있다고 생각할 만큼 건방지지 않고 언제든 실패를 인정할 준비가 되어 있는 그런 선생이나 의사를 만난다면, 그 만남은 아이에게 큰 행운이 될 것이다. 특히 어떠한 선생도 나의 문제를 해결하도록 내버려 둬서는 안 된다는 믿음을 가진 아이에게 올바른 삶의 길로 올라설 기회가 될 것이다.

만약에 이런 아이에게 "내가 성공하지 못하더라도 다른 사람은 성공할 수 있을 거야."라는 마음자세로 접근한다면, 당신은 그 아이의 적개심을 누그러뜨릴 수 있다.

이런 유형의 호전적인 아이는 대체로 싸우거나 훔치는 행위로도 비난의 소리를 들을 것이다. 이런 아이는 자신이 속고 있다고 느끼고 있음에도 자신의 권리를 위해 싸우려 할 만큼 용기를 갖고 있다. 환자 기록부는 이 아이가 보호관찰 대상임을 보여주고 있다. 보호관찰 대상이라는 사실 자체가 좋지 않은 일이다. 보호관찰이 시작되던 4-5년 전에 이 소년을 만나지 않은 것이 안타깝다. 지금 소년에겐 보호관찰 대상이라는 낙인이 찍혀 있다. 부모가 아이를 시설로 보내라는 조언을 듣고 있다는 사실은 아이의 환경이 자원을 모두 다 쓰고 바닥을 드러냈다는 점을 암시한다. 또한 모두가 아이의 미래에 절망하고 있고, 아이에게 교정 불가능한 소년이라는 딱지를 붙였다는 것을 의미한다. 그런 상황이라면, 나도 소년을 다른 곳으로 보내는 데 반대하지 않는다. 하지만 소년을 어디로 보낸단 말인가? 누가 이 소년을 이해하고 유익한 삶을 준비하도록 훈련시킨단 말인가? 소년이 자신감을 갖도록 할 조치가 반드시 필요하다. 이 소년도 자신을 도우려는 선생이나 의사를 좋아해야 하는 것은 당연하다. 이 소년이 이런 혜택을 누릴 수 있는 곳이 과연 어디에 있는지, 나는 모르겠다. 그러나 학교에 정신 위생 진료소 같은 곳이 있다면 거기서 소년의 문제를 효과적으로 해결할 수 있을 것이라는 생각이 든다. 정신 위생 진료소에는 소년에게 도움을 줄 친구나 교사가 있을 수 있다. 이 친구나 교사는 소년에게 가정에서 느끼지 못한 인간적인 동료애를 느낄 기회를 줄 것이다. 대체로 보면 이런 소년을 감화원에 보낸다. 그러나 나의 관찰에 따르면, 대부분의 어린 범죄자들이 감화원에 갔다 온 경험을 갖고 있다. 감화원에서 바로잡아지는 아이가 과연 있는지, 나는 의문을 품고 있다.

여기서 환자 기록부로 돌아가도록 하자.

"과거의 문제들은 이렇다. 학교에서 어려움을 겪었고, 절도와 싸움
이 있었다. 소년은 3개월 동안 문제아 수용시설로 보내졌다."

틀림없이, 수용시설에서 생활한 경험은 아이의 반항만 키웠을 것이다.

"가족은 독일계이다. 엄격했고 또 가족 중에서 맏딸을 선호했던 아
버지는 결핵으로 세상을 떠났다. 어머니는 두 번째 남편보다 나이가
더 많다. 의붓아버지는 니콜라스에게 아주 다정하게 대하고 있다.
니콜라스보다 두 살 위였던 누나는 여섯 살 어린 나이에 죽었다. 환
자보다 13개월 빠른 다른 누나는 살아 있다. 니콜라스에겐 어머니가
재혼해 낳은 여동생이 하나 있다. 큰누나가 죽었을 때, 니콜라스의
나이는 4년 4개월이었다. 아버지가 세상을 떠났을 때, 니콜라스의
나이는 4년 6개월이었다."

틀림없이, 니콜라스의 아버지는 아들의 사회적 감정을 길러주었을 그런 부류의 사람이 아니었다. 아버지의 죽음이 소년에게 어떤 영향을 미쳤는지를 알아내야 한다. 어머니가 재혼해 낳은 여동생은 소년보다 여

덮 살이나 어리며, 아마 소년의 라이벌은 전혀 아닐 것이다. 소년의 라이프스타일은 이 여동생이 태어나기 전에 이미 굳어져 있었을 것이기 때문이다. 따라서 우리는 소년의 환경 중에서 소년을 힘들게 만드는 존재가 누나라고 추측해볼 수 있다. 또 이 누나는 발달이 잘 되어 있고, 선한 소녀이며, 어머니의 총애를 받을 것이라고 짐작해볼 수 있다. 만약에 이 추론을 뒷받침하는 증거가 있다면, 우리는 소년의 삶의 역학을 쉽게 이해할 수 있을 것이다. 소년은 자신이 차별을 받고 있다고 느끼고 있으며 또한 자신이 경쟁을 하지 못하게 될까 두려워하고 있다. 아마 소년은 누나를 능가할 좋은 방법을 찾지 못해 낙담했을지도 모른다.

> "소년의 아버지와 어머니는 부부 사이에 전혀 문제가 없다고 말한다. 니콜라스와 큰누나는 지속적으로 싸운다. 니콜라스의 의붓아버지는 소년에게 잘 대하며 신뢰를 얻으려고 노력하고 있다. 니콜라스는 어머니가 재혼해 낳은 여동생을 아주 좋아한다. 어머니는 소란스럽고 집안을 지저분하게 만드는 니콜라스를 더 이상 견디지 못하겠다며 다른 곳으로 보내고 싶어 한다."

이런 것들은 매우 중요한 사실들이다. 니콜라스와 누나 사이에 경쟁이 벌어지고 있다는 짐작이 사실로 확인되었다. 의붓아버지는 마음이 따뜻한 사람인 것 같지만, 니콜라스와 화해를 시도하는 방법은 부적절하다. 짐작했듯이, 막내딸은 경쟁자가 아니다. 어머니와 니콜라스 사이에 갈등이 있다. 어머니가 니콜라스에 대해 한 말의 어조를 볼 때, 소년과 어머니의 관계는 틀림없이 좋지 않다. 니콜라스는 누나를 능가하길 원하지만, 누나가 너무 강하다는 사실을 확인하고 있다. 니콜라스는 어머니가 자신에게 더 많은 관심을 쏟아주길 원하지만 어머니가 거부하고 있다. 그러자 니콜라스는 단정치 않게 처신하고 다른 아이들과 싸움을 벌임으로써 어머니를 공격하고 있다. 니콜라스는 훔치는 행위로 자신의 낙담을 표현하고 있다. 소년은 소란을 떨고 지저분하게 굶으로써 어머니의 약점을 표적으로 잡았다.

"의붓아버지는 정육점을 운영하고 있다. 어머니는 약간의 연금을 받으며 가사를 돌보고 있다. 가정 형편은 중간 정도이다. 방 다섯 개짜리 아파트에 살고 있으며, 부모는 침실을 따로 갖고 있다. 두 딸은 함께 자고, 니콜라스는 거실 소파에서 잔다. 니콜라스는 감리교 주일학교에 다니고 있다."

"소년의 출생은 정상이었으며, 온순한 아기였다. 다섯 살 반에 젖을 뗐으며, 열 살까지는 몸집이 눈에 띄게 작았다. 13개월 때 걸었고, 16개월 때 말을 했다. 현재 아이는 자위행위를 한다." 이 소년처럼 몸집이 작은 아이들이 공격적일 가능성이 크다. 니콜라스의 경우를 보면, 몸집이 작다는 사실이 누나와의 경쟁을 자극했을 수 있다. 적응이 제대로 되지 않은 아이의 자위행위는 주로 관심을 끌기 위한 욕망에서 비롯된다는 것이 나의 의견이다. 이는 이 소년 환자가 어머니의 관심을 더 많이 끌길 원한다는 우리의 짐작과도 일치한다. 아마 소년은 어머니가 누나를 더 열심히 보살핀다고 느끼고 있을 것이다.

"소년은 포스트 그레듀에이트 하스피틀에서 정신과의사의 진단을 받고 뇌하수체 관련 약을 처방받았다. 이 치료는 중단되었다. 어머니는 소년의 아버지가 죽기 전에는 아들과의 사이에 전혀 아무런 문제가 없었다고 말한다. 문제가 시작된 것은 한참 뒤의 일이었다.

그녀가 재혼을 하고 나서 소년을 데려왔을 때부터 문제가 일어났
다."

여기서 우리는 어머니가 니콜라스를 첫 4년 동안엔 매우 잘 다뤘다고
믿지 않을 수 없다. 그러다 아버지의 죽음이 있었고, 소년은 다른 곳으
로 보내졌다. 어머니가 다시 결혼한 뒤에 소년을 찾아왔다. 그렇다면 의
붓아버지가 소년에게서 소년의 어머니를 빼앗은 결과가 되기 때문에 이
의붓아버지도 소년의 마음을 얻는 데 실패했을 가능성이 크다.

소년은 엄마에게로 돌아온 뒤 제대로 적응하지 못했다. 전혀 준비가
되지 않은 상태로 새로운 상황에 처하게 되었기 때문이다. 소년이 어머
니와의 사이에 어려움을 겪게 된 이유는 소년이 가족 안에서 자신의 중
요성이 떨어지게 된 것이 어머니의 책임이라고 믿고 있기 때문이다.

"아버지의 죽음이 있은 뒤, 소년은 어머니의 언니, 그러니까 이모의
집에서 두 달 동안 지냈다. 이 집에도 아이가 둘 있었는데, 이모는
니콜라스와 그의 누나가 나쁜 아이라고 불평하면서 그들을 돌보는
대가로 더 많은 돈을 요구했다."

마음에 들지 않는 환경에서 살다 보니 두 아이가 싸우는 상황이 벌어
졌다. "이어 니콜라스는 아이가 셋인 어느 이방인의 가정에 보내졌다.
이 가족은 깨끗하지 못했으며, 니콜라스와 누나에게 먹을 것을 충분히
주지 않았다. 니콜라스는 그 집의 아이들과 친하게 지내지 못했으며, 그
곳에서 바깥 화장실을 사용해야 했다. 그런 다음에 니콜라스는 다시 세
번째 가족에게로 보내졌다. 그곳에서 아이들은 집 밖에서 놀지 못했다.
아이들을 방문할 때면, 어머니는 종종 니콜라스가 침대에서 울고 있는

것을 보았다. 그녀는 아이들에게 진정으로 따뜻하게 대하고 싶어 했으며, 아이들을 찾을 때마다 선물을 갖고 왔다. 그 집의 여자 아이는 간혹 니콜라스의 누나를 밖으로 데리고 나갔으나 니콜라스는 집 밖으로 한 번도 나가지 못했다. 어머니가 재혼할 때까지 1년 반 동안, 니콜라스는 이 집에서 지냈다." 소년은 세상에 태어난 이후 6년 동안 굴욕감을 거듭 느끼고 고통을 많이 당했다.

"니콜라스는 집에 다시 돌아온 뒤 아주 많이 울었으며 대부분의 시간을 엄마 무릎에 앉아 보냈다."

소년의 상황을 이보다 더 정확히 설명해주는 정보는 없을 것이다. 소년은 그동안 어머니를 원했지만 찾을 수 없었다. 소년이 어머니와 함께 있게 된 지금, 어머니는 다시 소년을 다른 곳에 보내길 원한다. 니콜라스는 어머니의 사랑을 얻고 또 어머니 가까이 있으려고 안간힘을 쓰고 있다.

"니콜라스는 '아무도 나를 모르는 곳으로 가고 싶다.'고 말한다."

이런 말은 자신의 권리를 찾기 위해 싸우고 있는 아이들의 입에서 자주 나온다. 그것은 지저분하게 구는 것이나 자위행위를 하는 것이나 마찬가지이다. 소년은 진정으로 지저분하거나 집을 떠나거나 자위행위를 하기를 원하는 것이 아니다. 그는 단지 복수심에서 그런 짓을 한다. 틀림없이 소년은 현재의 상황에 절망감을 느끼고 있다. 자신이 믿을 사람이 하나도 없기 때문이다.

"소년은 또한 '공부가 힘들어 학교에도 더 이상 안 갈 거야. 수용시설로 다시 보내줘. 거기가 더 좋아.'라고 말한다."

이 같은 발언은 범죄 경력의 시작을 알리는 신호이다. 어떤 사람이 자신의 일이 힘들다고 믿으면, 그 사람은 생계를 위해 훔칠 수밖에 없다고 느끼게 된다. 지금 이 소년은 마치 자신이 범죄자가 되어 교도소로 가기를 원한다는 식으로 허풍을 떨고 있다. 이런 발언은 절망적인 분노의 표시이며, 우리는 이 소년의 문제를 해결하려 노력하기 전에 먼저 소년의 신뢰부터 얻어야 할 것이다.

"소년은 아침에 방으로 달려 들어가서 누나가 자기를 돌보게 만든다. 소년은 식사를 달라고 외치고, 누나를 집적대고, 어머니에게 버릇없이 굴다가도 가끔 다정하게 굴기도 한다. 아이는 아버지에게 대꾸하고, 말을 듣지 않으며, 아버지를 돕기를 거부한다." 여기, 가족의 드라마가 펼쳐지고 있다. 소년이 식사를 달라고 소리를 지르는 것은 "어머니가 나를 충분히 돌보지 않고 나를 속이고 있어."라고 말하는 것이나 다름없다. 소년의 누나와 아버지는 적이고, 소년은 어머니에게 복수를 하고 있다.

"소년은 음식을 대량으로 훔친다."

이 부분은 더욱 면밀히 조사해볼 필요가 있다. 소년이 그 음식을 먹는지 아니면 다른 사람에게 주는지 확인해야 한다는 뜻이다. 당뇨병이 있는 아이들은 종종 많은 양의 음식을 훔치려는 욕망을 보인다. 그런 아이들은 언제나 허기를 느끼고 목말라 하는 탓에 병이 확인될 때까지 대체로 주변 사람들에게 성가신 존재로 여겨진다.

"소년은 집을 나가서는 몇 시간씩 돌아오지 않기도 한다. 열세 살만 되면 집을 나갈 것이라는 말을 입에 달고 산다." 이는 집을 나가는 것이 더 낫겠다는 뜻만 아니라 어머니가 자기를 찾아다니게 만들겠다는 뜻을 내포하고 있다.

> "석 달 전까지 소년은 학교에서 특수반에 소속되었다. 소년은 다른 아이들과 싸우고 고의로 놀이를 방해한다. 소년은 이 아이들로부터 물건을 훔치고 비열한 언어로 아이들에게 욕을 한다."

이런 소년이 학교에서 잘 하리라고 기대하기는 어렵다. 왜냐하면 소년이 진정으로 원하는 것은 주변 사람들의 눈길을 끄는 것이기 때문이다. 선생이나 아이들이 소년에게 본인이 원하는 중요한 역할을 허락하지 않기 때문에, 아이는 다른 아이들을 비하할 방법을 찾는다. 소년은 자신의 가치를 높이기 위해 아이들로부터 빼앗고, 아이들을 모독함으로써 자신의 눈높이에서 지위 상승을 인위적으로 유지한다.

> "소년은 거친 아이들이 있는 곳으로 돌아가길 원한다. 소년은 특수반에 있는 아이들보다 지적으로 월등히 낫다. 소년은 선생에게 무례하고 복종하지 않으며, 사납고 부루퉁하고 신경질적이며, 인내심이 부족하고 반항적이며, 걸핏하면 언쟁을 벌이고 권위를 존중하지 않는다. 선생과 교장은 언제나 소년을 싫어한다. 아이는 학교에 입학한 첫날에 유모차를 훔치고 그 다음날에는 공을 훔쳤다. 그 이후로도 줄곧 물건을 훔쳤으며 자기보다 나이 많은 소년 둘과 함께 남의 집을 침입하기도 했다. 아이는 판사에게 비행 청소년 수용 시설로 가고 싶다고 말해 그곳으로 보내졌다."

니콜라스는 불행하게도 학교 공동체의 요구에 적응하지 못해 범죄 경력의 길로 들어섰다. 니콜라스는 자신에게 내려진 처벌을 영광스럽게 여긴다.

체벌을 당하는 많은 아이들은 속으로 이런 식으로 말한다. "때려봐야 소용없을 걸. 나는 때려주길 바라거든." 소년은 자신의 이상을 지키기 위해 기꺼이 고통을 당하려는 모습을 보이면서 자신의 힘을 과시한다. 소년에게 필요한 것은 훌륭한 친구이다. 그런 친구라면 소년이 더 이상 추락하지 않게 지켜줄 방법을 알 것이다.

> "소년은 자기 아버지의 손도끼로 고양이 두 마리의 꼬리를 자르고 차에 가득 실린 닭을 풀어주었다. 또 주차된 차의 시동을 걸어 언덕을 굴러가게 하기도 했다. 언젠가는 어느 부인의 아파트에서 20달러를 훔치기도 했다. 소년은 가게 같은 곳에서 자잘한 물건을 많이 훔쳤다."

이 모든 범죄들은 분명히 소년이 동물만 아니라 사람에게도 사회적 감정을 전혀 발달시키지 못했다는 점을 암시한다. 소년은 사람들을 화나게 하는 일이면 무엇이든 하려 들 것이다. 물론 어떤 관점에서 보면 소년의 그런 행동은 정당화된다. 왜냐하면 삶의 목표가 무대의 중심을 차지하는 것이고 또 어머니와 선생을 비롯하여 자신에게 호의적이지 않은 모든 사람들을 괴롭히고 처벌하는 것이기 때문이다.

> "소년은 기분전환을 위해 독서를 하고 이따금 영화관에 간다. 그에게는 친구가 하나도 없다."

이 소년의 경우에는 친구가 하나도 없는 것이 오히려 다행일 것이다.

친구를 쉽게 사귀는 성격이라면, 소년은 거의 틀림없이 자신을 높이 평가하며 기꺼이 받아줄 깡패 조직에 가담하게 될 것이기 때문이다.

> "소년은 주위를 혼자서 어슬렁거리고, 지나가는 아무 트럭이나 올라타고 먼 곳까지 갔다가 다시 다른 트럭을 타고 돌아온다. 그러다가 길에서 아이들이라도 만나면, 소년은 그들을 세워놓고 누구인지, 어디로 가는지를 묻고 경멸적인 말을 하며, 그러다 싸움을 벌이곤 했다."

소년은 마치 야생 동물처럼 행동하고, 약간의 용기를 보인다. 그러나 이 같은 행동은 당연히 유익한 인간 존재가 되기 위한 훈련으로는 적절치 못하다. "보이스카우트에 참가하라고 돈을 주었는데, 소년은 그 돈을 금방 써버렸다. 소년의 아버지는 아들에게 자전거나 악기 같은 것을 많이 사주었다. 특수반에 편성되어 있는 동안에 소년은 점수를 꽤 괜찮게 받았고, 읽기와 쓰기, 언어를 썩 잘했지만 그림과 음악, 공예는 서툴렀다. 지금 소년은 5학년이며, 성적이 좋지 않다.

"소년은 어머니나 누나가 도와주지 않는 이상 숙제를 하지 않는다. 그래도 소년이 아버지에게 도움을 청하는 경우는 절대로 없다. 소년의 IQ는 검사하는 때에 따라서 85에서 103까지 다양하게 나온다." 이런 사실들은 소년이 의붓아버지를 가정의 정복자로 여기고 있고 또 자신이 원하는 조건이 아니고는 공부를 하지 않는다는 사실을 보여주고 있다. IQ가 측정할 때마다 크게 달라지는 것은 지능지수의 가치가 대단히 상대적이라는 점을 보여주고 있다.

"가족은 소년이 매일 문제를 일으킨다고 불평한다. 가족은 경찰의 손에 끌려오는 아이 때문에 지쳐 있다. 이웃들은 소년의 행동에 대해 끊임없이 불평하고 있으며, 주변에서 일어나는 모든 일은 그의 탓으로 돌려지고 있다. 소년의 누나는 동생 때문에 창피해 죽겠다고 말한다. 소년은 집에 가족이 너무 많고 또 아버지가 공부를 지나치게 많이 하라고 요구한다고 말한다. 아이는 집과 학교, 마을을 싫어한다. 선생은 아이를 특수반으로 다시 보내기를 원한다. 학급의 다른 아이들은 그를 비웃다가 싸우곤 한다. 교장은 소년에게 관대하게 대하려고 노력하며 다른 소년들이 그와 잘 지내게 하려고 애를 쓰고 있다. 선생은 소년이 스포츠에 관심을 갖게 하려 하지만, 소년은 지금까지 모든 제안을 거부하고 있다."

이 소년은 자신의 목표를 성취하는 데에, 말하자면 다른 사람들을 힘들게 만드는 일에 발군의 실력을 보이고 있다. 그러나 나는 교장과 선생이 올바른 방향으로 나아가고 있다고 본다. 만약에 학급의 어떤 소년이 친구로서 그를 설득시킬 수 있다면, 싸움이 중단될 것이다. "아이는 책을 읽으며 혼자 지내기를 원한다. 아이는 다른 소년들이 자신을 방해한다고 말한다. 아이가 밤에 집에 있을 때를 제외하고는 아무도 그가 무엇을 하는지 알지 못한다. 선생이 소년을 자동차에 태우고 하루 종일 드라이브를 한 다음에 자기 친구네 집으로 저녁을 먹으러 간 적이 있다. 그 집에서 니콜라스는 아주 다정하게 굴었으며, 심지어 즉석 만찬을 위해 식탁 차리는 일까지 도와주었다."

여기서 이 아이도 경우에 따라 쉽게 무장해제 된다는 점이 확인되고 있다. 그러나 이따금 효과 있는 것이 아니라 지속적으로 효과를 발휘할 방법을 찾아야 한다. "소년이 떠올리는 초기의 기억은 이런 것이다. 1페니를 달라고 했다는 이유로 아버지로부터 꾸지람을 들었던 기억이 있고, 누나가 다른 소녀와 거리에서 싸우는 것을 본 기억이 있다."

이것이 소년의 첫 기억이라면, 그의 생부는 아들에게 다정하게 대하지 않았던 것 같다. 누나가 다른 아이들과 싸운 기억은 누나가 호전적인 소녀여서 자신과 누나가 싸우는 것은 전적으로 누나의 잘못 때문이라는 그의 생각을 뒷받침하고 있다.

> "소년은 아버지 장례식에 가기 싫어서 꽃집 뒤에 숨었던 기억을 갖고 있다. 시신을 화장하는 것을 본 기억이 있고, 또 누나가 옷을 입은 채로 관에 누워 있는 모습을 본 기억이 있다."

이 소년은 죽음에 매우 강한 인상을 받았음에 틀림없다. 그러나 소년이 아버지의 장례식에 가기를 거부한 것이 아버지의 죽음에 가슴이 아파서였는지 아니면 아버지에게 복수를 하고 싶어서였는지를 판단하기는 어렵다. 이 소년이 의사가 되기를 원한다고 해도 나는 놀라지 않을 것이다. 죽음을 경험한 많은 아이들은 의사가 되고 싶어 한다. "소년은 밤에 꿈을 꾸며 소리를 지르고 야간 공포증을 보인다. 가끔 소년은 장의사가 있는 곳으로 가서 깨끗하고 부드러운 침대에 앉아 있는 꿈을 꾼다. 그러면 장의사가 '거기서 나오너라. 여기는 죽은 사람의 옷을 갈아입히는 곳이란다.'라고 말한다. 그러면 아이는 방으로 달려 들어갔는데, 그 방에는 죽은 사람들이 침대에 누워 있다."

소년이 밤에 비명을 지르는 것은 엄마에게 자기는 무서워서 밤에 혼자 있지 못한다는 점을 설득시키는 수단이다. 죽음의 동기가 꿈에 거듭 나타나는 것은 자신의 문제를 해결하는 방법으로 죽음이 소년의 마음에 아주 분명하게 떠오르고 있다는 점을 보여주고 있다. 여하튼, 희망을 완전히 잃은 소년의 가능성은 3가지, 즉 방랑과 자살, 범죄뿐이다.

"소년은 가끔 벽난로 선반 위의 작은 사진 속의 이미지가 눈을 뜨고 자신을 응시하며 점점 커지다가 폭발하며 화염에 휩싸여 사라지는 꿈을 꾼다. 어떤 날엔 사람들이 창문으로 방안을 들여다보는 꿈을 꾸는데, 이마와 눈밖에 보이지 않는다."

재미있는 꿈들이다. 소년이 자신이 밤낮으로 적에 둘러싸인 채 지낸다는 생각에 빠져 있음을 보여주는 꿈이기 때문이다. 소년은 비명을 질러 엄마를 부르기 위해 평소에도 잘 놀라도록 자신을 훈련시킨다. 거기엔 자신이 겁이 많은데 엄마조차도 자기를 돌보지 않는다는 감정이 작용하고 있다.

"소년은 육군이나 해군에 들어가길 원하지만 직업은 아무것이나 주어지는 것을 택할 생각이다. 소년은 공부를 열심히 해야 하는 변호사는 되고 싶지 않다. 푸주한이나 의사도 절대로 되지 않을 것이라고 말한다."

소년이 의사가 되고 싶지 않다고 말한다는 사실은 곧 의사가 되겠다는 뜻을 언젠가는 품었다는 뜻이다. 그러나 최종적으로 소년은 학교에서 전혀 발전을 이루지 못하면서 의사가 되겠다고 생각하는 것은 터무니없는 짓이라는 것을 알고 있다. 소년은 푸주한도 되고 싶지 않다. 의붓아버지의 직업이 그것이고, 소년이 의붓아버지를 싫어하기 때문이다. 그러나 그것은 아마 소년이 잔인한 성향을 극복했기 때문일 수도 있다. 만약에 이 소년이 범죄의 경력을 선택한다면, 나는 아이가 살인자가 되지는 않을 것으로 본다. 그보다는 강도가 될 확률이 훨씬 더 높다.

"소년은 이리저리 떠도는 세일즈맨이 되어 세상을 두루 보고 싶어
한다."

선생은 이 소년에 대해 이런 식으로 해석한다. "어머니가 니콜라스에
게 여러 면으로 다정하게 대함에도 불구하고, 기본적으로 그녀는 아들
이 자신에게 고통을 안겨주고 있다고 느낀다. 그러면서 아들이 남편과
의 행복을 파괴할까 두려워하며 아들을 다른 곳으로 보낼까 고민하고
있다. 그녀는 공포 속에 살고 있다. 아들이 문제를 계속 일으키다 보면
남편이 전체 가족 상황에 지칠지도 모르기 때문이다. 그래서 그녀는 아
들과 남편 중 어느 하나를 선택해야 한다고 느끼고 있다. 니콜라스는 저
녁 식사를 달라고 더 이상 외치지 않을 것이라고 나에게 약속했으며, 그
약속을 그대로 지켰다. 니콜라스는 또한 일주일 동안 아버지의 가게에
가서 보고를 하고 오후에는 짐을 나르는 일을 돕겠다고 약속했다. 니콜
라스는 첫날엔 아버지를 도왔으나 그 이후로는 아버지의 가게에 나타나
지 않았다."

니콜라스에 관한 환자 보고서는 이것으로 끝이다. 나는 선생이 어머니
의 심리상태를 해석한 부분은 완벽하다고 믿는다. 니콜라스를 오랫동안
알고 지낸 것처럼 소년에 대해 훤히 알게 된 것 같다. 소년이 위험한 상
황에 처해 있다는 사실이 확인된다. 그러나 선생이 소년의 친구가 되어
줄 수 있다면, 소년의 고통이 어느 정도 누그러질 것이다.

이 소년을 위해서 친구를 찾을 필요가 있다. 그러면 학교에서 지속적
으로 싸우는 버릇이 없어질 것이다. 소년에게 누나가 자기보다 더 많은
사랑을 받고 있다고 믿는 것은 잘못이라는 점을 설명해줘야 한다. 또 둘
째 아이로서 소년이 매우 야심적인 이유와 재혼한 어머니를 용서하지
못하고 있는 이유에 대해서도 설명해줘야 한다. 덧붙여서, 의붓아버지

를 설득시켜 이 아이에게 더 유익한 역할을 하고 친구처럼 지낼 수 있도록 해야 한다.

학교 선생이 결정적인 위치에 서 있다. 내가 자주 강조하듯이, 범죄의 파도를 멈추게 할 수 있는 것은 학교와 선생이다. 학교는 사회적 진보의 중심이 되어야 한다. 학교는 모든 사회 개혁의 원천이다. 우리는 면담을 통해서 어머니에게 니콜라스가 가족들로부터 제대로 인정을 받지 못하고 있다는 느낌을 받고 있다는 점을, 따라서 아이를 처벌하거나 경찰을 들먹이며 협박할 게 아니라 사랑받는 가족 구성원이라는 느낌을 갖도록 해야 한다는 점을 이해시켜야 한다. 아마 사회적으로 아주 잘 적응된 것 같지 않은 누나도 도전적인 태도와 니콜라스와의 경쟁심을 버려야 할 것이다.

컨퍼런스

어머니가 강의실로 들어온다.

아들러 박사: 당신의 아들에 대해 이야기를 나누고 싶군요. 아들의 기록부를 검토한 결과, 절대로 절망적이지 않다고 믿게 되었어요. 아이는 똑똑한 소년이더군요. 초기의 훈육 과정에 저질러진 실수를 찾아내서 바로잡을 수 있다면, 매우 훌륭한 아이가 될 거예요. 당신도 노력을 많이 했다고 믿습니다만, 아들은 아직도 자신이 차별당하고 있다는 점을 보여주려고 애를 쓰고 있어요. 당신이 훌륭한 학생인 딸을 사랑하는 것만큼 아들을 사랑한다는 확신을 아이에게 심어주는 것이 대단히 중요해요. 아들은 자기 누나가 총애를 받고 있다고 믿고 있어요. 아들이 절망한 것은 경쟁에서 밀려났다는 생각 때문이랍니

다. 이런 이유로 아이는 말썽을 일으키고 당신과 가족을 괴롭히고 있어요.

선생님은 당신 아들의 상황을 잘 이해하고 있어요. 그런 가운데 아들에게 친구를 사귀는 방법과 공부를 향상시키는 방법을 가르쳐주고 있어요. 나는 집에서도 똑같이 할 수 있다고 믿어요. 당신은 먼저 신뢰를 통해서 아들을 품으로 끌어안아야 합니다. "너의 여동생에게 책을 사주고 싶은데, 혹시 좋은 책을 알고 있니?" "너의 방을 갖고 싶은 거니?" "점심으로 특별히 먹고 싶은 게 있어?" 이런 식으로 접근하면, 아이는 자신의 중요성을 어느 정도 느끼게 될 거예요. 당신은 또한 딸에게도 동생과 싸우지 말라고 타이를 수 있어요. 딸도 동생이 집에서 불행한 상황에 처한 결과 희망을 잃게 되었다는 것을 이해해야 해요. 아들은 당신이 다른 아이들을 더 선호하는 불행한 상황을 바꿔놓는 것이 불가능하다는 생각에 절망하는 거예요.

어머니: 행동이 너무 나빠요. 그래서 아무도 아이를 좋아하지 않아요.

아들러 박사: 당신의 집으로 돌아왔을 때, 아이는 당연히 엄마를 혼자서만 독점하기를 원했겠지요. 그런데 엉뚱하게도 누나와 당신의 남편이 아이의 자리를 대신 차지하고 있었던 거지요. 문제가 시작된 지점은 바로 거기입니다. 당신은 다정한 어머니이고 아마 처음에는, 그러니까 아들이 당신과 함께 있을 때에는 아들의 친구가 되는 방법을 잘 알았을 거예요. 그러나 아들이 돌아오고 문제가 시작되자, 당신은 그만 아이를 다루는 방법을 이해하지 못하게 되었어요. 나름대로 아들을 훌륭한 아이로 돌려놓으려고 노력하면서, 당신은 너무 심하게 꾸짖었어요. 만약에 어떤 친구가 실수를 저지른다면, 그때는 미소를 지으며 그 친구가 별 저항없이 실수를 확인할 수 있도록 유도해줘야 하는 법입니다. 실수를 저지른 친구를 화나게 만들어서는 안 되지요.

험담을 해서도 안 되지요. 도움이 되겠다고 판단하시면, 내가 아들과 대화하면서 교육 과정에 저질러진 실수 몇 가지에 대해 설명해 줄 수 있어요. 나는 당신의 아들에게 어머니가 다른 아이들만큼 아들도 사랑한다는 점을 확신시키려 노력할 거예요. 가정을 아이에게 더 매력적인 공간으로 가꾸는 것은 당신의 책임이고, 모든 가족이 아이를 달래려고 노력해야 해요. 선생과 나도 도울 테지만, 당신은 인내심을 발휘해야 합니다. 그 과정이 시간을 요구하기 때문이지요. 소년이 지금 매우 심각한 곤경에 빠져 있지만, 아이가 그걸 알게 해서는 안 됩니다. 아들에게 "보나마나 뻔해."라는 식으로 말해서는 절대로 안 돼요. 아들이 용기를 잃었고 오직 삶을 편하게 살 생각만 한다는 것을 당신도 잘 알고 있어요. 아들이 삶을 보다 용감하게 직시하도록 용기를 불어넣는 것은 당신의 의무예요.

소년이 들어온다.

아들러 박사: 안녕! 여기 앉아서 친구들과 함께 네가 가장 하고 싶은 것에 대해 이야기하고 있다고 상상해볼까?

니콜라스: 육군사관학교에 가서 말을 타고 총을 차고 싶어요.

아들러 박사: 그건 목장이나 농장에서도 할 수 있잖아?

니콜라스: 아뇨. 농장의 말은 살이 쪘거든요.

아들러 박사: 그렇다면 경주용 말을 좋아한단 말이니? 너 지금 누나와 누가 빨리 달리는지 경주를 벌이고 있는 거니?

니콜라스: 예.

아들러 박사: 나는 네가 충분히 용감하지 않다고 믿어. 네 누나는 학교에서 훌륭한 학생이야. 그러나 내가 볼 때 너는 훌륭한 학생이 되려

는 희망을 잃은 것 같구나. 너의 선생님은 네가 공부에 집중만 하면 훌륭한 학생이 될 수 있다고 굳게 믿고 있어. 나도 네가 똑똑한 소년이고 노력만 하면 학급에서 가장 우수한 학생이 될 수 있다고 믿어. 시간은 조금 걸리겠지만, 어쨌든 넌 우수한 학생이 될 수 있어. 너는 지금 당장엔 육사에 가지 못해. 거기에 들어가려면 공부를 아주 열심히 해야 하거든. 육사에 들어가는 가장 좋은 길은 현재 학교에서 주어지는 과제를 용감하게 하는 거야. 육사에 가더라도 친구가 하나도 없다면, 너는 아주 외로울 거야.

학교에서 친구를 사귀는 법을 배우면 너에게 도움이 많이 될 거야. 급우들과는 싸우는 관계 그 이상이 되어야 해. 친구가 되어야 한단 말이란다. 아마 너는 너의 어머니가 너를 충분히 사랑하지 않고, 너의 누나도 마찬가지로 너에게 신경을 쓰지 않는다고 믿고 있을 거야. 나는 너의 어머니가 너를 사랑한다는 것을 알고 있어. 너의 누나에게도 너와 싸우지 말라고 타이를 거야. 내가 만약에 너라면, 나는 아버지와 친구가 될 거야. 너의 아버지는 선하고 친절한 사람이야. 너를 미워하지 않아. 너의 어머니는 너의 아버지를 대단히 좋아해. 너도 어른이 되면, 어느 소녀가 너를 사랑하고 너와 결혼하게 될 거야. 너의 어머니가 너의 아버지를 사랑한다고 해서 너를 더 이상 사랑하지 않는다는 뜻은 아니야. 너의 어머니는 너의 여동생과 누나도 사랑해. 너도 가족의 일원이야. 만약에 네가 어머니를 조금 더 도와준다면, 틀림없이 너의 어머니와 누나는 너를 더 좋아할 거야. 다음 주에는 다른 사람들이 좋아하지 않는 행동을 딱 두 번만 하자고 제안하고 싶구나. 그런 다음에 나와 다시 만나자. 약속을 지킬 수 있을 것 같니?

니콜라스: 예.

패턴 # 6.

단식 투쟁

오늘은 6세인 베티라는 소녀를 살필 것이다. 이 소녀의 주된 문제는 먹는 데에 있다. 다른 태도에 비해 다소 비정상이랄 만큼 특별해 보인다. 소녀는 상황이 자기가 원하는 대로 돌아가지 않으면 음식 투정을 심하게 부린다. 응석받이로 큰 아이의 특징이다. 한편, 결핵이나 구루병, 혹은 식욕 감퇴를 부를 전염병에 걸렸을 가능성도 배제해서는 안 된다. 2년 6개월 정도 된 아이들은 간혹 적응이 제대로 되지 않은 아이 같은 징후를 보이는데, 그럴 때 면밀히 진단해 보면 아이가 신체적 변화를 겪느라 식욕이 떨어진 것이 확인된다. 아이들을 다루는 사람이면 누구나 의학적 경험을 어느 정도 갖출 필요가 있다. 평범한 심리학자와 사회 복지사도 진단에 중대한 실수를 하지 않도록 각별히 조심해야 한다. 그러나 베티의 경우에 음식을 싫어하는 경향이 환경에 따라 달라진다는 사실을 고려할 때, 의료적인 문제가 아니라 심리적인 문제일 가능성이 크다.

"소녀의 상태는 어머니와 함께 있으면 특별히 더 좋지 않다. 음식에 욕심을 내는 경우가 거의 없으며, 소녀는 거의 언제나 음식을 먹으면서 꾸물댄다. 음식을 먹을 때 보면 볼에 몇 숟가락씩 쑤셔 넣고는 삼키지 못해 애를 먹는 것처럼 보인다." 이는 베티가 어머니에게 의존하고 싶어 한다는 점을 보여준다. 아마 베티의 어머니는 처음에 딸을 응석받이로 키우다가 언제부턴가 딸을 잘못 키우고 있다는 사실을 깨닫고는 그런 방식을 포기했을 것이다. 당연히 아이는 권력의 자리를 돌연 잃어버린 데 대해 적개심을 느끼고 있다. 어머니가 음식 섭취를 지나치게 중요하게 여겼기 때문에, 베티는 어머니의 약점을 공격하고 있다. 아이가 음식을 삼키지 못하는 현상은 뇌에 심각한 병이 생겼을 때에만 나타날 수 있다. 삼키는 데 어려움을 겪는 아이들뿐만 아니라 어른들까지도 대체로 보면 식사 시간에 관심을 끌기 위해 그런 모습을 보인다. 그런 아이들이나 어른들은 심각한 위험에 처한 것처럼 보이며 음식을 억지로 삼키려 애를 쓰면서 식탁에 앉은 사람들을 크게 놀라게 만든다. 그럼에도 그런 아이나 어른에게 음식을 삼키는 방법을 설명할 수 있는 사람은 아무도 없다.

"가장 힘든 식사는 아침이다. 아침에 식탁에 앉으면 베티는 아무것도 먹으려 하지 않는다."

나의 진단이 정확하다고 장담하지는 못하지만, 내가 볼 때 이 같은 행동은 아이의 아침 노래처럼 보인다. 마치 베티가 어머니에게 그날 예상해야 할 곤경을 암시하는 신호처럼 들리는 것이다. 신경증, 특히 우울증을 앓는 환자들을 보면, 아침에 징후가 특별히 더 악화되는 사람이 많다. 그런 모습을 지켜보고 있으면, 마치 환자들이 병을 낫게 하려는 게 아니라 되풀이하기를 원하는 것처럼 보인다. 아침에 아이가 먹기를 거부한다면, 부모는 더욱 곤란한 입장에 놓인다. 왜냐하면 아이가 건강을 해치겠다는 생각이 들기 때문이다. 베티가 음식을 먹기를 거부함으로써 어떤 식으로 권력을 키우고 또 가족을 지배하게 되는지, 이해가 쉽게 된다. 아이의 목표는 가족을 지배하는 데에 있는 것 같다. 베티가 이 목표를 선택한 이유를 이해하기 위해서, 우리는 가족 내 소녀의 위치를 이해해야 한다. 나의 짐작은 베티가 독녀일 수 있다는 것이다. 또 무슨 이유에선지, 가족을 지배하는 것이 그녀에게 결정적으로 중요하다는 점이다.

> "오랫동안 소녀는 구토를 하고 음식 투정을 부렸다. 강제로 음식을 먹어야 하는 상황에 처하면, 아이는 구토를 하곤 했다. 최근에 학교에서 어떤 사건이 벌어졌을 때에도 구토를 했다. 당시 선생은 베티가 싫어하는 것도 먹어야 한다고 주장했다. 베티는 이건 부당하다고 느꼈다. 왜냐하면 베티가 학교나 집에서 그 음식을 지겨울 정도로 많이 먹었기에 그것 대신에 다른 것을 배로 먹겠다고 제안했기 때문이다."

나는 아이들에게 억지로 음식을 먹여서는 안 된다고 생각한다. 이유는 아이들이 우리보다 더 강력한 위치에 서기 때문이다. 이 보고서를 통해서 나는 베티가 특별히 엄격한 선생을 두었다고 결론을 내렸다. 소녀의 저항이 선생의 엄격한 조치에 봉착했는데, 이는 소녀에게 집에서 이뤄지던 불확실한 훈육보다 더 나쁜 것으로 여겨졌다. 소녀가 얼굴이 창백해지며 졸도할 때, 소녀에게 찬물을 붓거나 귀에 대고 큰 소리를 지르는 것이 관행처럼 되어 있었다. 그러면 종종 소녀가 깨어나곤 했다. 그러나 대단히 야심적인 사람이 그런 방식으로 자신의 뜻을 관철시키는 데 실패하면, 그 사람은 그보다 더 효과적인 방법을 찾게 마련이다.

이 대목에서 매우 야심적이고 지배욕으로 넘쳤던 어느 여인이 생각난다. 이 여인은 자기 남편이 운전하는 것조차도 참아내지 못했다. 두려움을 느끼거나 화가 날 때면, 그녀는 남편이 운전을 못하게 하거나 방해하기 위해 남편의 손이나 운전대를 잡곤 했다.

그녀가 이런 식으로 행동하면, 남편은 아내가 자기를 결코 제지할 수 없다는 사실을 깨달을 때까지 자동차의 속도를 높이곤 했다. 여러분은 이것을 치료의 한 방법으로 볼지 몰라도, 나에게는 그것이 전쟁 동안에 널리 통용되던 치료 방법을 상기시킨다. 군인이 히스테리를 일으키며 몸을 벌벌 떨거나 말을 하지 못할 때, 의사들은 그 군인을 전기 충격으로 고문을 하곤 했다. 그러면 군인은 몸을 떠는 것을 멈추거나 비명을 지르곤 했다. 심리적 태도 때문에 생긴 육체적 징후도 아주 큰 힘을 이용하면 쉽게 사라진다. 그러나 그 사람의 행동 패턴은 그 큰 힘에도 변하지 않는다. 그 사람은 허구적인 우월의 역할을 확보할 다른 길을 언제나 발견한다. 베티의 음식 투정과 구토를 중단시키는 것은 쉬울 수 있다. 그러나 시간이 조금 지나면 소녀는 다른 징후를 발달시킬 것이다.

> "베티에게는 부차적인 문제가 하나 있다. 지난 2년 동안 비사교적인 태도를 점점 더 강하게 보이고, 어머니를 포함한 많은 사람들에게 호전적인 태도를 보이고 있다는 점이다. 베티는 사람들에게 인사하는 것도 거부하고 있다."

소녀의 공격은 주로 어머니를 향하고 있다. 사람들에게 인사하기를 거부하는 것은 매우 흔한 일이며, 재미있는 설명이 가능한 그런 징후이다. 왜냐하면 그것이 개인들 사이에 인사를 나누는 관행의 기원과 연결되어 있기 때문이다. 어른의 환경을 지배하는 것을 목표로 잡은 아이는 거리에서 만나는 사람들이나 선생에게 인사하는 것을 싫어한다. 왜냐하면 그 아이의 감정에는 그런 식으로 인사를 하는 것이 복종의 증거처럼 느껴지기 때문이다. 예를 들어, 오스트리아 빈에서는 이런 복종의 감정을 암시하는 선에서 끝나지 않고 실제로 말로 표현까지 하고 있다. 흔한 인사가 "제르푸스!"(Servus!)이다. 이는 엄밀히 말하면 "저는 당신의 노예입니다."라는 뜻이다. 이는 노예가 주인을 향해 모자를 벗어 보이며 "저는 당신의 노예입니다."라고 하던 로마 시대로까지 거슬러 올라가는 인사 형식이다.

물론 미국에서는 인사가 우정을 의미하는 측면이 강하다. "베티는 오가다 만나는 사람들에게 예의바르게 말하지 않고 종종 거친 언어를 쓴다. 소녀는 근거 없는 소문까지도 굳게 믿으며 온갖 불만을 다 품고 있다. 지금 소녀는 새로운 것을 실험하기를 싫어하는 것 같다. 새로운 상황도 피하고, 새로운 사람도 만나지 않는다. 그런 가운데 소녀는 어떤 낯선 아이와 놀고 싶은 마음이 생기면 먼저 다른 아이를 시켜 그 아이와 접촉해보게 한다."

이는 베티의 사회적 관심이 발달하지 않았다는 점을 추가로 보여주는 증거이다. "베티는 생각이 많은 것 같으며 종종 오랫동안 조용히 지내기를 원한다. 그럴 때면 그녀는 골똘히 생각한다. 그러다 그 분위기에서 빠져나오면서 매우 지적인 질문을 던진다."

다른 심리학 학파, 특히 취리히의 칼 융(Carl Jung) 박사의 학파는 이 같은 명상적인 태도를 근거로 아이가 내향적인 성격을 갖고 있다고 말할 것이다. 이 아이는 내향적이다. 그러나 그것은 타고난 상태가 아니다. 우리는 내향성이 어떤 식으로 인위적으로 발달하게 되는지를 이해할 수 있다. 베티는 고립되어 있고 동료들과 단절되어 있으며, 따라서 생각하는 것 외에 달리 할 게 없다. 만약에 이 아이가 동료를 좋아하고 강력한 사회적 관심을 갖고 있다면, 융은 소녀를 외향적인 성격이라고 부를 것이다. 이는 단지 소녀가 교육을 적절히 받고 또 사회적 관심을 경험할 수 있는 그런 상황에서 성장했다는 것을 의미할 뿐이다. 나는 내향성과 외향성이 고정된 자질이라고 믿지 않는다.

"야외와 자연을 베티는 아주 좋아한다. 베티는 부모에게 시골에서 살자고 끊임없이 요구한다. 풍경이 특별히 아름다울 때, 베티는 기분이 한껏 고양되면서 '정말 아름다워!'라며 감탄한다. 아이가 사회적이면서도 자연에 여전히 관심을 갖고 있다면, 그건 매우 다행한 일이다. 그러나 나는 인간에 관심을 두지 않는 이 아이의 경우에 용기 때문이 아니라 나약함 때문에 자연을 사랑한다고 믿는다. 사회적 접촉을 두려워하는 사람들이나 작은 섬이나 숲속의 통나무집에서 인간들과 고립된 상태에서 살기를 원하는 사람들 사이에서 자연을 사랑하는 사람이 종종 발견된다.

"부모는 음식 섭취와 관련한 문제는 소녀가 태어난 이후로 늘 있었지만 다른 어려움들은 새로 생긴 것이라고 말한다."

이는 단지 베티가 도구를 바꾸었을 뿐이고 전반적인 상황은 변화하지 않았다는 점을 의미한다.

"가족은 어머니와 아버지, 베티로 구성되어 있다. 부모는 서로 사랑하는 관계를 유지하고 있고, 가정은 결혼의 행복이 진정으로 느껴지는 그런 가정인 것 같다. 경제적 압박과 어머니가 가까이 지내던 친정 쪽 사람들의 병 때문에 상당한 긴장이 있었던 것은 사실이지만, 그래도 부부 관계는 행복한 편이다. 부모는 둘 다 신경질적이며, 간혹 신경질이 폭발하기도 한다."

외동아이는 대체로 관심의 중심에 서겠다고 고집을 부리고, 가족 안에서 아이 그 이상의 존재가 되기를 원한다. 그런 아이가 자기 부모가 서로를 끔찍이 사랑한다는 사실을 발견하게 될 때 자신이 차별당하고 있다는 느낌을 갖게 되는 이유에 대해서는 이미 살핀 바 있다. 대체로 보면 불행한 결혼생활이 아이에게 문제로 작용한다. 그러나 행복한 결혼생활도 아이들을 키우는 데 있어서 간혹 문제로 작용하기도 한다. 아이와 부모의 관계를 정확히 이해하려면, 우리는 언제나 가족 상황을 그 상대성 속에서 봐야 한다.

이제 베티와 어머니의 갈등에 관한 단서가 더 많이 확보되었다. 틀림없이 어머니로서는 친정 가족의 병에 관심을 쏟음에 따라 베티에 대한 관심을 그만큼 놓을 수밖에 없었을 것이다. 부모가 신경질을 폭발시키는 상황은 아이들에게 언제나 힘들다. 무대의 중심을 차지했던 야심적인 아이들에게 특별히 더 힘들게 다가온다. 그런 폭발은 베티가 자신의 우월을 증명할 기회를 갖지 못하도록 막는다. 베티는 사회적 관심의 결여로 인해 외부 사람들과의 접촉이 차단당하고 있다. 그런 상황에서 부모의 신경질은 가족 안에서 베티가 움직일 길마저 차단한다. 그러다 보니 베티가 자신의 우월을 표현할 수 있는 유일한 영역은 음식 투정을 계속하는 것이다.

"아버지는 작가이고, 어머니는 사업을 한다. 맞벌이를 해야 생활비를 감당할 수 있다. 그들은 빛이 잘 드는, 방 4개짜리 아파트에 살고 있다. 부모는 방을 따로 쓰고 있다. 아이는 가정부와 방을 함께 쓰지만 침대는 따로 쓰고 있다. 친할머니가 계신다. 베티의 할머니는 아이가 태어난 직후부터 아이의 음식과 체중에 신경을 많이 쓰며 아이가 듣는 가운데서도 이 문제에 대해 끊임없이 언급한다. 그러다 보니 할머니의 걱정은 베티의 부모에게도 그대로 각인되었다."

새로운 요소가 하나 나타났다. 할머니라는 존재는 언제나 손자의 어리광을 끝없이 받아준다. 친할머니라면, 어머니에게 특별히 더 어려운 상황이 전개될 수 있다. 짐작컨대, 베티의 친할머니와 베티의 어머니 사이에 이견이 존재할 것이다. 할머니는 베티에게 음식의 중요성과 의미를 확실히 심어주면서 베티로 하여금 먹는 것이 세상에서 가장 중요한 일이라고 믿도록 만들었을 것이다.

"베티의 할머니가 베티의 어머니를 대하는 태도는 기본적으로 아이가 보는 앞에서도 비판적이다. 베티의 어머니는 베티가 할머니 때문에 지금처럼 자신에게 적대적인 태도를 보이게 되었다고 믿고 있다."

무대의 중심에 섬으로써 가족을 지배하길 원하는 아이가 매우 친절하게 어리광을 끝없이 받아주는 할머니 편에 서는 것은 너무나 당연하다. 하지만 할머니가 베티의 문제에 중요한 역할을 했다 할지라도, 할머니가 베티의 문제를 일으킨 유일한 원인은 아니다.

"출생할 때 아이의 건강은 완벽했다. 7개월 동안 모유를 먹은 뒤에 젖을 뗐다. 그 즉시 아이가 상한 우유를 먹었고, 이 때문에 장에 심각한 질환이 생겼다. 이것을 치료하는 데 오랜 시간이 걸렸다. 베티의 발달은 정상이었다. 14개월 때 걸었고, 15개월 때 말을 했다. 이때 이미 문장을 만들고 복수형을 사용할 줄 알았다."

장 질환은 이 가족이 음식 섭취를 중요하게 여기게 된 사연의 일부를 보여준다. 다른 정보들은 이 아이가 비상할 정도로 똑똑하다는 점을 암시한다는 점에서 중요하다.

　"베티의 버릇은 오래 갔다. 베티는 꽤 깨끗했지만 엄지손가락을 빠
　는 버릇이 있다. 이 버릇을 버리는 것은 정말로 힘든 일이었다."

　손가락을 빠는 행위는 일반적으로 주의를 끄는 수단이다. 아마 베티가
이 버릇을 버리기는 힘들었을 것이다. 왜냐하면 손가락을 빠는 것이 지
속적으로 어른들의 눈길을 끌 수 있는 방법이라는 사실을 깨달았기 때
문이다. 그러나 이 버릇과 관련해 다른 견해도 있다. 프로이트 학파의 해
석은 일종의 성적 콤플렉스이자 성도착이라는 것이다. 이보다 더 합리
적인 설명은 뉴욕의 인스티튜트 오브 차일드 가이던스(Institute of Child
Guidance)의 데이비드 레비(David Levy) 박사가 제안한 것이다. 레비 박
사는 양이 풍부한 어머니의 젖을 빠는 아이의 경우에 젖이 지나치게 쉽
게 나오기 때문에 입과 턱의 운동이 적절하지 못하게 되며 이에 대한 보
상이 손가락을 빠는 행위라는 이론을 내놓았다. 레비 박사의 견해도 손
가락을 빠는 행위에 대한 설명으로 그럴 듯하지만, 나는 그런 행위를 통
해서 다른 사람의 관찰 대상이 된다는 것을 느낀 아이라면 누구나 그것
을 버릇으로 들일 수 있다고 믿는다.

　"베티는 손가락을 빨 수 없는 상황에 놓이면 구토를 하곤 했다."

　달리 말하면, 베티는 다른 방식으로도 자신이 더 강하다는 점을 입증
해 보였다. 이 대목에서 아마 프로이트라면 베티가 성욕을 억눌렀기 때
문에 구토를 하게 되었다고 말할 것이다.
　"어머니는 베티가 처음 구토를 한 것이 제약에 대한 반항이었는지 아

니면 음식에 대한 반항이었는지 기억하지 못한다. 베티는 금지 조치에 대해 언제나 강력히 반항해왔다." 환경을 지배하길 원하는 아이들은 억제에 분개한다는 사실은 쉽게 이해된다. 이런 아이들은 처벌을 받아도 별로 달라지지 않는다.

> "2년 전쯤 장난감을 버려 버리겠다는 협박을 받았을 때, 베티는 '마음대로 해. 그런 건 필요 없어. 창밖을 보며 생각하면 되니까.'라고 대답했다."

이 아이가 허구적인 우월의 목표를 얼마나 쉽게 성취하고 있는가? 이런 식의 대답은 자신이 더 강하다는 데에 대한 자존심의 표현이다.

> "가족의 사회적 지위는 중상류층이다. 부모의 친구들은 주로 전문직 종사자들이다. 아이는 아버지 앞에서 구토를 더 자주 하고, 아버지에게 애착을 강하게 느끼고 있다. 아버지가 어머니를 포옹할 때, 베티는 '나도 뽀뽀 해줘.'라거나 '나도 안기고 싶어.'라는 식으로 항의를 분명히 표현한다."

베티의 마음속엔 부모가 서로에게 느끼는 애정만큼 자신이 받을 사랑이 줄어든다는 믿음이 자리 잡고 있는 것이 분명하다. "어머니가 일을 해야 하고, 그래서 아이는 2년 6개월 되었을 때부터 주중에 훈련이 잘 된 보모에게 보내졌다. 베티를 지나칠 만큼 매달리던 어머니로부터 떼어놓기 위해서였다. 소녀의 부모는 또한 베티를 보모에게 보내면 음식 투정도 바로잡아질 것이라고 기대했다. 이런 조치는 어머니가 친정 쪽 가족의 병 때문에 집을 비울 수밖에 없게 된 직후에 취해졌다. 그 기간에 베티는 낙담한 상태로 지냈다."

자신의 응석을 모두 받아주던 어머니의 갑작스런 부재는 당연히 베티
에겐 이해가 되지 않았다. 그건 아이에게 진짜 비극이었다.

> "엄마 곁을 떠나 있는 사이에, 베티는 처음 며칠 동안 말없이 힘들
> 어하다가 마침내 현실에 굴복하고 겉으로 보기에 적응하는 것 같
> 았다."

'겉으로 보기에'라는 표현이 적절한 것 같다. 그 후의 전개를 보면 베
티가 어머니를 절대로 용서하지 않은 것으로 드러나기 때문이다.

> "어머니는 아이가 어머니의 강제적 부재를 절대로 망각하지도 않
> 았고 용서하지도 않았다고 믿고 있다. 이 일이 있은 뒤, 베티는 실
> 험적인 유형의 사립학교로 보내졌다."

어머니는 베티의 상황을 치유하는 방법은 몰랐지만 그 상황을 어렴풋
이 이해는 한 것 같다. "베티는 몸부림치면서 울며 먹기를 거부하고 구
토를 하면서 학교에 가지 않겠다고 맹렬히 맞섰다. 이 같은 행동은 3개
월 동안 지속되었다."

베티는 자신의 항의를 실행하면서 엄청난 힘을 보여주고 있다. 나는
한편으로 이 같은 행동을 긍정적인 신호로 본다. 이 힘이 유익한 경로로
돌려지기만 하면, 아이는 리더가 될 것이기 때문이다.

> "그런 다음에 베티는 갑자기 울지 않고 학교에 가겠다고 선언했다.
> 그 이후로 학교와 관련해서는 아무런 문제가 없었다. 베티는 지금

유치원에 3년째 다니고 있으며 인기도 꽤 높다."

베티가 돌변한 이유는 학교에서의 문제를 극복할 더 나은 길을 발견했거나 보다 유익한 상황을 발견했기 때문일 것이다. 소녀가 다른 아이들에게 별로 관심을 주지 않는다는 측면에서 보면, 소녀의 인기는 다소 의외이다. 그러나 응석받이로 큰 많은 아이들은 사람들을 잡아끄는 놀라운 기술을 개발할 수 있다. 베티의 경우에도 아마 그런 기술을 발휘하고 있을 것이다.

"최근까지 베티는 자기보다 나이 많은 소년들에게 인기를 누리며 자신의 매력을 맘껏 발휘했다. 베티의 영향력이 매우 특이했기 때문에 선생들까지도 베티가 소년들의 마음을 어떻게 다루는지 알고 싶어 했지만 그 과정을 파악하지는 못했다."

이것은 베티가 다른 사람들이 응석을 받아주도록 하는 데 탁월한 기술을 갖고 있다는 우리의 믿음을 뒷받침한다. 베티가 소년들을 다루는 과정은 아마 자기 아버지의 마음을 얻으려 할 때 사용한 것과 똑같을 것이다.

"베티는 지난 2년 동안 여름마다 3개월씩 학교 선생이 운영하는 여름 캠프에 참가하느라 집을 떠났다. 지난해에는 이 캠프 활동 끝에 2주일 동안 다른 아이의 가족과 함께 여행을 하기도 했다. 이때 베티는 처신을 아주 잘했다. 함께 간 아이의 부모가 입이 마르도록 칭송을 아끼지 않을 정도였다. 그러나 해마다 베티는 캠프에 가지 않을 것이라는 점을 미리 선언했다. 올해도 마찬가지로 집을 떠나지

않겠다고 고집을 부리고 있지만 지금까지 보면 매년 결국에는 꽤
즐거운 마음으로 캠프에 참가해왔다."

여기서 아이가 사람들의 마음을 사로잡는 방법을 잘 안다는 점을 뒷
받침하는 증거가 더 많이 나타나고 있다. 집을 떠나는 데 대한 항의에 대
해 말하자면, 베티는 이 항의를 단순히 부모를 힘들게 하려는 수단으로
이용하고 있다.

"올해는 베티가 학교의 다른 친구들처럼 어머니와 함께 캠프에 가
겠다고 고집을 부리고 있다."

이것이 바로 베티의 영혼에서 타고 있는 불덩이이다. 베티는 자기 어
머니와 함께 있기를 원하는 것이다. 매우 영리하게도 베티는 자기 어머
니를 캠프에 끌어들이고 있다. "친구들은 엄마와 함께 가잖아. 나도 엄
마와 함께 가고 싶어."
"베티의 오락 활동은 정상이다. 베티에겐 길에서 함께 놀 친구가 하나
도 없다. 이유는 매일 오후 4시 반까지 학교에 있어야 하기 때문이다. 베
티는 피아노 치는 것을 좋아한다. 피아노에 소질도 있다. 특별히 배우지
않았지만 베티는 이미 작곡도 하곤 한다. 학교 선생은 베티가 노력만 하
면 무엇이든 잘한다고 말한다. 베티가 공부에 아주 민감하게 반응한다
는 사실이 확인되고 있다. 자신이 우수하다는 믿음이 들지 않으면 불안
해한다. 자신이 탁월하다는 점을 보여줄 수 없는 상황이면 공부나 놀이
를 거부하기도 한다." 학교 안에서 베티의 품행은 나무랄 데가 없다. 어
떠한 질책도 베티의 야망과 자존심에 절대로 용인되지 않는 모욕이기
때문이다.

"베티는 남동생이나 여동생이 없어서 집에서 함께 놀 아이가 하나
도 없다고 투덜거린다. 친구들을 집으로 부르지만, 친구들이 가고
나면 또 다시 같은 문제가 나타난다. 엄마의 일과 엄마가 집을 지키
지 않는다는 사실에 대해 끊임없이 항의한다."

베티가 진정으로 동생을 원하는지 의문스럽다. 아마 베티는 어떻게 해
도 동생을 갖지 못할 것이라는 사실을 확신하고 있을 것이다. 베티의 불
만은 어머니에 대한 비난으로 보인다. 베티는 엄마가 집에 남아서 전적
으로 자기만 보살필 것을 원하고 있다.

"베티는 눈물과 기도와 비난을 동원하여 엄마를 집에 붙들어 놓으려
고 노력했다. 예를 들면, 베티는 '엄마가 집에 있기만 하면 내가 친구가
되어 줄게.'라는 식으로 말한다. 베티의 하루 일상은 그 나이에 정상이
다. 잠도 잘 자고, 꿈도 별로 꾸지 않는다. 몇 번 비명을 지르며 일어나 사
자와 호랑이가 계단을 올라오고 있다고 한 것 외에는 별다른 이상이 없
다." 베티는 마침내 밤에 자기 부모를 차지할 길을 찾아냈다. 사자와 호
랑이는 이 목적에 매우 유용하다.

"어머니는 매일 아침에 베티를 학교에 데려다 준다. 아버지도 자주
베티를 데리러 학교로 간다. 첫돌을 지낸 이후로 이 아이의 관심은
오직 아이 어른 가리지 않고 다른 사람들의 반응을 살피는 데로 모
아진 것 같다. 이런 경향이 아주 두드러졌기 때문에, 베티는 이따금
단지 사람들의 반응을 관찰하고 거기에 대해 평을 하기 위해 주변
사람들을 자극하기도 한다. 베티는 주변 사람들의 개성을 아주 빨
리 파악한다. 베티의 마음은 대단히 논리적이고 또 분석적이다."

이건 또 무슨 뜻인가? 그것은 분명히 아버지를 모방하는 태도이다. 작가로서 베티의 아버지는 사람들의 반응을 끊임없이 관찰해야 한다. 아마 여러분도 여자들은 논리적이지도 않고 분석적이지도 않다는 미신에 대해 들어보았을 것이다. 그러나 여기에 그 미신의 오류를 보여주는 예가 있다. 베티의 예에서 보듯, 목적에 부합하기만 하면 어떤 소녀라도 논리적이고 분석적일 수 있다.

> "베티는 이런 놀이를 구상해냈다. 자신이 판사가 되고, 친구들은 경찰관이 된다. 경찰관들이 벌거벗은 여자를 체포하여 베티 판사 앞으로 데려온다. 그러면 베티 판사는 다음과 같이 판결한다. '벌거벗은 여자를 전기 사형에 처하노라.'"

이건 의미 있는 놀이이다. 왜냐하면 베티가 남녀 차이를 이해하고 있다는 점을 보여줄 뿐만 아니라 베티가 열등감을 키웠다는 점까지 보여주는 놀이이기 때문이다. 베티는 벌거벗은 남자들이 아니라 벌거벗은 여자들에 대해 말하고 있다. 그건 베티가 자신이 여자라는 사실에 대해 분노하고 있고, 남자가 되고 싶어 한다는 점을 보여준다. 베티가 아버지를 모방하고 있다고 해도 놀랄 일이 못 된다. 베티의 큰 야망은 여자의 역할에 대한 기본적인 생각과 일치하지 않는다.

> "벌거벗는 것 자체는 베티에게 그리 놀라운 일이 아니다. 캠프 친구들의 벗은 모습을 지속적으로 보았고, 베티의 부모도 어쩌다 딸이 샤워장으로 오면 목욕하는 모습을 굳이 숨기려 들지 않았기 때문이다."

베티가 견뎌내지 못하는 대상은 벌거벗는 행위가 아니라 여자이다.

> "오랫동안 베티는 나쁜 동물과 나쁜 사람들에 관한 이야기를 들려
> 달라고 요구했다. 착한 사람들에 관한 이야기는 베티의 관심을 끌
> 지 못한다."

나쁜 동물에 관한 이야기는 밤에 엄마를 괴롭히는 도구일 가능성이
크다.

사회적 관심을 전혀 갖고 있지 않은 개인들은 대체로 인간은 천성적
으로 악한 존재라고 믿는다. 자기본위적인 철학자들 대부분은 주로 그
런 이론을 주장했다. 사회적으로 관심을 가진 개인들은 대체로 너그럽
고 친절하며 사람들을 악하게 만드는 요소들을 이해하려고 노력한다.
게다가, 선한 사람들에 관한 이야기는 그다지 재미있지 않다. 착한 사람
에 관한 이야기에는 아무도 관심을 두지 않을 것이다. 아침마다 활짝 웃
으며 잠자리에서 일어나서 가족들에게 친절한 인사말을 전하고 또 미소
를 지으며 일터로 갔다가 퇴근하면서 아이들에게 선물을 안기고 아내에
게 꽃을 안기는 그런 사람의 이야기를 누가 흥미롭게 읽겠는가. 그러나
잔인하고 생각 없는 나쁜 남자에 관한 이야기를 들려준다면, 듣겠다고
나서는 사람이 많을 것이다.

> "최근에 베티는 학교 급우들을 아주 극적으로 협박했다. '그걸 안
> 하면, 내가 오늘밤에 독감을 보내 너희들을 옮게 할 거야. 열린 창
> 으로 독감을 보내면 너희들은 모두 죽고 말 거야.' 그러다 베티는
> 자신까지 그 이야기를 믿으며 문을 닫아야 한다고 고집을 부렸다."

"너희들은 죽고 말 거야."라는 표현에서 베티가 마법의 힘을 노리고 있는 모습이 보인다. 베티는 신과 같은 역할을 맡기 시작하고 있다. 삶과 죽음의 지배자가 되기를 원하고, 자신의 말에 복종하지 않는 사람들을 죽이길 원한다. 바로 여기에 그런 아이의 삶의 비극이 들어 있다. 사회적 관심의 결여와 지배적인 태도는 베티 자신의 인격에 복수를 하게 될 것이다. 칼을 쓰는 자는 칼로 망할 것이다. 이것은 삶의 잔인한 논리이다.

오늘 베티가 아프다는 소리를 들었다. 그래서 우리는 그녀의 어머니하고만 이야기를 나눌 수밖에 없다. 우리의 관점에 동의하도록 그녀를 설득시킬 수 있을지 자신이 서지 않지만, 그녀에게 상황을 설명하는 것은 우리의 의무이다. 그러면 그녀는 베티에게 그 상황에 대해 잘 설명해야 할 것이다. 베티의 어머니는 여러 면에서 매우 올바르게 행동했으며, 딸의 행동의 일관성을 잘 이해했다. 그녀는 베티에게 먹는 것이 할머니가 생각하는 것만큼 중요하지 않다는 점을 설명해야 할 것이지만, 그 설명은 어디까지나 할머니가 마음을 다치지 않는 방향으로 이뤄져야 한다. 예를 들어, 아이에게 할머니가 좋은 뜻으로 말하고는 있지만 할머니가 이 문제에 정통하지는 않다는 식으로 말하면 무난할 것이다. 베티는 친구들을 더 많이 사귀어야 하고, 또 베티가 친구들 사이에서 유익한 리더십을 발휘하는 쪽으로 스스로를 훈련시키도록 용기를 불어넣어야 한다.

컨퍼런스

어머니가 강의실로 들어온다.

아들러 박사: 당신의 귀여운 딸의 이야기를 주의 깊게 고려한 결과, 매우 똑똑하고 장래가 촉망되는 아이라는 사실을 알게 되었어요. 딸의

행동에 대한 당신의 이해도 여러 면에서 탁월한 것 같군요. 내가 보기에 베티는 당신이 친정 문제로 바쁠 때 버림받는다는 기분을 느끼면서 그 점 때문에 당신을 용서하지 않는 것 같아요. 베티는 지금 버림받았다는 기분 때문에 자신의 삶의 목표가 당신을 처벌하는 쪽으로 맞춰지고 있다는 사실을 깨닫지 못하고 있어요. 하지만 당신이 그 문제를 놓고 베티와 대화를 한다면 딸에게 당신의 사랑을 확실히 심어줄 수 있을 거예요.

어머니: 수시로 그렇게 해 보았지만, 베티는 관심을 보이지 않아요. 베티가 그 문제에 매우 감정적으로 접근하고 있기 때문에 정신적 기능이 제대로 작동하지 않고 있어요. 딸애는 나의 일 때문에 매우 화가 나 있어요. 그러면서 "학교에서는 왜 일을 안 해?"라는 식으로 말해요. 학교에는 엄마가 할 일이 없다고 말하지만, 혹시 있다고 하더라도 그런 식으로는 충분한 돈을 벌지 못해요.

아들러 박사: 아이에게 한 2주일 정도 그렇게 해보자고 제안하는 것도 괜찮을 듯하군요. 돈을 충분히 벌지 못하기 때문에 제대로 먹지 못할 텐데, 딸이 굶주림을 참을 수 있을 것인지 한번 확인해보자는 식으로 말예요. 딸이 당신의 제안에 동의할지 잘 모르겠군요. 당신의 가족들 사이에는 먹는 문제가 대단히 과장되어 있는 것처럼 보이기 때문이지요.

어머니: 맞는 말씀입니다.

어머니는 독감과 베티가 다른 사람들의 행동을 관찰하는 버릇에 대한 이야기를 들려준다.

아들러 박사: 베티가 독감에 대해 느끼는 공포는 자신이 독감을 불러

내 친구들에게 퍼뜨릴 힘을 정말로 갖고 있다는 점을 당신에게 보여주기 위해서지요. 이런 식으로 딸에게 설명하면 됩니다. 그리고 딸에게 아기 때부터 언제나 관심의 중심에 서기를 원해왔다는 사실도 말해주세요.

어머니: 베티에게 몇 차례 설명을 시도했고 또 어느 정도 성공을 거두었으나, 어느 선에 이르면 딱 막혀버리곤 해요.

아들러 박사: 아마 당신이 적절한 표현을 찾지 못해서 그랬을 거예요. 딸과 산책을 하면서 다정한 분위기에서 엄마가 어쩔 수 없이 너를 두고 일을 하러 기야 한다는 사실 때문에 엄마도 마음이 많이 아프다는 뜻을 전하도록 하세요. 당신도 가능한 한 딸과 함께 있고 싶어 한다는 인상을 심어줘야 합니다. 그런 다음에 베티의 이성에 호소하면서 딸에게 입장을 바꿔 그녀가 가족을 돌봐야 하는 상황이라면 일을 하지 않을 것인지 물어보세요. 그런 다음에 딸에게 외동아이라는 점을 상기시키고 딸이 음식 투정을 부리며 가족을 지배하려 한다는 점을 암시하세요. 당신의 생각이 맞는지 확신하지 못하겠다는 점을 먼저 전제하면서, 그 문제를 놓고 딸과 대화하고 싶다고 말하면 될 겁니다.

어머니: 최근에 가족 중에 결핵과 다른 이유로 몇 사람이 죽었어요. 그런 죽음이 있은 뒤로 딸의 먹는 버릇이 더욱 나빠졌어요. 딸은 자신이 하는 짓을 잘 알고 있어요. "오늘 저녁을 안 먹는다고 죽지 않아."라는 식으로 말하거든요.

아들러 박사: 베티는 단지 당신을 짜증나게 만들고 당신의 관심을 자신에게로 돌려놓기를 원할 뿐이에요. 그 말의 진짜 뜻은 "아무것도 먹지 않을 거야. 그래도 엄마는 내가 죽을까 걱정하지 않잖아!"라는 것이지요. 음식을 먹지 않으면, 당신이 걱정하면서 딸에게 음식을 먹

으라고 강요하며 관심을 보일 것이라고 믿고 있는 거지요.

어머니: 딸은 먹는 일로만 그렇게 속상하게 만드는 것이 아니에요. 다른 일로도 마찬가지로 힘들게 하고 있어요. 베티는 주위의 친구들에게 전혀 관심을 두지 않아요.

아들러 박사: 나는 학교가 이 문제를 가장 잘 해결할 수 있다고 믿어요. 베티의 선생님이 진정한 친구로서 베티와 대화하면서, 어떻게 하면 다른 사람을 지배하거나 공격하지 않고 도움으로써 리더가 될 수 있는지를 보여줄 수 있을 거예요. 당신도 괜찮다면 베티와 함께 이 문제에 대해 논의할 수 있어요. 하지만 딸을 비난하지는 말아요. 당신은 내 말 뜻을 충분히 이해했으리라 믿습니다. 베티의 삶의 목표는 당신을 짜증나게 만드는 겁니다. 그런 목표는 외동아이들에게 자주 보여요. 특히 한때 지나치게 어리광 속에 살다가 부모와 떨어지게 된 아이들에게 그런 현상이 많이 나타나지요. 베티를 보다 사회적으로 가꾸고 타인들에게 관심을 더 많이 보일 수 있도록 가르쳐야 해요. 어떻게 하면 그렇게 할 수 있는지 그 힌트를 수시로 던지면, 아이를 그런 쪽으로 성장시킬 수 있을 겁니다. 당신의 딸은 생각이 깊어서 빨리 이해를 할 거예요. 베티는 자신이 영원히 외동으로 클 것이라는 사실을 알고 있죠?

어머니: 예.

아들러 박사: 당신의 딸이 얼마나 똑똑한지 알겠지요? 베티는 자신이 동생을 만들어 달라고 기도를 해도 그 기도가 통하지 않을 것이라는 점을 잘 알고 있어요. 베티가 소년이었으면 더 좋겠다고 생각하는 것 같은가요?

어머니: 예. 베티는 소년들이 더 많은 자유를 누린다고 믿고 있어요.

아들러 박사: 베티는 열등감을 느끼고 있어요. 그래서 싸우고 욕을 하

곤 하는 겁니다. 그럼에도, 베티는 멋진 소녀라고 나는 확신합니다. 베티가 욕을 하면, 욕을 하는 것은 똑똑하지 못한 짓이며 진정으로 훌륭한 어른들은 욕을 절대로 하지 않는다고 일러주세요. 딸에게 자유를 조금 더 많이 주고, 딸과 서로 신뢰하는 관계를 형성하고, 가정의 사소한 문제에 대해서도 딸의 의견을 묻고, 딸을 성인으로 대하고, 딸이 책임을 지고 친절을 베풂으로써 자신의 중요성을 높일 수 있다는 사실을 몸으로 느낄 수 있도록 해 주세요. 또한 베티가 언제나 가족을 지배하려고 노력해 왔다는 점을 설명하고, 당신은 물론이고 남편도 가족을 지배하려 하지 않을 것이며, 가족은 동반자여서 한 사람은 곧 모두이고 모두는 곧 한 사람이라는 진리를 딸이 알게 해야 합니다.

어머니: 아주 좋은 아이디어라고 생각합니다.

패턴 #7.

리더를 따르기만
하려는 유형

오늘은 마이클이라는 12년 8개월 된 소년이 고려의 대상이다. 강도질을 여러 번 하다가 잡힌 적이 있는 소년이다. 14세 소년이 이끄는 엉성한 갱단의 일원이다. 14세인 이 리더는 자기보다 어린 소년들에게 훔치는 요령을 가르친다.

마이클에 관한 이야기를 듣고 받은 첫인상은 자신이 처한 환경에 불만이 많을 것임에 틀림없다는 것이다. 갱단의 리더가 마이클을 구슬려 물건을 훔치게 하고 있다면, 마이클은 학교나 집보다 이 소년들 사이에서 자신의 중요성을 더 강하게 느끼고 있는 것이 분명하다. 환자 기록부에는 이렇게 적혀 있다. "2년 전쯤 리더 '볼디'가 다른 가정으로 보내질 때까지, 마이클은 상당히 오랫동안 절도를 해왔다. 지금 볼디가 이웃으로 다시 돌아왔고, 소년들은 몇 차례 강도질을 하다가 붙잡혔다."

한 가지 중요한 요소는 마이클이 혼자서는 훔치지 않는다는 사실이다. 마이클은 갱단에게 이용당하고 착취당하고 있다. 아마 리더가 마이클의 자만심을 한껏 부풀려 놓았을 것이다. 혹은 마이클이 지적 장애를 갖고 있든가, 아니면 자신이 받아들인 리더에게 맹목적으로 복종하는, 거의 지적 장애에 가까운 아이일 것이다. 범죄를 연구한 사람들은 모든 갱단에서 이런 유형의 단원이 발견된다는 사실을 잘 알고 있다. 이런 구성원은 앞잡이로 이용되고 있으며 훔치는 행위를 실제로 하는 존재들이다. 마이클은 지적 장애는 없어도 남에게 극단적으로 의존할 것이다. 부하가 되기를 원하고, 리더의 명령을 맹목적으로 따르면서 왜곡된 우월의 감정을 느낀다.

"마이클은 아동법원으로 보내졌으며, 지금은 보호관찰 대상이다."

여기서 아이들을 대상으로 한 보호관찰이 좋은 정책인지 여부를 논의하는 것은 적절치 않을 것 같다. 그러나 겨우 12세인 아이에게 법원의 보호관찰 대상이 된다는 것은 심각한 문제이다. 그 조치는 아이가 이미 느끼고 있는 불명예와 수치심을 더욱 심화시킬 것이다.

"아버지와 어머니는 모두 우크라이나에서 출생했으며, 어머니는 영어를 조금 할 줄 안다. 아버지는 영어를 꽤 잘한다. 그들은 3년가량 뉴욕에서 살았다. 아버지는 오전 8시부터 오후 5시까지 공장에서 일하고, 어머니는 오후 5시부터 9시까지 세탁소에서 일한다. 부모는 모두 시민권자이고, 아이들은 모두 미국에서 태어났다."

어머니가 영어를 유창하게 하지 못한다는 사실은 또 하나의 단점이다. 그런 사소한 문제도 아이의 사회적 발달을 곧잘 방해한다. 게다가, 아이들이 집에 있을 때 부모가 함께 있는 경우는 거의 없다.

"아이는 셋이다. 맏이 레온은 14년 6개월 되었으며 마이클은 12년 8개월, 메리는 6세이다. 마이클의 가족은 낡은 공동주택의 방 4개짜리 아파트에 살고 있다. 공동주택엔 엘리베이터도 없고, 난방도 없다. 침실은 2개이다. 마이클과 레온은 함께 잔다. 가족은 가톨릭을 믿고 있다." 마이클의 형이 리더의 특징을 보였고, 마이클은 형의 파트너이자 동료로서 동등하다고 느끼기 위해 형에게 복종했을 가능성이 있다. 마이클은 복종함으로써 리더의 관심을 끌며 좋은 소리를 들을 것이다. 형은 마이클보다 두 살 위이고, 여동생은 마이클보다 여섯 살 어리다. 그렇다면 아마 형이 마이클의 패턴에 여동생보다 더 큰 영향을 미쳤을 것이다. 가정을 묘사한 대목은 그들이 매우 가난하다는 점을 보여주고 있다. 그렇다면 가족 상황도 나쁠 수 있다.

"마이클의 출생과 발달은 정상이었다. 한 살 때 걸었고 그 직후 말을 했다. 가족을 포함하여 누구하고나 다정하게 지내는 것 같다. 학교에서도 인기가 있고 다른 아이들과도 잘 어울린다." 마이클의 과거 역사는 이 아이의 심리에 관한 우리의 짐작을 확인해주고 있다. 마이클은 다정하고 순종적이며 따라서 어떠한 비행(非行)에서도 리더가 될 가능성은 없다.

"마이클은 좋아하지 않은 선생도 있었지만 현재의 선생은 좋아한다고 말한다." 분명히 마이클은 다정하게 다뤄지기를 원하고 있으며, 마이클의 품행은 조약을 지키는 것과 비슷하다. "나에게 착하게 대하라. 그러면 나도 당신에게 착하게 대할 것이다." 마이클이 범죄에 끌려들 수 있는 것은 그가 너무나 겸손하기 때문이다. 마이클이 선한 행위를 하도록 이끄는 것도 범죄로 끌어들이는 것만큼이나 쉬울 수 있다. 하지만 그것으로는 충분하지 않다. 마이클이 독립적이고 자신감 넘치는 존재가 되도록 가르쳐야 한다. 마이클에게 책임감을 안겨줘야 한다.

"마이클은 많은 시간을 거리에서 논다. 술래잡기도 하고, 공놀이도 하고, 주사위 던지기도 하며 대체로 다른 아이들의 호감을 사며 나이 많은 소년들에게 쉽게 복종한다."

우리의 짐작이 마이클의 역사에 의해 거듭 사실로 확인되고 있다. 마이클은 자신이 인정을 받을 수 있는 일이면 무엇이든 하려 들 것이다. "마이클은 영화관에 간혹 함께 가는 소녀가 있다고 말한다. 마이클은 이 소녀의 집을 가끔 방문한다. 마이클과 형은 번갈아가며 구두 닦는 일을 한다." "마이클과 형." 마이클은 리더와 함께 있어야 한다는 사실을 다시 확인시켜주는 대목이다. 소녀들과 데이트를 하는 것은 나이 많은 소년들의 행동을 모방하는 제스처이다.

"마이클의 어머니는 이렇게 말한다. '마이클은 착한 아이이다. 집에서는 언제나 행복한 아이이다. 가끔 여동생을 괴롭히기도 하지만 여동생과 함께 놀기를 좋아한다. 나는 아들이 볼디와 함께 다니는 것을 몰랐다. 볼디는 매우 나쁜 소년이다. 마이클은 볼디를 만나기 전까지는 문제를 한 번도 일으키지 않았다. 마이클이 학교에 나가지 않은 것은 딱 두 번밖에 없었다. 한번은 마이클이 코니 섬으로 갔을 때이고, 또 한 번은 병원에 입원하던 나를 도왔을 때이다. 나는 영어를 잘 하지 못한다. 마이클은 지금 나쁜 아이들과 어울리고 있다. 나는 이사를 갈 생각이다. 그러면 마이클이 착한 아이들과 어울릴 것이다.' 어머니는 자신이 오후 다섯 시에 일하러 가면 아버지가 마이클을 돌보며 아이가 돌아다니지 않게 한다고 말한다. 그녀는 마이클이 오후마다 사회복지관에 나가기를 원한다. 그러면 아이가 거리로 나가지 않을 테니까. 마이클은 종종 1~2달러를 벌어서

어머니에게 건넨다. 그러면 어머니는 아들에게 5센트나 10센트를
준다."

소년이 돈을 벌어 가족을 돕는 것은 좋지만, 이 경우엔 그것이 소년의
자기경멸을 심화시킬 수도 있다. 다른 이웃으로 이사를 갈 것을 고려하
는 어머니의 판단은 옳다. 마이클이 끊임없이 유혹을 당하고 있다면, 아
이를 부도덕한 상황에 계속 노출시키는 것보다 다른 곳으로 옮기는 것
이 더 바람직하다. 마이클은 아버지를 따를 수도 있다. 그러나 아버지가
언제나 집에 있을 수는 없는 노릇이기 때문에, 마이클은 나이 많은 소년
들의 영향 아래에서 지낸다. 유일하게 진정한 치료는 마이클을 독립적
인 존재로 성숙시키는 것이다.

"아버지는 '마이클은 나쁜 아이가 아니다. 마이클은 나의 주머니에
서 돈을 훔칠 수 있는 상황에서도 절대로 그런 짓을 하지 않는다.'라
고 말한다. 레온은 마이클에게 형다운 태도를 취한다. 레온은 마이
클을 위해서도 싸울 것이고 마이클과도 싸울 것이다. 레온은 동생을
지키려고 다른 소년을 두들겨 팬 무용담을 자랑스레 늘어놓으면서
자신이 마이클보다 훨씬 더 월등하다는 느낌을 받는다. 레온은 학교
에서 잘 지내고 성적도 우수하다. 레온은 훔치지도 않고 주사위 놀
이도 하지 않는다."

환자 기록부는 우리가 앞에서 한 추측을 사실로 증명하고 있다. 형은
타고난 열등감을 극복하기 위해 마이클과 싸워 이긴다. 반면에 마이클
은 자신의 형을 영웅으로 숭배한다.

"마이클은 말한다. '아버지와 어머니는 레온을 가장 좋아한다.' 레온도 이 같은 사실을 확인하면서 여동생도 자기를 가장 좋아한다고 덧붙인다. 마이클은 어머니와 여동생을 매우 좋아하며 가족의 비난에도 적개심을 표현하지 않는다."

마이클이 적개심을 좀처럼 표현하지 않는다는 사실은 마이클이 무엇인가 이익을 끌어내기 위해 종속적인 위치를 견뎌낸다는 것을 의미한다. 마이클의 심리 상태가 정말로 열등한지를 아는 것이 중요하며, 필요한 정보를 찾기 위해 우리는 학교의 생활기록부를 보아야 한다.

"마이클은 뉴욕의 공장 지대에서 태어났으며, 어머니와 아버지는 하루 종일 공장에서 일을 했다. 아이들은 아침 8시에 탁아소에 맡겨졌다가 오후 5시나 6시에 집으로 돌아왔다. 이런 생활이 3년 동안 계속되었다. 이어서 아이들은 가톨릭 학교에 보내졌다. 마이클이 여덟 살일 때, 가족은 미시간으로 옮겼으나 같은 해에 뉴욕으로 돌아왔다. 이 변화가 마이클에게 학교생활을 1년 놓치는 피해를 안겼다. 마이클은 여덟 살을 넘긴 나이에 1학년에 등록했다. 마이클은 지금 4학년에 재학 중이다. 그가 가장 잘하는 과목은 산수이고, 가장 뒤떨어지는 과목은 읽기와 쓰기이다." 어쩌면 마이클이 1년을 잃어버린 데 대해 수치심을 느꼈을 수 있다. 한 살 어린 아이들과 함께 공부하게 되었으니 말이다. 별명이 '왼손잡이'인 것으로 봐서, 마이클은 왼손잡이 아이일 수 있다.

"선생은 이렇게 말한다. '나도 마이클을 좋아하고, 아이들도 마이클을 좋아한다. 마이클은 아이들과 다투지 않는다. 지능지수는 70이다. 손을 쓰는 데 탁월하다. 정서 테스트를 보면 마이클은 강도질과 아동법원에 끌려가는 것에 대해 걱정하고 있다. 마이클은 거리의 나이 많은 소년들을 무서워하는 것 같다."

낮은 IQ 때문에 이 아이가 지적 장애를 갖고 있는 것이 아닌가 하고 의심할 것이다. 그러나 마이클의 삶의 패턴은 낙담과 두려움의 패턴이라는 점을 기억해야 한다. 나는 마이클을 보다 좋은 환경으로 옮기는 것을 적극 지지한다.

"지난여름에 마이클은 2개월 동안 캠프에 참여했다. 당시 기록을 보면 수영이 최고였고, 산수와 음악이 괜찮았다. 태도는 협조적이고 공동생활에 도움을 주었다. 캠프 지도원은 이렇게 평가했다. '마이클은 그 시즌에 최고로 멋진 소년 중 하나였다. 마이클의 미소는 내가 지금까지 본 것 중에서 가장 멋진 미소였다. 미소는 언제나 두드러져 보였다. 마이클은 전형적으로 태평한 유형이었다. 일상적인 일과 놀이는 언제나 즐거운 기분에서 행해졌다.'"

만약에 다른 누군가가 호의를 베풀며 마이클에게 자신을 망가뜨리라고 요구한다면, 소년은 아마 언제든 그렇게 할 준비가 되어 있을 것이다. 많은 문제 소년들에게 시달리는 캠프 지도원은 운동을 잘하고 언제나 명랑하게 행동하는 아이를 높이 평가하게 되어 있다. 마이클이 그처럼 끊임없이 미소를 짓는 것은 자신의 행동에 대한 책임을 모두 다른 사람에게 넘기고 있기 때문이다. 이 아이는 호의적인 환경에서는 절대로 문제가 되지 않을 것이다.

"1929년 3월 30일까지 몇 개월 동안, 마이클은 사소한 절도를 여러 차례 저질렀다. 이 절도는 점점 커져 지갑을 몇 개나 훔치는 상황으로까지 악화되었다. 여러 개의 지갑에 든 돈이 60달러에 달했다. 이 절도는 볼디가 리더이고 또 다른 소년이 기획자이고 마이클이 하수인인 갱단의 소행으로 밝혀졌다."

마이클은 이런 종류의 행동에서 선동자나 리더는 되지 못하는 것이 확실하다.

"마이클은 이렇게 고백한다. 마이클이 정문으로 들어가서 건물의 경비를 괴롭혀 자신을 쫓도록 했다. 경비는 마이클을 붙잡으면 목을 비틀어버리겠다고 협박했다. 마이클이 쫓기는 사이에, 다른 소년들이 건물 위층으로 올라가서 지갑과 시계를 훔치고 돈을 나눠 가졌다."

경비에게 쫓기는 것은 분명히 영웅적인 역할은 아니다.

"마이클은 브루클린에서 저지른 강도질에서 자신은 어떠한 것도 훔치지 않았다고 말했다. 마이클의 임무는 경찰이 오는지 망을 보는 것이었다. 경찰이 오는 것이 보이자, 마이클은 신호를 보냈고 다른 소년들은 달아났다. 덧붙이자면, 그들이 경찰에 붙잡혀 법정으로 끌려온 것으로 봐서 빨리 달리지 못한 것 같다."

여기서도 마이클은 다시 열등한 역할을 맡고 있다. "이 깡패들은 토요일이면 마이클의 집 앞에서 주사위 놀이를 한다. 마이클은 볼디를 무서워한다. '볼디는 싸울 때 사람을 깨문다.'" 이 예를 보면 마이클의 순종은 아마 두려움 때문일 것이다.

"마이클의 초기 기억을 보자. 마이클은 '리틀 폴스에 살 때, 우리는 수박을 훔치곤 했다.'고 기억한다." 마이클이 "나는 훔치곤 했다."라는 식으로 말하지 않는 것이 흥미롭다. 마이클은 절대로 혼자서는 그런 짓을 저지르지 않는다. 나는 마이클이 훔치는 것이 나쁜 짓이라는 사실을 이해하고 있는지조차 의문스럽다. 마이클은 깡패 정신에 다소 최면이 걸려 있다. 갱단과 함께 있으면, 마이클이 개인적 정체성과 책임감을 상실하기 때문이다.

> "마이클은 어렸을 때 마룻바닥에 난 쥐구멍으로 성냥을 집어넣곤
> 하던 일을 기억하고 있다. 그러다 언젠가 성냥이 침대 위로 떨어져
> 불이 붙은 적이 있다. 그때 그의 형이 계단을 달려 내려가 아버지를
> 깨웠다."

이 기억은 자신이 독립적으로 행동하려 할 때마다 실패와 재앙이 따르게 되어 있다는 마이클의 믿음을 보여주고 있다. 마이클은 또 자신을 도와줄 누군가가 항상 있다는 확신을 품고 있다. 마이클은 원래의 열등감을 극복하지 못한 아이이며, 자신의 책임으로 무엇인가를 하는 것을 대단히 두려워한다. 마이클의 삶은 형과 선생, 볼디, 그리고 갱단에게 철저히 지배당하고 있다.

"마이클은 아주 멋지고 넓직한 방들이 있는 어떤 궁전에, 어떤 성에 있는 꿈을 꾸었다." 이는 아마 보다 중요한 위치를 차지하고 싶은 마이클의 욕망을 보여주는 증거일 것이다.

> "마이클이 들려주는 또 다른 꿈 이야기이다. '어느 날 밤에 자고 있
> 는데, 어떤 남자가 집으로 쳐들어와서 어머니의 물건을 훔치고 형

을 쏘았다. 나는 말을 타고 그를 쫓아가 가슴에 총을 두 발 쏘아 말에서 떨어뜨렸다.' 마이클은 또 이런 꿈도 꾸었다. '어머니가 죽은 것을 보고 나는 울었다. 이어 나는 어머니를 죽인 사람을 잡아 죽였다. 죽이고 보니 갱단의 두목이었다."

이 꿈에서 마이클은 영웅의 역할을 하고 있다. 꿈은 또한 가족을 잃을지 모른다는 두려움을 보여주고 있다. 정서적으로 꿈은 이렇게 말하고 있다. "내가 아주 약하기 때문에, 엄마와 형이 있다는 게 얼마나 고마운 일인지 몰라." 마이클은 리더 없이 지내는 것보다 더 큰 불행을 상상하지 못한다.

"'커서 뭐가 되고 싶니?'라는 질문에, 마이클은 즉시 '경찰서장'이라고 대답했다."

마이클이 경찰서장이 되고 싶어 하는 이유는 그의 이상이 지휘관을, 말하자면 가장 강력한 사람을 상징하기 때문이다. 그것은 마이클 본인의 약함에 대한 보상이다. 선생이 마이클을 해석한 내용은 다음과 같다.

"마이클은 정말로 공평한 기회를 누리지 못하고 있다. 왜냐하면 어머니가 대부분의 시간을 밖에서 일을 해야 하기 때문이다. 형 레온은 학교와 집에서 마이클보다 훨씬 더 잘하고 있다. 여동생은 마이클이 여섯 살 때 그의 자리를 차지했으며, 지금 마이클은 여동생을 가장 사랑하는데도 정작 여동생은 레온을 더 좋아한다. 마이클의 학교 수업은 그가 낙담하게 한 또 다른 요소이다. 자신을 기꺼이 받아들였을 게 틀림없는 갱단에 가담할 기회가 주어지자, 마이클은 망설이지 않고 가입했다. 제안하고 싶은 치료법은 지난여름에 있었던 캠프로 마이클을 보내는 것이다. 캠프는 마이클이 2개월 동안 좋은 환경에서 살게 할 것이며 마이클이 잘하는 수영 같은 활동을 할 기회를 줄 것이다. 마이클과 레온의 캠프 관리자를 서로 다른 사람으로 하자고 제안했다. 그러면 마이클이 혼자서 힘과 용기를 키울 수 있을 것이기 때문이다. 가족에게는 마이클을 수치스런 존재가 아니라 소중한 자산으로 보도록 노력하라고 조언하고 있다."

출발의 한 방법으로는 좋다. 그러나 그건 어디까지나 출발일 뿐이다. 마이클은 자신이 언제나 열등한 역할에 만족하고 있는 이유를 이해해야 한다. 마이클이 자신도 리더가 될 능력을 충분히 갖추고 있다는 점을 믿도록 용기를 불어넣어줘야 한다. 마이클과 대화할 때에는 강도질에 대해서는 언급하지 않는 것이 바람직하다. 우리는 마이클이 스스로를 저평가하고 있다는 사실에 대해서만 걱정해야 한다. 마이클이 왼손잡이가 아닌지, 읽기와 쓰기에 특별한 훈련이 필요하지 않은지를 확실히 파악할 필요가 있다.

컨퍼런스

아버지가 강의실로 들어온다.

아들러 박사: 당신의 아들 마이클에 대해서 이야기를 나누고 싶군요. 마이클은 매우 유망한 소년이군요. 마이클의 중대한 실수는 남을 따르기를 지나칠 만큼 좋아한다는 점입니다. 마이클의 성격은 이 같은 잘못을 바탕으로 다듬어졌어요. 이 때문에 마이클은 용감할 수 없으

며 다른 사람이 자신의 행동에 대해 책임을 져주기를 바라고 있어요. 아들이 용감하지 못하고, 어둠을 두려워하고, 홀로 있는 것을 좋아하지 않는다는 사실을 눈치 채지 못했습니까?

아버지: 아뇨, 마이클이 혼자 있기를 좋아하지 않는다는 사실을 알고 있어요.

아들러 박사: 아들을 개선시키기 위해 아버지께서 할 일이 많아요. 아들을 처벌해서는 안 됩니다. 엄격히 말하면 아들은 아무 죄가 없어요. 아들이 용기를 갖게 하고, 형이나 갱단의 도움을 받지 않고도 홀로 모든 것을 성취할 수 있을 만큼 충분히 강하다는 확신을 품도록 만들어야 해요. 나는 마이클이 착한 소년이라고 믿어요. 마이클에게 어떤 부분에서 실수가 저질러지고 있는지를 알려주기만 하면 됩니다. 아들을 꾸짖거나 처벌하지 말고 더욱 강해지도록 용기를 북돋워주세요. 그러면 아들은 책임을 지는 존재로 성장할 거예요.

소년이 강의실로 들어온다.

아들러 박사: 아니, 정말 멋지고 강한 소년이구나! 작고 약할 것이라고 생각했는데, 전혀 그렇지 않구나. 그런데 네가 다른 소년들이 너보다 더 많이 알고 더 많이 이해한다고 믿는 이유가 뭐지? 또 다른 소년들이 시키는 일을 해야 한다고 믿는 이유가 뭐니? 다른 사람이 이 벽을 올라가라고 히면 너는 그렇게 할 거니?

마이클: 예.

아들러 박사: 너는 똑똑한 소년이라서 리더가 필요하지 않단다. 너는 독립적으로 행동하며 용기를 발휘하고, 스스로 리더가 될 만큼 컸어. 다른 사람이 너보다 일을 더 잘할 것이라는 생각을 버리도록 해. 넌

네가 항상 다른 소년들의 노예가 되어 그들의 지시를 따라야 한다고 생각하니? 다른 소년들이 지시하는 것을 하지 않을 수 있게 되려면 며칠이 필요할 것 같니? 4일이면 될까?

마이클: 아마….

아들러 박사: 8일이면 될까?

마이클: 예. 8일이면 충분해요.

마이클이 강의실을 나간다.

아들러 박사: 규칙 같은 것은 절대로 있을 수 없지만, 이 경우에 우리의 임무는 마이클의 패턴을 보다 용기 있는 패턴으로 바꿈으로써 삶의 유익한 면을 보도록 하는 것입니다. 마이클의 야망은 그가 성취하기엔 너무 벅찼어요. 그래서 마이클은 자신이 얻을 수 있는 것으로 그냥 만족하게 되었어요.

학생: 마이클이 항상 짓고 있는 미소는 다른 사람이 자신을 돌보도록 하려고 노력하고 있다는 점을 보여주는 신호입니까?

아들러 박사: 맞아요, 그럴 가능성이 아주 크지요.

학생: 어떻게 해야 마이클이 용기를 갖는 것이 중요하다는 사실을 느끼게 할 수 있죠?

아들러 박사: 용기는 알약처럼 주어질 수 있는 그런 것이 아니에요. 마이클에게 스스로를 낮게 평가하지 않으면 더 행복해질 것이라는 점을 보여줘야 해요. 또 마이클이 갱단의 명령에 저항하기만 하면 용기의 이점이 무엇인지를 확인하게 될 것이라는 점을 보여줘야 합니다. 나는 마이클에게 다른 사람에게 끌려 다니는 것이 잘못이라는 점을 보여주려고 노력했어요. 자존감을 높일 수만 있다면, 용기는 저절로

생겨날 거예요. 자신이 열등하다고 느끼는 한, 마이클은 책임을 받아들이지 않아요. 책임감을 갖는 훈련과 용기를 갖는 훈련은 사실상 똑같은 것이지요.

학생: 박사님께서는 다른 소년들에 비해 이 소년을 좀 엄하게 대하지 않았습니까?

아들러 박사: 만약에 그랬다면, 의도적으로 그런 것은 아니고 마이클과 가능한 한 지혜롭게 대화를 하려다 보니 그랬을 거예요. 아이와 대화하는 기술을 배워야 합니다. 다른 사람들뿐만 아니라 나도 실수를 저지를 가능성이 있지요. 두 사람이 어떤 아이를 놓고 똑같은 방식으로 접근하는 것은 불가능한 일이지요. 개인적으로 나는 다소 극적인 방식을 좋아합니다. 왜냐하면 그런 방식이 소년으로 하여금 자신도 대화의 중요한 행위자라는 생각을 갖게 하기 때문이지요. 나는 마이클에게 매우 다정하게 대하려고 노력했어요. 마이클이 나를 좋아하고, 나를 만나러 기꺼이 다시 오려 한다 해도 나는 놀라지 않을 겁니다. 아마 마이클의 선생이 진척 상황을 보고할 거예요.

패턴 # 8.

지나치게
유순한 아이

오늘은 나이가 8년 6개월인 사울을 살필 것이다. 이 소년의 문제는 학교에서 아이들과 잘 지내지 못한다는 점이다. 오랫동안 지속되고 있는 상황이다. 8년 6개월 된 아이가 학교에서 아이들과 잘 어울리지 못하는 경우라면, 언제나 두 가지 가능성을 고려해야 한다. 아이가 지적 장애를 겪고 있거나, 아니면 가정의 호의적인 조건에 지나치게 익숙한 나머지 학교 조건에 적응하지 못하고 있을 가능성이 있는 것이다.

"지난 2, 3주 동안에 약간의 향상이 있는 것 같다. 학교의 어떤 책임자가 개인 심리학 강의를 들으면서 아이의 문제에 대한 통찰을 더 많이 얻은 결과인 것 같다." 이 같은 정보를 바탕으로 한다면, 사울의 경우엔 두 번째에 해당할 가능성이 더 크다. 개인 심리학이 교육 현장에서 실질적인 보탬이 되고 있다니 매우 기쁘다.

"사울은 학교에서 자신의 위치에 상당히 무관심한 것 같고 공부를 어떻게 해야 할지 모르겠다고 말한다. 아이를 개인적으로 면담하면서 상당히 다그친 다음에야, 사울이 자신의 상황에 대해 어느 정도 알고 있다는 사실이 확인되었다. 이런 정보를 끌어내는 것이 힘든 이유는 사울이 자신의 기억을 떠올리려는 노력을 전혀 하지 않기 때문이다. 그래도 사울의 이해력의 범위가 어느 정도인지를 판단하기는 어렵다."

어떤 아이가 희망을 포기하고 발전이 불가능하다고 믿어버릴 경우에, 그런 태도는 기억력의 결여와 사실에 대한 무시로 가장 잘 나타난다.

"사울은 산수를 하지 않으려 한다. 그래도 산수 문제를 푸는 과정과 결합에 대해서 약간의 지식을 갖고 있다. 종이 위에 낙서를 하거나 백지 상태로 둔다. 행실이 아주 나쁘며 수업을 자주 방해한다. 아무런 이유도 없이 자리에서 벗어나 교실을 돌아다니고 아이들을 무시하며 공격한다. 또 큰 소리로 떠들고 이상한 걸음이나 농담으로 아이들을 웃기려 든다. 사울은 극적으로 표현하는 능력이 다소 있는 것 같다. 아마 사울의 행동이 적절한 때에 행해진다면 아이들을 크게 웃길 것이다. 그러나 학교에는 그런 행동이 들어설 자리가 없다. 사울은 오랫동안 고통을 당한 선생들 사이에 '구제 불능'으로 통한다. 이 표현은 사울과 학급의 관계를 매우 잘 말해주고 있다."

사울은 관심의 중심에 서기 위해 광대의 역할을 한다. 다른 유익한 방법으로 학급의 각광을 받을 수 없다고 믿고 있기 때문에, 사울은 자신이 동원할 수 있는 아무 수단이나 이용하고 있다.

"사울은 곧잘 운다." 이 정보는 사울이 응석받이로 자란 결과 스스로를 아주 소중한 존재라고 믿게 되었고, 따라서 자신이 고통을 당하면 다른 사람도 고통을 당해야 한다는 식으로 생각한다는 점을 암시하고 있다. "사울은 꾸짖음을 당하게 되면 마치 아기처럼 군다. 이런 행동이 남을 웃기려는 행동과 번갈아 나타난다."

응석받이로 버릇없이 큰 아이는 종종 아기의 역할을 한다. 그런 아이는 관심을 끌기 위해 두 가지 수단을 동원한다. 코미디언이 되든지 아니면 아기가 되는 것이다.

"사울은 나이가 많은 학생들과 말다툼을 하거나 몸으로 싸운다. 쉬는 시간이나 등하교 길에 언제나 말썽을 일으킨다." 이런 종류의 행동은 사울이 사회적으로 적응되지 않았음을 보여주고 있다.

"가끔 사울은 공상적인 이야기를 들려준다. 사울은 맨 아래 학급에서 한 단계 위로 올라갔다. 그가 향상을 이룬 결과일 수도 있지만, 그는 새로 만난 선생님에게 자기 아버지와 이전 선생님의 아버지가 친구라서 올라오게 되었다고 말했다."

사울이 그 선생이 사기를 쳤다고 비난하는 것은 자신은 협력할 뜻이 전혀 없다는 점을 암시한다. "어느 날 숙제를 하지 않은 데 대한 변명으로 사울은 선생에게 자신의 집이 불탔다고 말했다. (실은 그의 삼촌 집에 불이 났다.)"

사울은 곤란한 상황에서 벗어나기 위해 거짓말을 하기 시작한다.

"사울이 말할 당시에는 아무도 그것이 진짜 일어난 일을 바탕으로 꾸민 거짓말이라는 사실을 몰랐다. 사울은 자신이 진실을 말하고 있지 않다는 것을 알고 있었으며, 추궁을 당하면 그 점을 인정했다. 옛날의 문제도 이와 비슷했다. 사울은 공부가 강요되지 않는 유치

원에 다닐 때에는 아무런 문제를 일으키지 않았다. 그러나 여섯 살
에 초등학교에 들어가자마자, 문제가 나타나기 시작했으며 학년이
올라갈수록 더욱 심해졌다.”

이런 아이는 자신에게 요구되는 것이 적을수록 문제를 덜 일으킨다. 비
교적 쉬운 환경인 유치원에 다닐 때, 사울은 전혀 문제를 일으키지 않았
다. 그러나 보다 성숙한 임무가 요구되자마자, 소년은 항의를 시작했다.
사울은 독립적으로 공부하는 방법을 배우지 못했다. 지금까지 사울에 대
해 알게 된 정보를 다시 검토한다면, 그가 응석받이로 큰 아이라서 성장
에 점점 저항하게 되었다는 결론이 가능하다. 성장 문제에 가까이 다가설
수록, 사울의 항의도 더욱 거세졌다. 문제를 피하고 삶의 무익한 면으로
달아나기 위한 몸부림이었다.

그 전에는 아이의 삶은 꽤 조용하게 전개되었으며, 아이는 학교에 입
학하기 전에는 아무런 말썽을 일으키지 않았다. 환자에 관한 중요한 정
보가 전부 기록되어 있다면, 어머니가 아이를 응석받이로 키웠고 지금
도 그런 식으로 키우고 있다고 결론을 내릴 수 있다.

“부모는 둘 다 살아 있다. 아이는 8년 6개월인 사울 외에 다섯 살인
사라가 있다.”

여기서 다시 우리는 오빠와 여동생의 문제를 보고 있다. 두 아이 사이
에 상당한 경쟁이 있음에 틀림없다. 철저히 조사한다면, 사울이 서너 살
때 여동생과 경쟁을 벌이지 않을 수 없게 되면서 문제가 시작되었다는
사실이 확인될 것이다. 그때 아마 사울이 용기와 자신감을 잃고 행동을
통해 어머니의 관심을 끌려고 노력하기 시작했을 가능성이 크다. 또 사

울의 여동생이 강하고 건강한 아이여서 오빠의 영역을 침범했을 가능성
도 크다.

"부모의 관계는 아주 좋다. 어머니는 태도가 차분함에도 가족을 지
배하고 있고, 아버지는 이삿짐 트럭 회사에서 일하며 적은 임금을
받고 있다. 어머니는 알뜰하고 훌륭한 주부이다. 그녀는 빨래를 직
접 하면서도 이웃들에게는 자기도 세탁소에 맡긴다고 말한다. 빨래
를 세탁소로 보내는 이웃들에게 꿀리고 싶지 않아서다. 아버지는
매주 주급을 받아오며 아내가 가정을 꾸리는 솜씨와 아늑한 가정
을 자랑스러워한다.

이 같은 사실들은 어머니가 거만하고 야심적이라는 사실을, 그리고 남
편이 아내에게 의지하고 있다는 사실을 보여주고 있다.

"어머니는 옷차림이나 복종, 건강 습관 등의 면에서 두 아이를 잘
키우려고 노력하고 있다. 아이들이 어디서 누구와 노는지를 감독한
다. 훌륭한 아내이고 어머니이다. 아버지는 다소 충동적이고 아내
에 대한 믿음이 강하며 아이들에게 친절하게 대한다. 아내만큼 사
울을 잘 다루지 못한다. 이 때문에 어머니는 사울이 자기 아버지를
더 좋아한다고 생각한다. 사울은 가족의 일손을 돕고, 가사를 돕길
좋아하고, 어머니의 심부름도 잘 하며, 여동생과 함께 쓰는 방을 잘
정리한다."

사울은 여동생에게 전혀 저항을 보이지 않는다. 이는 여동생과 함께
생활하는 시간이 너무 많기 때문이다. 사울이 아버지와 더 많은 시간을

보냈다면, 아마 사울도 여동생에게 더욱 비판적인 모습을 보였을 것이다. "사울은 침대를 따로 쓴다. 어머니가 아플 때, 사울은 스스로 도움을 청하기 위해 약국으로 달려가서 어머니에게 큰 위안을 주었다."

이런 사실들은 사울이 자기 어머니에게 의존하고 있다는 점을 보여주는 증거들이다. 사울은 아마 어머니의 눈에 영웅으로 비치길 바라고 있을지도 모른다.

> "어머니가 처벌하면, 사울은 조금 울다가 이내 그친다. 사울은 적개심을 전혀 보이지 않는 가운데 '좋아. 엄마가 두목이니까. 엄마니까 괜찮아.'라고 말한다. 어머니는 사울을 과도하게 칭찬하지 않는다. 그러나 지난 2, 3주 사이에 사울은 학교에서 이룬 향상 때문에 칭찬의 소리를 들었다."

처벌을 대하는 소년의 태도는 허약한 존재가 곧잘 하는 체념을 잘 보여주고 있다. 그러나 나는 학교 생활이 개선되면 아이가 더 많은 용기를 얻게 될 것이라고 생각한다. "여동생은 매우 매력적이고, 가족 모두가 사랑함에도 응석받이로 크지 않고 있다. 사울은 그녀를 매우 좋아한다."

만약에 사울이 적에게 완전히 정복당했다고 느끼는 가운데 전투에서 승리할 희망을 잃고 정복자와 친구가 되기로 마음을 먹었다는 사실을 고려하지 않는다면, 이 같은 내용은 우리의 해석을 뒤엎는 것처럼 보인다. 권좌에서 쫓겨난 아이가 자신을 쫓아낸 아이에게 애정을 표현하는 것은 드문 일이 아니다. "사울은 집시들이 거리에서 동생을 납치해갈까봐 두려워하고 있다."

사울은 이런 태도를 보이면서 자신이 지배당하고 있다는 느낌을 지우고 있다.

"어머니는 사울에게 6센트를 준다. 그러면 사울은 우유를 사는 데 5센트를 쓰고 남는 1페니를 종종 여동생에게 준다. 어머니는 사울이 자기 남편처럼 관대하다고 말한다. 여동생은 그것을 당연한 것으로 여긴다. 거리의 소년들이 사울을 괴롭히려 들면, 여동생은 소년들에게 그러지 말라고 말한다. 사울은 거리에서 소년들로부터 괴롭힘을 많이 당한다."

사울은 보호자 역할을 맡고 있다. 이는 오빠가 여동생과 사이좋게 지내는 좋은 길이다. 왜냐하면 사울에게 성장했다는 느낌을 가질 기회를 주기 때문이다. 한편, 여동생도 또한 오빠를 보호하길 원한다.

"사울은 주로 자기와 친척관계인 소년들과 어울린다. 소년들은 사울을 뚱뚱하다는 이유로 '뚱땡이'라고 부르기도 하고 학교에서 힘들어 한다는 사실 때문에 '멍청이'라고도 부른다. 삼촌들이 사울을 바보라는 식으로 부르자, 어머니가 나서서 그렇게 부르지 말라고 부탁했다." 살이 찌는 주된 원인은 과식이다. 그러나 한편으로 보면 사울이 비만을 야기하는 선(腺) 질환에 걸렸을 수도 있다. 어머니가 삼촌들에게 사울이 수치심을 느끼게 하지 말라고 부탁한 것은 잘한 일이다.

"사울은 싸우고, 싸움에 지고 나서도 또 다시 싸운다."

절망적인 아이들이 두들겨 맞을 것이 뻔한 상황에서도 싸우는 예는 드물지 않다. "사울은 동물에게 지나치게 친절하며 꽃을 좋아한다."

이런 유형의 소년은 대체로 조용한 삶을 좋아한다. 사울도 집적거림을 당하거나 공격을 당하지 않는다면 아마 동물과 식물을 돌보는 일에 관심을 보일 것이다.

"사울은 영화를 자주 보는데, 영화의 장면이 사울의 생각을 많이 채우고 있다."

　여기서 영화에 대해 한 마디 해야겠다. 아이의 부적절한 발달에 대한 책임이 전적으로 영화에 있다고는 생각하지 않는다. 그러나 만약에 가정에서 실수가 저질러졌다면, 영화가 그 잘못을 강화할 위험은 분명히 있다. 아이가 잘못된 패턴을 뒷받침할 자료를 영화에서 얻을 수 있기 때문이다. 그러나 영화를 보지 않도록 금지시킴으로써 아이의 패턴을 바꿔놓을 것이라고 기대하는 것은 터무니없는 짓이다. 왜냐하면 아이는 어쨌든 스스로를 훈련시킬 다른 길을 찾아낼 것이기 때문이다.

　유럽에는 아이들이 볼 영화를 결정하는 검열제도가 있다. 그러나 이것으로 충분하지 않다. 왜냐하면 성인들, 그러니까 아이들의 부모들이 그릇된 패턴을 갖도록 스스로 훈련하는 것을 막지는 못하기 때문이다. 영화를 많이 보는 사람들은 교활함이나 사악함에 무디어진다. 대부분의 영화는 그 인기를 책략에 기대고 있는데, 재빨리 권력을 잡는 거야말로 어린이와 어른들이 배우기를 원하는 바로 그것이 아닌가. 많은 사람들은 교활함과 속임수가 이점을 안겨준다고 믿지만, 우리는 심리학적 관점에서 그런 의견에 동의하지 못한다. 심리학자들에겐 그런 방법을 사용한다는 것은 단지 그 사람이 용기가 부족하다는 사실을 보여주는 것으로 받아들여질 뿐이다. 보통 사람들도 이를 깨닫도록 교육시켜야 한다. 교활함과 속임수, 잔꾀는 겁쟁이의 도구로 인식되어야 한다. 그런 것들을 웃어넘기면서 간혹 그 효용성에 놀란다 할지라도, 깊은 양심에서는 그것들을 정상적인 목표를 추구할 힘을 신뢰하지 못하는 사람들이 사용하는 것으로 알고 있어야 한다.

"사울은 태어날 때 건강했으나 출산은 기구의 도움을 받아 이뤄졌다. 9개월 동안 모유를 먹은 뒤 우유로 바꿨다. 한 살 때 말을 했고, 15개월 때 걸었다. 8개월과 두 돌 사이에 경기를 네 차례 일으켰으나 이빨이 난 뒤로는 더 이상의 경기는 없었다."

이 아이는 부갑상선에 다소 문제가 있었음에 틀림없다. 경기는 이빨이 나는 것과 아무런 상관이 없다. "사울은 두 살 때 홍역을 앓고, 네 살에 수두를 앓았다. 지금은 잘 먹고 건강하며 욕심이 없다."

아이가 욕심이 있다면, 그것은 고집이 어느 정도 있음을 보여준다. 이 소년은 반항적이기보다는 다소 순종적인 성향을 갖고 있다.

"사울은 성격이 매우 깔끔하며 야뇨증은 전혀 없었다."

이 아이도 밤에 오줌을 싸고 음식 투정을 부릴 수 있었을 테지만, 어머니가 상당한 이해력을 바탕으로 아이를 잘 관리한 것이 분명하다. 소년의 어머니와 대화를 할 때, 우리는 그녀가 지적인 여자라는 인상을 받게 될 것이다.

"사울은 깔끔하게 보이기를 좋아하고 매일 등교할 때마다 깨끗한 셔츠를 요구한다. 자기 어머니가 씻겨주고 입혀주는 것을 좋아하지만, 잠을 잘 때에는 혼자서 잘 잤다. 아기일 때에는 잠을 빨리 자지 못해 자주 엄마가 요람을 흔들어줘야 했다. 그러나 지금은 잠을 잘 잔다."

사울은 자기 어머니를 모방하며 깔끔한 모습을 보이고 있다. 그렇게 하면 어머니의 주목을 받기 때문이다. 어머니가 아이의 잠버릇을 다루는 기술은 시간이 지나면서 향상된 것 같다. "사울은 작은 그림과 엽서를 수집한다." 달리 말하면, 아이는 물건을 수집함으로써 자신의 깎인 위신을 높여야 한다고 느끼고 있다.

만약에 소년의 상황이 향상되지 않는다면, 아이는 절도를 할 가능성이 있다. "사울은 안경이 필요하며 시력에 결점이 있는지 여부를 확인하기 위해 이번 주에 진단을 받을 예정이다."

사울이 안경을 끼도록 설득시키는 데 다소 어려움이 있을 수 있다.

"사울이 떠올리는 초기의 기억은 세 살 때 할머니 댁을 방문하여 밤에 오줌을 쌌다가 어머니로부터 벌을 받은 일이다. 어머니는 아이에게 오줌을 싸는 버릇이 있지는 않았다고 말한다." 이 경험은 아이가 자신의 중요성이 위협받고 있다고 느낀 최초의 사건 중 하나이다. 아이는 오줌을 쌈으로써 어머니의 주의를 끌려고 했으나 엉뚱하게 벌을 받는다는 사실을 깨닫게 된 것이다.

"또 다른 기억은 네 살 때의 일이다. 사울은 아버지와 함께 이삿짐 운반 트럭에 타고 있었다. 그러던 중에 아버지가 지켜보지 않을 때, 아이는 작은 물건 다수를 트럭에서 끄집어내는 일을 도왔으며 그 일로 대단한 만족을 느꼈다."

이것은 남을 도우려는 태도를 보여주고 있으며, 사울이 이 에피소드를 기억하고 있다는 사실은 아마도 아버지의 인정을 얻으려는 욕망을 품고 있다는 의미일 것이다.

"사울은 세 살 반일 때 여동생이 태어나던 때를 기억하고 있다. 그

때 어머니가 사탕을 주었던 것으로 기억하고 있다."

여동생의 출생은 진짜 문제를 제기했다. 나는 사탕이 사울이 여동생의 출현을 받아들이도록 했는지 궁금하다.

"아이는 여러 가지 꿈을 기억하고 있다. 첫 번째 꿈은 이렇다. '어떤 카우보이와 함께 말을 타고 있었다. 그런데 말이 갑자기 암염소로 바뀌었다. 나는 카우보이의 총을 갖고 있었는데, 한 발을 쐈더니 총알이 나갔다. 그러나 두 번째는 가짜 총이어서 격발이 되지 않았다.'"

이 꿈에서 속임수가 강조되고 있다. 말이 암염소로 돌변하고, 가짜 총은 격발되지 않는다. 소년은 자신을 변화시킬 계략을 찾고 있는 중이다.

"두 번째 꿈은 이렇다. '나는 말을 타고 있었는데, 내가 바로 루돌프 발렌티노(Rudolph Valentino: 이탈리아 배우로 1920년대 섹스 심벌로 통했다. 31세의 나이로 요절하자 여성 팬들 사이에 집단 히스테리가 일어나기도 했다/옮긴이)였다. 어떤 사람이 죽으면, 나는 그 사람에 대한 꿈을 꾼다.'"

아이가 영화 주인공을 따라 자신을 가꾸고 있는 것이 분명하다. "나는 윌리엄 하트(William Hart: 1910년대 말과 1920년대 초에 크게 활약한 미국 배우/옮긴이)에 대한 꿈을 꾸었다. 그가 나를 납치해서 달아나는 내용이었다."

영화의 위험성이 드러나고 있다. 납치는 그의 삶에서 아주 중요한 역할을 하고 있다. 사람이 죽는 꿈에 대해 말하자면, 만약에 어떤 사람이 죽은 다음에 그 사람에 대해 꿈을 꾼다면, 소년은 죽음을 피하고 싶어 한다. 그러나 소년이 어떤 사람이 죽기 전에 그 사람에 대해 꿈을 꾼다면, 그것은 예언자가 되려는 어떤 노력을 암시할 것이다. "사울의 꿈은 영화배우이다. 사울은 영화배우에 관심이 아주 깊으며, 그의 영웅은 톰 믹스 (Tom Mix: 1909년부터 1935년 사이에 서부 영화의 주인공을 자주 맡은 미국 배우/옮긴이)이다."

사울이 학교생활 내내 어떤 역할을 맡아 왔다는 사실에 비춰 보면, 이런 야망은 놀랄 것도 없다. 광대나 코미디언, 배우의 역할은 늘 속임수를 생각하게 만든다. 사울은 위험을 극복하길 원하고 막강해지길 원한다. 아마 영화배우가 되는 것이 그런 목적을 이루는 길이라고 믿고 있을 것이다.

"다음 대화는 사울의 공포를 보여준다. 사울: 루돌프 발렌티노가 무서워요. 잠을 자는데 나타나요. 면담자: 그가 죽은 걸 모르니? 사울: 알아요. 왜 죽었는지도 알아요. 그는 너무 멋졌어요. 모든 여자들이 그를 좋아했지요."

이 소년이 여덟 살 반 된 소년이라는 사실을 기억하라. 사랑과 여자에 대한 공포가 그렇게 일찍부터 아이의 패턴의 일부가 될 수 있다는 사실이 정말 놀랍지 않은가? 사울이 이런 태도를 갖게 된 이유는 어렵지 않게 이해된다. 사울은 매우 강한 어머니를 두고 있다. 이미 언급했듯이, 지배적인 어머니를 둔 소년들은 종종 여자들을 두려워한다. 훗날 여성에 대한 공포나 여성 배제가 고착될 때, 그들은 동성애자가 될 수 있다. 바로 여기서 그런 과정이 형성되고 있는 것이 목격되고 있다. 그런 일을 예방하기 위해, 우리는 어머니에게 아들을 지나치게 지배하려 들지 말라고 설득시켜야 한다. 다음과 같은 대화를 보자.

"사울: 어느 날 어떤 여자가 그의 음식에 독을 넣었어요. 그녀는 그가 죽을 때까지 매일 조금씩 독을 넣었어요. 아버지가 그 영화를 보여주었어요. 그의 아내가 잠에서 깨어났을 때, 그는 더 이상 보이지 않았어요. 질문자: 그의 아내가 그랬단 말이냐? 사울: 아뇨. 다른 여자가 그랬어요."

여기서 다시 영화를 통한 훈련의 영향이 확인되고 있다. "사울에 대한 선생의 의견은 이렇다. '약 3주 전에, 나는 교실에서 배우처럼 행동하려 하는 사울의 노력이 모든 측면에서 차단당해 낙담한 아이에 대한 설명과 일치한다고 판단했다. 그래서 나는 아이에게 실제 이상으로 칭찬을 많이 하고 용기를 많이 불어넣었다. 그러자 아이가 반응을 보이기 시작하고 있다. 눈에서 흐리멍덩한 빛이 사라졌고, 야망을 보이고 있는 것이다. 아이는 집으로 좋은 성적표를 받아 가고 있고 어머니에게 더 잘 할 것이라고 약속하고 있다. 아이가 갑자기 용기 있는 아이처럼 보인다. 왜냐하면 어두울 때 아이의 어머니가 뒤뜰로 옷핀을 떨어뜨렸는데, 아이가 무서워하지 않고 아래층으로 내려가서 그걸 찾아왔기 때문이다.'"

자기 어머니가 지켜보고 있을 때, 아이는 영웅이 되기를 원한다.

"아이가 싸움을 한다는 사실은 아이에게 용기가 있다는 점을 보여준다. 아이는 소심하지도 않고 소심한 척 꾸미지도 않는다. 아이의 주장은 배운 내용을 잘 모르겠다는 것이다. 아이의 눈에 약간의 문제가 있을 수 있다. 그러나 눈에 문제가 있다면 이번 주에 바로잡아질 것이다. 아이가 소년들이 부르는 별명에 반대하는 것도 별명에 대한 이해를 똑바로 하면 금방 누그러질 것이다. 소년들은 서로를 별명으로 부른다는 사실을 아이에게 말해주었다. 예를 들어 아이의 학급에 있는 한 흑인 소년도 자신의 별명을 그다지 싫어하지 않는다."

별명에 대해 말하자면, 소년이 다른 강점을 갖고 있다면 별명이 그를 별로 괴롭히지 않는다. 나는 선생님이 사울에게 영향을 미칠 수 있는 최선의 방법을 발견했다고 생각한다. 선생님은 틀림없이 성공할 것이다. 소년의 어머니가 아들에 대한 지배를 포기할 수 있다면, 그리고 아이가 자신에게도 발전의 기회가 있다는 사실을 확신하고 또 여동생이 자신을 능가할 수 있다는 두려움은 근거 없는 것이라는 점을 인정한다면, 선생의 성공은 더욱 확실해질 것이다. 소년은 소녀들이 소년들보다 더 빨리 성장한다는 것을 알아야 한다. 어머니에게는 아들을 보다 진지하게 받아들이라고 권해야 한다. 소년이 지나치게 복종하도록 만드는 것은 현명하지 못한 처사이다. 어머니가 자신의 계획까지 아이와 의논해야 한다. 어머니가 원한다는 이유로 아이에게 무엇이든 요구하는 일은 절대로 없어야 한다. 그녀는 아들이 자신과 신뢰 관계를 맺도록 해야 한다. 돌아가는 일에 대해 아들에게 세세하게 설명하고, 심지어 아들의 조언까지 물어야 한다. "네가 혼자서 몸을 씻고 옷을 입는 게 훨씬 더 낫지 않을까?" "너는 이것이 여동생에게 좋을 것이라고 생각하지 않니?"

어머니가 이 환자에 관한 보고서를 준비한 선생과 함께 들어와서 아들러 박사를 만난다.

아들러 박사: 당신은 여러 면으로 아들을 센스 있게 다루고 있어요. 당신 아들이 극복하기 힘든 위험을 피하도록 안내를 잘 했어요.

어머니: 아들을 착한 아이로 키우려고 나름대로 노력하고 있습니다.

아들러 박사: 아들은 착한 소년입니다만 학교에서 어려움을 겪고 있어요. 아마 아들이 겪는 문제의 원인은 아이가 3년 반 동안 외동으로 지낼 때의 삶이 지금보다 훨씬 더 수월했다는 사실에 있을 거예요. 아이는 무의식적으로 여동생이 자기와 경쟁을 지나치게 잘 하고 있다고 느끼고 있어요. 아이가 이런 문제에 대해 말한 적 있었어요?

어머니: 아뇨. 아이는 절대로 질투를 하지 않아요.

아들러 박사: 사울은 여동생의 보호자 역할을 자처하면서도 여동생이 자기보다 훨씬 더 빨리 성숙하고 있다고 두려워하고 있을 겁니다. 사울은 지나치게 지배당하지 않으면 훨씬 더 빨리 발달할 것입니다. 아들이 자신도 가족의 중요한 구성원이라고 믿도록 당신이 용기를 북돋워줘야 합니다. 아들에게 집과 별도로 자신만의 경험을 쌓을 기회를 많이 제공하고, 간혹 아들과 머리를 맞대고 상담을 하도록 하세요. 그러면 아들이 비판적인 기능을 키울 겁니다.

어머니: 알겠습니다.

아들러 박사: 아들에게 매우 고통스러운 또 다른 문제는 지나치게 뚱뚱하다는 점입니다. 아마 식단을 조절해야 할 것입니다. 아이가 특별히 단것을 좋아해요?

어머니: 아닙니다. 아이는 단것을 그다지 좋아하지 않아요. 아침에 학교에서 우유를 마시는데도, 점심때와 저녁에도 꼭 우유를 마셔요.

아들러 박사: 아들이 빵과 버터, 페이스트리를 지나치게 많이 먹습니까?

어머니는 소년이 단것을 지나치게 먹지 않는다는 점을 강조한다.

아들러 박사: 정말로 살이 쪘다면, 아이가 지나치게 많이 섭취하고 있다는 뜻이지요. 아이에게 먹을 걸 좀 적게 주는 것이 좋을 것 같아요. 선생님이 소년을 매우 잘 이해하고 있기 때문에 많은 도움을 줄 겁니다. 아들을 다루는 방법을 몰라 고민이 될 때 상담을 청하면 선생님이 기꺼이 들어줄 겁니다.

사울이 자신에 찬 모습으로 미소를 지으며 강의실로 들어온다. 그러다 학생들을 보고 약간 당황하는 기색을 보인다. 사울은 어린 소년들이 좋아하는 긴 재킷을 걸치고 있다. 이 차림 때문에 소년은 실제보다 나이가 더 많아 보인다.

아들러 박사: (소년과 악수를 나누면서) 얘야, 안녕? 여기 앉아서 나랑 이야기를 좀 나눌까? 너에게 들려줄 재미있는 것들이 있어.

사울: 좋아요.

아들러 박사: 몇 살이니?

사울: 곧 아홉 살 됩니다.

아들러 박사: 아, 그렇구나. 앞으로 너는 학교에서 큰 발전을 이룰 수 있을 것이라고 생각되는데. 너는 지금까지 자신이 훌륭한 학생이 될 수 없다고 생각했지?

사울: 그런 것 같아요.

아들러 박사: 하지만 나의 생각은 달라. 네가 정말로 훌륭한 학생이 될 수 있다는 것을 알고 있어. 곧 옛날의 문제들은 사라질 거야. 너는 주의를 더 집중하고 선생님의 말을 더 잘 이해하게 될 거야. 그러면 너는 학교에서 앞서 나가면서 사람들의 사랑을 받게 될 거야.

사울: (강한 인상을 받은 듯한 표정으로) 알겠습니다.

아들러 박사: 운동 좋아하니?

사울: 예, 좋아합니다.

아들러 박사: 여동생은 귀엽니?

사울은 동의한다는 뜻으로 고개를 끄덕인다.

아들러 박사: 일반적으로 어릴 때에는 소녀들이 소년들보다 훨씬 더 빨리 성장하는 거란다. 그렇다고 여동생이 너보다 더 똑똑하다고 믿어서는 안 돼. 너는 아마 여동생이 너보다 앞서 나가고 있다고 믿었을 거야. 그러나 곧 네가 여동생보다 앞서게 돼. 너는 언제나 오빠이고, 언제나 여동생을 보호해야 하는 거야.

사울: 알겠어요.

아들러 박사: 거리의 소년들이 너를 보고 "뚱땡이"라고 부른다고 걱정한다는 소리를 들었다. 나도 너 만한 나이일 때 "뚱땡이"라 불렸단다. 그러나 그 별명이 나를 괴롭히진 않았어. 왜냐하면 나는 학교에서 공부를 열심히 했고, 그런 별명을 부르는 소년들에게 좋은 성적을 얻고 있다고 말할 수 있었기 때문이지. 나중에 커서 뭘 하고 싶니?

사울: 배우가 될 거예요.

아들러 박사: 그렇다면 너는 읽고 쓰고 말하는 것을 열심히 배워야겠

구나. 영화배우도 말하는 방법을 잘 배워야 한단다. 네가 광대 역할을 해서 학급을 방해하는 것보다 열심히 공부하는 것이 훨씬 더 나을 것 같은데. 다른 사람들을 웃기는 일은 나중에 커서 영화배우가 될 때까지 미루는 것이 좋겠어. 지금 네가 할 일은 선생님에게 주의를 집중하고 친구들을 많이 사귀는 거야. 너의 어머니는 너에게 매우 엄하지?

사울: 예.

아들러 박사: 이제 어머니도 예전만큼 엄하지 않을 거야. 특히 네가 학교에서 좋은 평가를 받는다면, 어머니도 정말 많이 달라질 거야. 그게 좋지 않겠어?

사울: 좋아요.

아들러 박사: (소년이 떠나는 것을 지켜보면서) 넌 아주 멋진 소년이 될 거야.

사울: (문에서 뒤를 돌아보며 몇 차례 머리를 숙이며) 감사합니다.

이어 아들러와 대학생 사이에 토론이 이어진다.

학생: 소년의 초기 기억 중에 할머니 댁에서 밤에 오줌을 싸서 벌을 받은 기억이 있는데, 왜 소년의 어머니는 소년이 오줌을 싼 적이 없다고 말했을까요?

아들러 박사: 어머니는 그것이 특별한 경우였다고 설명했어요. 그녀는 야뇨증이 중단되었다고 믿었어요.

학생: 소년이 자신의 영웅으로 키가 크고 늘씬한 영화배우를 선택한 것은 무슨 의미입니까?

아들러 박사: 이 배우들에 대해 아는 바는 없지만 그들이 모두 키가 크

고 날씬하다는 소리를 들으니 흥미롭다는 생각이 드는군요. 여기서도 아이들이 자신의 목표를 얼마나 빨리 발견하는지를 확인할 수 있어요. 아이는 뚱뚱한 자신의 모습을 싫어하기 때문에 키가 크고 날씬해지기를 바라고 있어요. 약한 아이는 강해지기를 바라고, 또 가난한 집안의 아이는 부자가 되기를 원합니다. 또 어떤 아이가 병에 걸려 있다면, 그 아이는 의사가 되기를 원합니다. 그 아이의 생각에는 의사들이 언제나 건강해 보이기 때문이지요.

패턴 # 9.

신경증이 일어날
토대를 닦는 유형

오늘 소개할 학생 환자의 행동은 수수께끼처럼 다가올 것이다. 그래도 우리는 수수께끼를 풀기 위해 최대한 조치를 취해야 한다. 그것도 가능한 한 간단한 방법을 강구해야 한다.

"레이철은 열두 살 소녀이다. 이 소녀의 문제는 등교를 거부한다는 사실이다. 소녀는 학급에서 공부를 따라잡지 못하겠다는 이유로 학교에 가기를 거부하고 있다."

환자 보고서의 첫 부분은 열등 콤플렉스를 가진 아이를 꽤 정확히 묘사하고 있다. 그러나 열등 콤플렉스를 짐작하는 것만으로는 불충분하다. 열등 콤플렉스의 세부적인 사항을 두루 파악하고 아이가 그 부적절성을 보상하게 하는 방법을 개발해내야 한다. 만약에 레이철이 등교를 거부한다면, 틀림없이 그녀의 환경 안에 강제로 등교시키려고 시도하는 어른이 있을 것이다. 아이는 바로 이 어른에게 "아니요."라고 말하고 있다. "레이철은 언제나 문제아였다. 현재의 문제는 학급에서 보이고 있는 태도의 연장선 상에 있다."

"언제나"라는 표현은 사용하기 두려운 매우 강력한 단어이다. 레이철이 태어난 첫날부터 문제였다는 것은 믿기 어렵다. 소녀가 반항할 무슨 일이 일어났을 가능성이 크다. 아마 이 불행한 사건은 남동생 혹은 여동생의 출생이었을 것이다.

> "레이철은 2월에 초등학교에서 중학교로 진학했다. 그러던 어느 날 레이철은 수업시간에 울면서 공부가 너무 어려워서 따라잡지 못하겠다고 말했다. 담임선생님뿐만 아니라 다른 선생님들까지 나서서 그녀를 위해 수업을 쉽게 진행하려고 노력했지만, 레이철은 막무가내로 자신이 졸업한 초등학교로 돌아가겠다고 고집을 부렸다. 이는 허용될 수 없는 일이었다. 왜냐하면 그녀가 새로운 환경에서 새로운 문제를 해결할 능력을 충분히 지닌 것으로 여겨지기 때문이다."

우는 것은 불필요한 행동인 것 같다. 왜냐하면 그녀가 공부를 따라잡지 못한다면 그것만으로도 꽤 충분하기 때문이다. 그녀가 운 것은 수업을 방해하고 주의를 자신의 무능력으로 돌려놓기 위해서였을 가능성이 크다. 그녀의 반응은 꽤 독특하다. 그렇기 때문에 12세에 중학교에 입학할 정도로 지적인 소녀라면 자신의 그런 주장이 반대에 봉착할 것이라는 점을 알고 있다고 믿어도 좋을 것이다. 누군가가 소녀의 신뢰를 얻음으로써 그녀가 중학교에 그대로 남아 문제를 직시하도록 용기를 불어넣을 수 있을 것이다. 학교의 요구사항을 충족시키지 못할 것이라는 두려움이 그녀가 저항하는 진정한 이유인 것 같지는 않다. 그녀는 언제나 선한 학생이었고, 선생님들도 친절한 것 같다.

"이어 레이철은 만약에 중학교의 열등반에 편성될 수 있다면 학교
에 가겠다고 말했다."

"만약에"라는 단어가 들릴 때마다, 우리는 불가능한 일단의 조건을 예
상해야 한다. 레이철이 자신의 학급에서 빠져나오려 하고 또 자신의 전
체 환경을 걱정하는 진정한 이유는 새로운 상황을 맞닥뜨릴 용기가 부
족하기 때문이다. 그녀는 자신의 무능력을 자랑하고 있다. 그녀가 수업
을 따라잡지 못하겠다고 고집을 부릴수록, 선생님과 부모는 반대되는
주장을 더 강력히 펼 것이다. 이는 열등 콤플렉스를 우월 콤플렉스로 바
꿔놓는 한 방법이다.

"그녀는 초등학교 수준과 비슷한 반으로 옮겨졌다. 그러나 그녀는
약속을 지키지 않았다. 그녀의 어머니는 다시 초등학교를 찾아가서
딸을 초등학교로 옮길 수 있는지를 물었으나 전학을 거부당했다.

그러자 그녀의 아버지가 레이철을 때렸다. 그래도 그녀는 학교에 가기
를 거부했다. 마침내 교육위원회 출석국(Bureau of Attendance)에서 청
문회를 소집했다. 레이철은 병원의 아동 진료소로 보내졌다. 이 진료소
에서 레이철이 한동안 학교에 출석하지 않아도 좋다는 허락이 나왔다."
레이철의 문제의 범위가 점점 더 넓어지고 있다. 그러다 마침내 그녀
의 예가 신문에 실리게 된다고 해도 놀랄 일이 아닐 것이다. 아이는 이
진료소를 함정에 빠뜨릴 수 있을 것이다. 레이철에게 집에 머물도록 허
락하는 것으로는 충분하지 않다. 왜냐하면 그녀가 여전히 똑같은 삶의
패턴을 가진 똑같은 아이이기 때문이다.

"레이철이 환자 기록부를 작성하는 데 필요한 질문에 대답하기 위해 초등학교로 왔다. 그때 레이철은 친구로 보이는 한 소녀와 함께 왔다. 이 친구는 레이철이 학교에 출석하도록 설득하고 있었다. 그래서 레이철은 가을부터 학교에 다니기로 마음을 굳혔다.

레이철은 이 친구와 같은 학급에 다니는 것이 허용된다면 학교에 나가겠다고 말했지만, 이 요구는 거절당했다.

지금 레이철은 걱정이 많다. 그녀의 친구가 6월이면 학년이 올라갈 것이기 때문이다. 그러면 레이철이 친구와 같은 학급에 다니는 것은 영원히 불가능해질 것이다."

친구와 동행하려는 욕구와 학교에 나가는 것을 가을로 연기하는 것은 똑같이 열등감의 징후들이다. 지속적인 친교와 지지를 요구하는 신경증인 광장공포증을 일으키는 사람이 바로 이런 유형의 사람이다. 자신의 조건을 교묘하게 제시함으로써 이 아이는 자신의 목표를 지킴과 동시에 선생과 의사와 부모를 옴짝달싹 못하는 상황에 빠뜨렸다. 레이철이 정복자가 된 것이다.

"간혹 소심한 모습을 보이는 레이철은 등교를 거부하는 과정에 유순한 성향을 조금도 보이지 않았다. 그녀는 몇 가지 사건에서 매우 무례하고 불손한 태도를 보였다."

이 흥미로운 증거는 그녀가 지배하려는 유형에 속하며 다른 사람들과 싸우는 일도 마다하지 않는다는 나의 느낌을 뒷받침하고 있다. 그녀의 유일한 공포는 새로운 상황을 혼자서 직면하는 것이다.

"어린 소녀일 때, 레이철의 품행에는 나무랄 것이 하나도 없었다.
그러나 1년 반 전에 어떤 선생이 학교에서 그녀의 활동을 비판한
적이 있었다."

여러분도 잘 알다시피, 그녀가 언제나 문제아였다는 진술은 수정되어
야 한다. 분명히 말하지만, 레이철은 이상적이고 허구적인 어떤 우월 목
표를 추구하고 있다. 그녀는 신처럼 행동하길 원할 것이다. 이 역할에 충
실하기 위해 그녀는 결점이 없어야 하고 또 주변을 지배해야 한다. 그 역
할을 더 이상 할 수 없게 될 때, 그녀는 어떠한 역할도 거부한다.

"그즈음 그녀는 지금의 징후들을 처음으로 보였다. 그녀는 공부를
하지 못하겠다고 고백했으며, 공부가 두렵고 준비가 되어 있지 않
다는 이유로 가족의 항의에도 불구하고 가끔 학교에 나가지 않았
다. 그녀는 전반적인 건강을 이유로 집에 머무는 것이 허용되었다.
최근에 레이철은 선생에 대한 적개심을 겉으로 드러낼 때까지 6개
월 동안 혼자서 속으로 꾹꾹 눌렀다고 털어놓았다."

이 6개월이 대단히 중요하다. 왜냐하면 그녀의 신경증적인 행동이 준
비된 기간이기 때문이다. 신경증은 어느 날 불쑥 나타나지 않는다. 꽃이
피려면 생육의 시기가 필요한 법이다.

"중학교로 진학한 그해 2월에 레이철은 새 학급에서 반장이 되지
못했다. 그 전 학기에 반장을 했다는 이유에서였다. 이 학급의 담임
은 새로운 선생이었다. 그러나 당시에 레이철은 자신의 감정을 숨
겼다. 그래서 선생은 레이철이 적개심을 품고 있다는 의심을 전혀

하지 않았으며 그녀에게서 아무런 낌새도 채지 못했다. 문제는 6개월 뒤에 시작되었다. 이때부터 그녀는 가끔 학교에 나오지 않았다. 이듬해 2월에 그녀는 학교로 돌아가서 열등반에 배치되었다. 이 학급의 선생님은 그런 아이들을 접한 경험이 풍부하고 동정심이 많은 사람이었다. 레이철은 1년 동안 이 선생님과 함께했으며 공부에도 관심을 갖고 겉으로 보기에 소심함도 극복한 것 같았다. 그녀는 용기를 얻어 합창 연습에 참여했으며 거기서 독창을 할 정도로 열성을 보였다. 그녀도 독창을 즐기는 것처럼 보였다. 레이철은 학급에 익숙해진 다음에 간혹 그 전의 소심함과 정반대의 태도를 보였다. 언젠가 그녀의 선생님이 레이철의 바느질 작품을 찾지 못하게 되자, 그녀는 상당히 무례하게 굴었다."

여기서 이 소녀가 유리한 상황에 놓일 때에는 아주 쉽게 행동 패턴을 180도 바꿀 수 있다는 사실이 확인하고 있다.

"레이철의 부모는 모두 생존해 있다. 가족은 열아홉 살인 언니와 열일곱 살인 오빠, 열두 살인 레이철, 일곱 살인 여동생과 다섯 살인 남동생으로 구성되어 있다."

그렇다면 레이철은 오빠보다 다섯 살 어리다는 계산이 나온다. 상당한 나이 차이 때문에 레이철의 상황은 맏이의 상황과 비슷하다. 여동생은 다섯 살 아래이고 남동생은 일곱 살 아래이다. 레이철은 가족의 중심을 차지했던 아이가 겪는 전형적인 폐위를 여동생의 출생 때 겪었다.

"아버지가 가족을 지배하고 있다. 한때는 장남이 아버지의 총애를 받았다. 어머니는 총애하는 아이가 따로 없다. 그러나 아이들이 나이가 들면서, 어머니는 아이들 모두와 갈등을 빚었다."

  아마 어머니는 아이들이 어렸을 때에는 그들과 잘 지내면서 아이들에게 원하는 것을 줄 수 있었을 것이다. 그러나 아이들이 나이를 먹게 되고 그들의 요구를 들어주는 것이 더 이상 불가능하게 되자, 아이들은 골칫거리가 되었다. 아마 레이철도 아팠을 것이고, 그 같은 사실 때문에 어리광을 많이 부렸을 것이다.
  "아이들은 서로를 괴롭히지 않는다. 그러나 레이철은 미운 오리새끼 같다." "미운 오리새끼"는 아마 레이철이 화를 곧잘 내고 지배하려 든다는 의미일 것이다. 레이철이 다른 아이들 사이에 분란을 일으켰을 가능성이 크다.

  "오빠는 손톱을 물어뜯는 버릇이 있다. 오빠의 그런 모습을 볼 때면, 레이철은 화가 나서 비명을 지른다. 오빠는 레이철의 신경질을 알고도 손톱을 물어뜯는 행동을 멈추지 않는다. 이런 상황에 어머니는 속수무책이다. 언니는 레이철에게 매우 친절하게 대하며 엄마 같은 태도를 보인다. 언니는 레이철에게 옷도 만들어주고 영화관에도 데리고 간다. 레이철은 언니가 잘 대해주는 데 대해 고맙게 생각하는 것 같다. 레이철은 동생과 다정하게 지내며 함께 놀기도 한다. 다른 가족과 달리, 여동생만은 레이철에게 복종하기 때문이다."

  이는 레이철의 패턴에 대한 생각을 뒷받침하는 추가적인 증거들이다. 그녀는 가족 전체를 지배하고 있다. 그녀는 화가 나면 비명을 지른다.

"아버지와 언니는 일을 하고 있다. 집에는 방이 다섯 개다. 레이철
은 언니와 함께 잔다. 레이철은 정상적으로 출생했다. 3개월 동안
모유를 먹었으며, 젖을 뗄 때 위에 문제가 나타나기 시작했다. 레이
철은 구루병을 앓았을 수 있으며, 심장 문제로 몇 개월 동안 매주
포스트 그레듀에이트 하스피틀을 찾았다. 열 살 때, 심장 문제로 한
동안 침대에 누워 지내야 했다. 항상 위장 장애로 고통을 겪었지만
지금은 건강이 많이 나아졌다. 그녀는 전차를 탈 때를 제외하고는
구토를 하지 않는다."

병 때문에, 아마 레이철의 온갖 변덕이 다 받아들여졌을 것이다. 따라
서 레이철은 그 행복한 상태를 영속시키기 위해 자신의 나쁜 건강을 이
용하는 법을 배웠다. 이 같은 사실은 그녀가 전차 안에서 보이는 반응에
의해 확인되고 있다. 그녀는 전차를 자기 마음대로 할 수 없기 때문에 짜
증을 내고 그 화를 구토로 표현한다. 이것이 아마 광장공포증의 시작일
것이다.

"레이철은 집에서 먹으려 하지 않고 이웃집에서 먹는 것을 더 좋아
한다."

여기서도 레이철의 불완전한 위가 말을 하고 있다. 이번에는 그녀의
어머니를 향해 비난의 말을 하고 있다.

"레이철의 집에서 하는 음식이 맛이 없을 수도 있다. 조사관이 확인
한 바에 따르면 레이철의 점심은 연어 통조림이었는데, 예민한 아
이에게는 그다지 구미를 당기는 음식이 아니다. 여동생도 레이철을

따라 집에서 먹는 것을 싫어한다."

이 집에서 음식 섭취의 중요성이 과도하게 강조되고 있고, 따라서 아이들이 어머니에 대한 공격의 표적으로 바로 그 약점을 선택했을 가능성도 있다.

"레이철은 13개월 되었을 때 걷고 말을 했다. 한 살 반 되었을 때, 목에 종양이 생겨 편도선을 제거했다. 홍역을 아주 일찍이 앓았다. 어머니는 레이철이 아기일 때 사람들을 무서워했으며 비명을 질러 공포를 표현했다고 말한다. 학교에 올 때 레이철의 옷차림은 깔끔하다. 등교 시간도 잘 지켰고, 글쓰기에 매우 신중했다."

아기일 적에 공포를 하나의 무기로 휘둘렀던 레이철은 학교에서 자신에게 호의적인 상황을 계속 지켜나가기 위해 몸가짐을 단정하게 가꾸는 쪽으로 전략을 바꿨다.

"레이철은 가족의 소망에 무관심하다. 그녀가 학교에 가고 싶어 하지 않는다는 점에서 보면 그렇다. 레이철은 학교에서 아이들과 아주 잘 지냈다. 두 번째 학기 때에는 문제 아이들에게 동정심을 보이기도 했다."

이 같은 관심은 "나는 문제아가 아니다."라는 뜻이다. "레이철은 2학기 동안에 같은 반 학생인 몰리와 잘 놀았다. 몰리는 12세이지만 레이철만큼 똑똑하지 않고 조용한 소녀였으며 리더는 아니었다."
레이철은 학급의 친구들을 지배하는 데 성공하고 있음에 틀림없다. 그렇지 않다면 그 우정이 계속되지 않았을 것이다. "레이철은 놀이를 하지 않지만 영화는 본다. 그녀가 가장 좋아하는 책과 그녀가 들려줄 수 있는 이야기는 동화였다."

영화는 사회적 감정을 전혀 필요로 하지 않으며 아이가 여주인공과의 동일시를 통해서 자신이 중요한 존재라는 느낌을 쉽게 갖도록 해 준다. 놀이에서 벌어지는 경쟁은 자신감과 노력을 요구한다.

> "현재 레이철은 학교에 가지 않겠다고 고집을 부리고 있으며 음식을 먹거나 약을 복용하는 것을 거부하고 있다. 어머니가 레이철의 여동생에게 양말을 사준 적이 있다. 그때 레이철은 그 양말이 너무 신고 싶었던 나머지 아버지가 집을 나간 뒤에 자기 발에 맞지도 않은 양말을 억지로 신었다."

분명히 아버지가 가족 내에서 권력을 쥐고 있다. 그러나 그가 집을 나서기만 하면, 레이철이 지배자가 된다.

> "다른 아이들은 레이철의 상황을 알고 그녀에게 양보한다. 아이들은 사려 깊고 친절하다. 레이철은 초등학교의 마지막 학급에서 아이들과 완벽하게 잘 지냈다. 그러는 가운데 거기서 그녀는 어느 정도 버릇이 나빠졌다. 선생님은 레이철이 공부를 제대로 해내지 못할 때 공포를 보였다고 보고했다. 언젠가는 레이철이 공포를 느끼며 울면서 두 손으로 입을 가렸는데, 그때 두 손이 뻣뻣하게 뒤틀렸다. 그녀는 선생의 책상에 앉아 보호를 받았으며, 나머지 학생들에게는 그녀를 방해하지 말라는 경고가 내려졌다."

공포는 레이철의 가장 강력한 무기이다. 공포를 이용하여 레이철은 자신의 환경을 지배할 수 있다. "레이철은 첫 학기에 어려움을 많이 겪었지만 두 번째 학기에는 다른 아이들과 다르지 않았으며 스스로 적응을 아주 잘 하는 것 같았다."

레이철은 자신이 원하는 것을 얻을 때에는 아무런 문제를 야기하지 않는 것이 분명하다. "레이철이 떠올리는 초기의 기억은 그녀가 세 살일 때 언니 메리가 친구로부터 롤러스케이트를 받은 일이다. 레이철은 롤러스케이트를 타보고 싶었으나 그렇게 할 수 없었다." 양말이냐 롤러스케이트냐 하는 문제는 별로 중요하지 않다. 레이철은 자신이 갖지 못한 것을 다른 아이들이 소유하고 있다는 사실 자체에 적개심을 느낀다.

> "최근에 레이철은 집에 있다가 컴컴하고 무서워 보이는 지하 저장실의 문을 지나가야 하는 꿈을 꾸었다. 그녀는 그 문을 통과해야 집 밖을 나설 수 있었기 때문에 밖에 나가는 것 자체를 무서워했다. 어머니는 자고 있었고, 아이들에게 깨우지 말라는 경고가 내려져 있었다. 몇몇 친구들이 집에 있었고, 아이들은 조용히 놀지 못했다. 아이들이 어머니를 깨웠고, 침대를 빠져나온 어머니는 망치를 들고 그들 쪽으로 다가오고 있었다. 레이철은 자신이 보호하던 어린 아이 두 명을 붙잡고 밖으로 나가서 무서운 문 앞을 지나갔다. 그때 문에서 '돌아가거라. 너희 엄마가 너를 해치지 않을 거야.'라는 목소리가 들려왔다. 그녀는 안심했으며 바로 그때 잠에서 깨어났다."

이 꿈은 레이철이 집을 나서지 않으려는 태도를 정서적으로 어떤 식으로 준비하고 있는지를 멋지게 보여주고 있다. 이것은 광장공포증의 또 다른 징후이다. 꿈은 그녀가 엄청난 공포가 있는 경우에만 위험을 상징하는 그 문을 지나갈 것이라는 뜻이다. 그러나 문 쪽에서 어머니의 위협을 지나치게 진지하게 받아들이지 말라는 목소리가 들려온다. 이 꿈은 "집에 있는 것이 불쾌하더라도 집에 머물도록 하라. 집에 있으면 너에게 심각한 일은 절대로 일어나지 않을 거야."라는 뜻이다. "그녀의 꿈은 타이피스트가 되는 것이고, 그의 공포는 흑인에 대한 공포이다."

흑인에 대한 공포는 흑인이 매우 드문 오스트리아 빈이라면 별로 중요하지 않을 것이지만, 미국에서는 불안을 일으키는 중요한 한 방법이다. 그 공포는 거리에 나가지 않을 이유로 아주 훌륭하다.

> "학생과 토론한 내용은 이렇다. 레이철은 응석받이로 큰 아이이며, 자신의 뜻을 다른 사람에게 강요하기 위해 자신의 나쁜 건강을 이용했다. 그녀는 자신의 허약함을 드러내 보임으로써 권력을 얻기를 갈망한다. 그녀의 꿈은 자기 부모와 달리 자신을 방해하지 않는 아이들에 대해 보호의 감정을 느끼고 있다는 점을 보여준다. 그녀가 학교에서 겪는 문제는 대부분 산수와 관계있었다."

내가 아는 한, 이 보고서를 준비한 의사는 레이철의 상황을 아주 잘 소화했다. 나는 어머니와의 대화를 통해 다음과 같은 사실을 추가로 끌어낼 수 있었다. 레이철이 학교를 바꾼 첫날 선생님이 그녀를 칠판 앞으로 불러내어 어떤 문장을 적게 했는데, 그녀는 그 문장을 쓰지 못했다. 당황한 아이는 울기 시작했고, 이에 선생은 "바보 같으니, 자리로 가."라고 말했다. 그날 레이철은 집에 돌아와서 "엄마, 학교에 가지 않을래. 선생님이 나빠서 앞으로 학교에 안 갈 거야."라고 말했다. 이후로 그녀는 등교를 거부했다.

아이가 어머니와 함께 강의실로 들어온다.

아들러 박사: 이리 와서 앉으렴. 잘 지내니? 넌 이런 곳 좋아하니? 학교 같지?

레이철: 예. **아들러 박사:** 여기 있는 사람들 모두가 너를 좋아해. 모두가 지금 너를 바라보고 있어. 그런 사실이 즐겁지?

레이철: 예.

아들러 박사: 너는 어디를 가든 모든 것이 네가 원하는 대로 돌아가는 것을 좋아하는 것 같구나. 사람들의 주목을 끌 자신이 없는 곳이면, 너는 그곳에 가지 않을 구실을 찾으려 들더군.

예를 들면, 거리에 나가지 않기 위해서 흑인을 두려워한다는 핑계를 대고 있어. 언제나 세상의 주목을 받을 수 있는 사람은 아무도 없단다. 그러나 네가 친절하고 다른 사람에게 도움의 손길을 줄 수 있다면, 모든 사람이 너를 좋아할 거야. 그 선생님이 너에게 바보 같다는 말을 했다고 들었지만, 그 말은 사실이 아니야.

너는 매우 똑똑한 소녀라고 나는 굳게 믿고 있어. 나한테도 옛날에 많은 선생들이 바보 같다고 했거든. 그럴 때마다 나는 웃어넘겼어. 누구나 학교 공부를 잘 해낼 수 있어. 우리 모두는 너도 잘 해낼 수 있다는 사실을 알고 있어. 그러나 만약에 네가 흑인을 두려워하면서 집에서 지낸다면, 나는 네가 그다지 똑똑하지 않다고 생각할 거야.

내가 만약에 너라면, 나는 아버지와 친구가 되겠어. 너의 아버지가 너를 대단히 좋아한다고 나는 믿고 있어. 만약에 네가 엄마와 아빠에게 관심이 많다는 사실을 너의 부모가 안다면, 엄마와 아빠는 너를 지금보다 훨씬 더 많이 좋아할 거야. 네가 가족 중에서 가장 중요하다는 점을 보여주려고 온갖 계략을 다 꾸미고 있는 지금보다는 비교도 안 될 만큼 말이다. 너도 훌륭한 학생이 되고 싶지?

레이철: 예.

아들러 박사: 네가 노력만 하면 일주일 안에 훌륭한 학생이 될 수 있어. 일주일 후에 나에게 편지를 써서 네가 어떻게 지내는지 알려줄 수 있겠니?

레이철과 그녀의 어머니가 강의실을 나간다.

아들러 박사: 어머니와 아이가 나를 어느 정도 이해했는지 모르지만, 여러분은 내가 뭘 하려 했는지 잘 알 것이라고 믿어요. 레이철과 가까운 누군가가 그녀에게 그 계략들에 대해 쉽게 설명해주면서 그것들을 포기하도록 용기를 북돋워줄 수 있었으면 해요.

이 아이가 아버지나 선생님으로부터 받는 압박감이 클수록, 가족과 학교를 지배하려는 아이의 욕망도 또한 커지는 것이 분명합니다. 자신의 목표가 무익하다는 사실을 깨닫는 순간, 아이의 상태가 개선될 거예요. 선생님의 협력을 구한다면, 이 환자는 좋은 결과를 누리게 될 것이라고 나는 믿어요.

그리고 일주일 뒤에 아들러 박사는 다음과 같은 내용의 편지를 한 통 받았다.

존경하는 아들러 박사님께

이번 주는 완전히 다른 한 주였어요. 저는 늘 밖에서 지냈어요. 박사님을 방문한 것이 저

에게 큰 도움이 되었다고 생각하고 있습니다. 그날 이후로 저 자신을 깊이 들여다보면서

공부도 열심히 하고 매사에 충실하려고 노력하고 있습니다. 박사님을 만난 것은 정말로

큰 행운이었습니다. 이 편지는 제가 타자기로 쓴 첫 편지예요.

진심으로 감사를 드립니다.

1929년 5월 22일

레이철 올림

패턴 # 10.

선천성 지적 장애

오늘도 어려운 환자를 다룰 것이다. 실제로 지적 장애가 있는지 여부를 결정해야 하는 힘든 환자이다. 여러분은 앞에서 이와 다소 비슷한 예("엄마가 가족을 지배하는 환경")를 살폈다는 사실을 기억할 것이다. 그래서 나는 고려해야 할 징후들에 대해 상세하게 설명하는 과정을 생략할 생각이다. 이 소년은 학교에도 다니지 않고 집에서도 배우지 않은 것으로 알고 있다. 누나는 학교에 다니고 있다.

이 소년은 가족 중에서 이런 징후를 보이는 유일한 예이다. 여기서는 IQ테스트가 발달의 수준을 결정하는 데 다소 도움을 줄 것이다. 그렇다고 지능 테스트가 유일한 도구나 최선의 도구라는 뜻은 아니다. 그러나 아이가 지적 장애를 갖고 있는지 여부를 결정하는 데는 IQ 테스트로도 충분할 것이다. IQ 테스트를 한 다음에, 나는 개인 심리학의 방법을 이용하여 진단하면서 아이가 분명한 삶의 스타일을 갖고 있는지를 알아낼 것이다. 말하자면 아이의 동작이나 태도, 감정, 생각이 어떤 명확한 목표 쪽으로 맞춰지고 있는지를 파악할 것이라는 뜻이다. 이런 어려운 예를 통해서 많은 것을 배우게 될 것이다. 환자 기록부에는 이렇게 적혀 있다.

> "시드니는 열 살 소년으로 글을 읽지도 못하고 쓰지도 못하며 사람
> 들이 글을 읽어주면 짜증을 낸다. 기억력이 형편없다. 그래서 아이
> 가 지적 장애를 갖고 있는 것은 아닌지, 의문이 제기되고 있다."

단순히 글을 읽지 못하거나 쓰지 못하는 것은 지적 장애의 신호가 아니다. 아이가 학교 공부를 할 준비가 터무니없을 만큼 안 되어 있을 수도 있다. 지적 장애를 가진 아이들 대부분이 글을 읽지 못하거나 쓰지 못하는 것은 사실이다. 그러나 만약에 시드니가 읽기를 지나치게 힘든 과제로 여기며 피하고 있다면, 그는 지적인 아이로 여겨질 수 있을 것이다. 지적 장애가 있는 아이라면 학교에 다니면서 곤경에서 벗어나려는 노력을 전혀 하지 않을 가능성이 크기 때문이다.

> "아이는 근육도 제대로 발달되지 않았고, 신경과 근육의 협동 기능
> 도 형편없다. 도움을 받지 않고는 옷을 입고 벗는 것도 혼자서 하지
> 못한다."

여기서 다시 우리는 아이의 지능이 부적절한지 아니면 아이가 도움을 지속적으로 받기를 원하는지를 결정해야 한다. 만약에 아이가 응석받이로 버릇없이 컸다면, 이 결정 자체가 매우 힘든 일이 될 것이다.

> "소년은 구루병을 앓았으며 치아 발달 상태가 좋지 않았다. 의사가
> 몇 년 전에 이를 9개나 뽑으라고 조언했다. 아이는 세 살 반까지 걷
> 지 못했으며 다섯 살까지 말을 하지 못했다."

구루병은 뼈 질환이다. 대체로 신체상의 다른 장애를 수반하기 때문에 그 영향이 오래 지속되는 병이다. 이는 아마 위치가 나빠서 뽑았을 것이다. 다섯 살이 될 때까지 말을 못하는 아이가 지적 장애를 갖고 있는지 아니면 단지 지독하게 응석받이로 커서 그런지를 결정하는 것은 어려운 일이다.

"아이는 밤마다 오줌을 쌌으며 지금도 여전하다. 아이는 오줌을 지나
치게 자주 눈다. 긴장한 상태일 때 특히 더 심하다."

밤에 오줌을 싸는 것은 애지중지 자란 아이들 사이에 흔한 일이다. 특히 동생을 둔 아이들이 그런 버릇을 잘 보인다. 이 아이는 낮에 주의를 끌기 위해 오줌을 자주 눌 수 있다. 그건 이런 식으로 말하는 것이나 다름없다. "나는 아직 성장하지 않았어. 그러니 엄마가 나를 돌봐야 해."

"어머니와 아버지 사이에 피는 조금도 섞이지 않았다. 가정의 분위
기는 따뜻하고 조화롭다. 집에서는 다툼이나 잔소리가 전혀 없다.
소년은 아버지를 아주 좋아한다. 어머니는 사업을 했으며, 2년 전
까지 가정부가 아이들을 돌보았다. 집은 4개의 방으로 이뤄져 있
다. 아이들을 위한 작은 침대가 2개 있다. 종교는 유대교이다."

어머니가 사업가라서 시드니를 돌보지 못한다는 사실 때문에 시드니는 아마 아버지 쪽으로 기울게 되었을 것이다. 우리는 부모를 통해서 가정부가 소년의 신뢰를 얻을 수 있었는지 여부를 알아야 한다.

"아이가 떠올리는 초기 기억은 전혀 없다. 아이는 가끔 2년 전에 세

상을 떠난 할아버지에 대한 꿈을 꾼다. 할아버지가 어떤 모습으로
소년의 꿈에 나타나는지에 대해서는 알지 못한다."

　소년은 아마 여덟 살에 있었던 할아버지의 죽음에 큰 충격을 받았을
수 있다. 아이는 죽음을 두려워할 것이다. 이는 누군가가 언제든 소년을
보호할 수 있는 상태에 있어야 한다는 것을 의미한다. 여기서 우리는 이
아이의 역사에 나타나고 있는 삶의 패턴을 파악하기 시작한다.
　"아이는 또한 소년 친구들(그에게는 소녀 친구가 전혀 없다)과 싸우
는 꿈을 꾼다." 싸우는 꿈을 꾸는 사람들은 대체로 겁쟁이이다. 아이들
은 자신의 소심함에 화가 난다. 그래서 꿈과 공상 속에서 자신을 영웅으
로 만들고 자신이 정말로 중요한 존재라는 식으로 생각하며 만족을 얻
는다. 어떤 의미에서는 이것도 일종의 교육이지만 최선의 방식은 결코
아니다.

　　"아이의 야망은 군인이 되는 것이지만, 전쟁이 터질 경우에 죽을 수
　　도 있다는 두려움 때문에 아이는 경찰이 되기를 바라고 있다. 지금
　　은 여자들을 위해 일할 수 있다는 이유로 배관공이 되기를 원한다."

　여기서 죽음의 공포가 나타나고 있으며 삶의 패턴을 뒷받침할 증거가
여럿 보인다. 소심한 아이들이 호전적인 일을 추구하면서 자신을 어떤
식으로 훈련시키는지를 보는 것은 흥미로운 일이다. 그러나 시드니는
군인의 길이 지나치게 힘들지 않을까 하고 다소 두려워한다. 그래서 그
는 경찰이 되는 것으로 만족한다. 배관공이 되려는 욕망은 또 다시 용기
의 결여를 암시한다. 그는 군인에서 경찰로, 다시 배관공으로 야망을 좁
혀가면서 여자들을 위해 일하는 것이 더 쉽다고 생각한다. 그의 용기 결

여는 지속적으로 나타나고 있다. 이는 마음의 동요를 보여주는 예가 아니다. 겁쟁이가 될 것인가 군인이 될 것인가 하는 것은 논외의 문제이다. 소년은 언제나 겁쟁이일 뿐이기 때문이다.

"육군 군악대의 드럼 연주자가 되는 것도 소년의 꿈이다. 소년은 다양한 종류의 음악을 구분할 줄 알고 음악가와 작품을 연결시킬 줄도 안다. 소년에겐 소년 친구들만 있으며, 친구들은 대체로 자기보다 나이가 어리다."

10세 된 소년이 같은 소년 친구만을 갖기를 원할 때, 그것은 대체로 소년이 활동 무대를 가능한 한 좁히고 싶어 하기 때문이다. 소년의 관점에서 보면, 소년 친구들을 두는 것이 맞다. 그가 어머니보다 아버지 쪽으로 기울어 있기 때문에, 그가 여자들을 두려워하고 신뢰하지 않는다고 짐작할 수 있다. 아마 시드니가 여자들의 손에 고통을 당했을 수도 있다. 우리는 어머니가 아들을 대하는 태도를 조사해야 한다. 어머니가 아버지에 비해 아들을 더 엄하게 다룰 수도 있다.

"시드니는 아이들이 자신을 '멍청이'라고 부른다는 이유로 학교에 가는 것을 무서워한다."

아이들이 종종 놀랄 정도로 선한 판사가 되기 때문에, 이 대목은 매우 의문스럽다. 그런 한편으로, 아이들은 간혹 잔인하고 과장하는 경향을 보이기도 한다. "시드니는 모든 것에 질문을 많이 던진다. 오락을 위해 공놀이를 하고 구슬치기를 한다." 프로이트 학파와 달리, 나는 이런 많은 질문들이 성(性)과 관계있다는 주장을 당연한 것으로 받아들이지 않는다. 아이가 정보를 얻고 싶어 하는 마음이 간절한 것도 아닌 것 같다. 그가 누군가를 자신에게 신경을 쏟도록 만들기 위해 어리석은 질문을 던지고 있을 가능성이 훨씬 더 크다. "시드니는 필요한 물건이나 사탕 또는 아이스크림을 사기 위해 돈을 벌고 싶어 한다." 이는 훨씬 더 지적으로 들린다.

> "하루의 일상은 다음과 같다. 시드니는 아침을 먹은 다음에 근처의 정비소로 간다. 거기서 소년은 기술자들이 버스를 수리하고 운전하는 것을 지켜본다.
> 시드니는 기술자들과 자동차에 대한 이야기를 나눈다. 최근까지 시드니는 한 번에 4시간이나 6시간 이상을 자지 못했다. 지난 몇 개월 동안 척추 교정 치료를 받았으며, 지금은 깨지 않고 9시간씩 잠을 잔다."

만약에 이 관찰이 정확하고 아이가 잠자는 것을 좋아하지 않는다면, 그것은 그가 응석받이로 컸다는 사실을 뒷받침하는 추가 증거로 여겨질 수 있다. 어리광을 부리며 자란 아이는 성인의 환경과 단절되는 것을 바라지 않기 때문에 잠자는 것을 별로 좋아하지 않는다. "1년 전에 소년은 죽은 삼촌의 사진이 침대 위에 걸려 있는 꿈을 꾸었다. 그때 소년은 아침에 일어날 때마다 신경질을 내며 풀이 죽어 있었다. 삼촌이 자기를 죽일 것 같다는 생각이 들었기 때문이다."

여기서도 다시 죽음에 대한 생각과 죽음에 대한 공포가 보인다. 그렇다면 아이가 심하게 겁을 먹고 있다고 해도 무방할 것이다. 가정부는 간혹 아이에게 겁을 줘 말을 듣도록 한다. 이는 대단히 위험한 발상이다.

"시드니는 시계는 볼 줄 알지만 날짜는 구분하지 못한다. 재미있는 영화를 좋아한다. 어머니는 소년이 언젠가 문제를 극복할 것이기 때문에 치료가 전혀 필요하지 않다는 소리를 들었다."

이 환자 기록부는 다소 부적절하다. 우리는 기록을 완성하기 위해 더 많은 정보를 확보해야 한다. 먼저, 소년의 출생 후 1년에 대해 더 많이 알아야 하고, 소년이 그렇게 겁이 많게 된 이유를 알아야 한다. 또 소년이 할아버지의 죽음에 그처럼 강한 인상을 받은 이유도 알아야 하고, 그가 삼촌이 자기를 죽일 것이라고 겁을 먹게 된 이유도 알아야 한다. 어머니와 아이의 관계를 이해하는 것도 대단히 중요하다. 이 소년은 부모와의 상담이 반드시 필요한 환자이다.

컨퍼런스

시드니의 부모가 강의실로 들어온다.

아들러 박사: 두 분의 아들에 대해 조금 더 알고 싶군요. 특히 아이가 집에서 어떻게 행동하는지 궁금하군요.

아버지: 밖에서 노는 것을 아주 좋아합니다. 같은 나이의 소년 친구들과 온 곳을 돌아다녀요. 아이는 소년들을 좋아하면서도 왜 그 아이들이 자신을 괴롭히는지에 대해서는 이해하지 못해요.

아들러 박사: 아들은 다른 아이들과 차이가 많이 나는가요?

아버지: 예. 아이는 다른 아이들만큼 세상일을 이해하지 못합니다. 아이는 매우 친절하고, 매우 착하고, 매우 사랑스러워요. 집에서 하는 행동을 보면, 아이는 매우 선하고 음악을 특별히 좋아합니다. 리듬이

있는 것이면 무엇이든 잘 이해해요. 아내가 저보다 음악을 더 좋아합니다. 라디오를 제외하곤 집에 악기는 전혀 없어요.

아들러 박사: 아이가 다른 것에는 관심을 보이지 않습니까?

아버지: 오직 음악에만 관심이 있는 것 같아요. 아이의 야망은 매우 특이합니다. 열차 차장이 되고 싶다고 했다가 금방 경찰로 바뀝니다. 제복을 입는 것이면 무엇에든 끌리는 것 같아요.

아들러 박사: 아이가 일을 하기를 원하는 이유는 뭐죠?

아버지: 제복을 입기 위해서랍니다.

아들러 박사: 아들이 누나에게는 어떻게 행동합니까?

아버지: 둘은 서로 친합니다.

아들러 박사: 아들이 간혹 밤에 우는가요? 잠을 자다가 아들을 보살피기 위해 깨기도 합니까?

어머니: 화장실에 가고 싶어 할 때에만 울어요.

아들러 박사: 아침에는 어떻습니까?

어머니: 혼자서 일어나면 늘 노래를 불러요. 언제나 매우 행복한 아이에요. 라디오로 들은 노래면 무엇이든 다 불러요.

아들러 박사: 어렸을 때, 아들은 정상으로 보였습니까, 아니면 가끔 눈빛이 멍하다는 느낌이 들었습니까?

어머니: 세 살 반쯤 되었을 때 아이가 물건을 꽉 잡지 못하는 것 같았어요.

아들러 박사: 세 살이 되기 전에는 눈치를 채지 못했습니까?

어머니: 첫돌까지는 정상적인 아이처럼 행동했어요. 그 뒤 아이가 걷는 것을 배우지 않고 언제나 듣기만 한다는 사실을 알게 되었어요. 아이는 걷지 않으면서도 방 안에서 벌어지는 일에 관심이 많았어요.

아들러 박사: 아이는 낯선 사람에게는 어떻게 행동했습니까?

아버지: 낯선 사람에게도 매우 친절했습니다.

아들러 박사: 아이를 학교에 입학시키려 노력해 보았어요?

아버지: 지난해에야 생각하게 되었습니다. 그 전까진 아이에게 ABC를 가르칠 수 없었으니까요.

아들러 박사: 지진아를 위한 학교가 있다는 것을 몰랐어요? 특수 교육을 받아서 이런 아이들을 훈련시키는 방법을 잘 아는 선생들이 있는 학교인데.

아버지: 그런 학교를 찾으려고 노력했지만 결국 찾질 못했어요.

아들러 박사: 아이의 누나는 어때요?

아버지: 누나는 육체적으로 완벽하고 올해 고등학교를 졸업할 예정입니다.

아들러 박사: 아들은 소심한가요?

아버지: 아닙니다. 아이는 아무것도 두려워하지 않아요. 아들을 돌보는 소녀를 두고 있는데, 이 소녀가 아들보다 겁이 훨씬 더 많아요. 이 소녀는 언제나 다른 아이들이 저희 아들을 때릴까 걱정하고 있어요. 그러나 저희 아들은 어둠도 무서워하지 않고 개도 무서워하지 않아요.

아들러 박사: 아들의 몸을 보며 진단을 해봐야겠군요.

아버지: 한 가지 드릴 말씀이 있어요. 아이가 세 살 때 다른 아이와 놀다가 갈퀴에 머리를 맞은 적이 있습니다. 그때 어떤 손상이 있었는지 모르겠습니다.

아들러 박사: 그때 아이가 창백해지거나 의식을 잃거나 구토를 했습니까?

아버지: 아뇨.

아들러 박사: 아들에게 기형이 있어요?

아버지: 기형이라고는 할 수 없지만 아이가 매우 야위었고 두 귀가 돌

출해 있어요.

아들러 박사: 좋아요. 아들의 몸을 한번 검사해 보죠.

부모가 강의실을 떠난다.

아들러 박사: 부모들과 이야기를 더 나누는 것보다 아이를 직접 봄으로써 더 많은 것을 얻을 수 있을 것이란 생각이 드는군요.

소년이 강의실로 들어온다.

시드니: 안녕하세요, 박사님!

아들러 박사: 그래, 너도 잘 지내니? 너는 커서 뭐가 되고 싶은 거니?

시드니: 군인이 되고 싶어요.

아들러 박사: 왜? 사람들이 더 이상 전쟁을 원하지 않는데!

시드니: 무슨 말씀이세요?

아들러 박사: 사람들은 평화롭게 살 때 더 행복하잖아.

이런 식으로 대화가 진행되는 동안에 아들러 박사는 소년의 머리를 검사하고 있다.

아들러 박사: 친구들과 무슨 놀이를 하니?

시드니: 온갖 놀이를 다 해요.

아들러 박사: 오늘은 몇 월이니?

시드니: 토요일이에요.

아들러 박사: 무슨 달이냐고?

시드니: 8월요. (이 달은 5월이다.)

아들러 박사: (시드니에게 동전을 2개 보여주면서) 어느 동전이 사탕을 더 많이 살 수 있는 거냐? 이것 아니면 이것?

시드니는 25센트가 10센트보다 가치가 더 크다는 것을 알고 있다.

아들러 박사: 미국에서 가장 큰 도시는 어디야?

시드니: 미국이 가장 큰 도시이고, 영국이 그 다음이에요.

아들러 박사: 학교에 가서 읽고 쓰는 것을 배우고 싶니?

시드니: 예.

아들러 박사: 너의 아버지에게 너를 보낼 학교를 알려줘야겠구나. 네가 사는 곳은 어디니?

시드니: 미국 이스트 170번가에 살아요.

아들러 박사: 너의 집 번지는 몇 번이야?

시드니: 까먹었어요.

아들러 박사: 너 혼자서 집에 가는 길 찾을 수 있니?

시드니: 아뇨.

아들러 박사: 이 건물은 뭐지?

시드니: 여긴 대학교예요.

아들러 박사: 대학교에서는 뭘 하지?

시드니: 질문하고, 쓰고, 온갖 것을 다 해요.

소년이 강의실을 나간다.

아들러 박사: 여러 가지 질문들을 던지면서, 나는 이 아이의 신체를 검

사했는데 그 결과 퇴행의 흔적이 몇 가지 발견되었어요. 가장 중요한 것은 아이의 머리가 비정상적일 만큼 작다는 사실입니다. 또 두개골의 왼쪽이 비대칭인 것이 확인되었습니다. 아이의 지능에 결함이 있다는 데에 의문의 여지가 없어요. 이 소년이 진짜 삶의 스타일을 갖고 있었다면 이 자리를 두려워했을 테지만, 강의실로 들어오는 아이의 태도나 아이의 활동에 대한 아버지의 설명은 아이가 전혀 겁을 내지 않는다는 사실을 보여주고 있어요.

지적 장애가 있는 아이들은 종종 공포를 느끼지 않는다는 점에서 적응이 제대로 되지 않은 아이들과 구분되지요. 이 아이는 자신이 위험한 상황에 있다는 것을 알 수 있을 만큼 지적이지 않아요. 지금까지 살펴본 환자들 중에서 여기에 나오자마자 울면서 엄마를 찾았던, 겁이 많고 응석받이로 자란 아이 기억나지요? 그 아이는 나를 제대로 보지도 못했어요. 그러니 나와 말을 하는 것은 더더욱 힘들었겠지요. 이 아이의 행동은 매우 달랐어요. 겁을 전혀 느끼지 않는 상태에서 강의실로 들어왔고, 자신이 먼저 말을 걸었어요. 이 아이는 지적 장애를 갖고 있는 것이 거의 틀림없어요. 교육 위원회에서 발달 장애를 가진 아이들을 위한 학교를 열고 있는 것으로 알고 있어요. 이 아이를 이곳으로 데려온 선생이 아이의 아버지에게 아이를 그런 학교에 등록시키도록 조언해야겠어요.

패턴 # 11.

질병을 이용해
환경을 지배하려는 아이

오늘 검토할 아이는 다섯 살 반 된 소년이다. 환자 기록부에 따르면, 이 소년의 문제는 반항과 잔인성, 과잉 행동 외에 호흡 장애이다.

아이가 복종하지 않고 잔인하고 행동이 과잉할 때, 이 같은 성격적 특징은 누군가를 향한 것이 분명하다. 밀턴의 어머니는 아들에게 상당한 협력을 요구하는 여자이고 또한 세심하고 정돈을 잘 하는 사람이라고 보면 틀림없을 것이다.

한편 밀턴은 분명히 어머니에게 굴복할 뜻이 없다. 왜냐하면 어머니가 자신에게 부당하고 가혹하다고 믿고 있기 때문이다. 소년의 보복은 어머니를 매우 힘들게 만들 행동 유형을 선택하는 것이다. 집을 질서정연하게 지켜나가길 원하는 주부는 의자에서 식탁으로 뛰어다니고 커튼을 잡아당기고 접시를 깨뜨리는 아들의 과잉 행동을 당연히 싫어하게 되어 있다.

호흡 장애는 잔인성과 과잉 행동과 같은 종류의 항의이다. 과도하게 행동할 때, 이 소년은 자신의 근육으로 어머니에게 항의하고 있다. 또 호흡 장애를 일으킬 때, 이 소년은 자신의 폐로 항의를 표시하고 있다. 우리는 다양한 신체 기관이 하는 이런 말들을 이해하는 방법을 배워야 한다. 그러나 밀턴이 실제로 천식을 앓고 있을 가능성도 있다. 이것이 사실로 드러난다면, 나는 크게 놀랄 것이다. 왜냐하면 호흡기를 통한 항의가 이 아이의 패턴의 중요한 한 부분이기 때문이다. 환자 기록부는 이런 식으로 이어진다.

> "밀턴은 세 아이 중 막내이다. 두 누나는 각각 열두 살 반과 아홉 살 반이다. 두 누나는 적응을 꽤 잘한 것 같지만 막내는 골칫거리이다. 아버지는 한 주에 45달러를 벌고 있으며, 주택 임차료는 한 달에 25달러이다. 어머니는 일을 하지 않는다. 모두 4개인 방은 깨끗하게 정리되어 있고, 침대는 3개이다. 정통 유대인 가족이다."

아마 어머니는 정돈을 잘하는 두 딸을 칭찬했을 것이고, 밀턴은 누나들과 경쟁할 희망을 잃었을 것이다. 밀턴이 한때 응석받이로 컸을 가능성이 아주 크다. 만약에 병을 자주 앓았다면, 밀턴은 자신이 아픈 동안에 주변의 관심을 많이 끌었다는 사실을 깨닫고, 어머니의 관심을 확보하기 위해 꾀병을 선택했을 것이다.

"누나는 혼자서 자지만, 소년은 아버지나 어머니와 함께 잔다. 당연히 어머니와 함께 자는 날이 더 많다." 다섯 살 반인 소년은 혼자 자야 한다. 만약에 이 나이의 아이가 엄마와 함께 자는 쪽을 더 좋아한다면, 아이는 어머니에게 지나치게 달라붙어 지내고 있다. 아이는 밤에도 어머니와의 끈을 계속 이어가는 데 성공했다. 한편 낮 동안에는 소년은 과잉 행동으로 어머니의 주의를 붙들어 놓고 있다.

이 나이의 아이가 부모와 함께 잘 때, 아이가 가족 무대의 중심을 차지하기가 훨씬 더 쉬워진다. 짐작컨대, 밀턴의 삶의 목표는 어머니의 주목을 끌고 총애를 받는 것이다. 이 가족의 갈등은 어머니가 아들이 사회적으로 적응하고, 건강하고, 단정하기를 공개적으로 원하는 반면에 소년은 아기로 남으려고 애를 쓰고 있다는 사실에 있다.

"밀턴의 육체적 발달은 다음과 같다. 밀턴은 열 달을 꽉 채워 태어났다. 어머니는 출산에 전혀 어려움을 겪지 않았다. 출생 후 소년의 체중이 얼마였는지는 아무도 기억하지 못한다. 소년은 우유도 먹고 모유도 먹으며 자랐다. 생후 7개월 때 경기를 했다. 어린 시절 초반에 기관지염과 폐렴, 늑막염, 편도선염, 구루병을 앓았다." 이는 아이의 부갑상선이 제대로 발달하지 않았다는 점을, 그리고 전반적인 성격이 불안정한 성격이라는 점을 뒷받침하는 증거이다. 아이는 나이를 먹으면서 이런 장애로부터 회복되었을 것이다. 어릴 때의 경기가 매우 무서울 수 있기 때문에, 밀턴은 틀림없이 경기를 일으킨 뒤로 부모의 관찰 대상이 되었을 것이다. 아이에게 병의 위험을 알 수 있는 기회를 주는 것은 현명하지 못한 처사이다.

이 소년에 대한 분석을 시작하는 단계에서, 나는 밀턴의 호흡 장애는 호흡기의 언어로 하는 항의라는 이론을 제시했다. 아이가 다양한 호흡기 질환을 앓았다는 정보는 이 같은 이론을 뒷받침한다. 늑막염과 기관지염에 걸리면 호흡이 대단히 어려워지며, 아이가 이런 병으로 고통받는 모습은 부모에게 아주 무섭게 다가온다.

병을 앓는 동안에, 밀턴의 호흡은 관심과 걱정의 대상이었다. 자신이 적응이 잘 된 누나들과 경쟁을 하면서 불리한 상황에 처했다는 사실을 깨달은 지금, 소년은 말하자면 자신의 폐로 어머니를 협박하고 있다. 그는 호흡기의 언어로 "나를 보살펴. 그렇지 않으면 내가 병에 걸려 엄마를 걱정하게 만들 거야."라고 말하고 있다.

"아이는 선천적으로 혀가 짧았으며, 그래서 혀의 소대를 끊었다. 초
기에 경기를 일으키는 동안에, 어머니는 아이가 다운증후군을 갖고
있어서 사람 구실을 제대로 하지 못할 것이라는 소리를 들었다."

　나의 의견엔 혀의 소대를 짜른 것은 불필요한 일이었다. 가족은 아이
가 언어 장애를 갖고 있다고 판단했음에 틀림없다. 어머니는 아들이 다
운증후군 환자가 될 수도 있다는 생각에 충격을 받았을 것이다. 이 환자
의 역사 중 일부밖에 듣지 않았지만, 다운증후군은 아닌 것 같다. 다운
증후군 환자들은 언제나 선하고 순종적이다. 다운증후군 환자가 문제가
되는 경우는 극히 드물다. 왜냐하면 다운증후군 환자들은 매우 유순하
여 절대로 싸우는 법이 없기 때문이다.
　다운증후군 환자는 간혹 혈통이 매우 좋은 가족에서도 나오며, 다운증
후군을 말해주는 징후는 몇 가지가 있다. 이런 유형의 저능아는 대체로
머리가 작고, 코가 뭉툭하고, 혀가 넓적하고 길다. 혀가 아주 긴 경우에
는 턱까지 닿기도 한다. 피부가 건성이고, 이따금 손가락과 발가락에 물
갈퀴 같은 것이 있는 게 특징이다.

"밀턴은 어머니에게 지나치게 집착하고 있지만 누나들과의 사이에
상당한 갈등이 있다. 밀턴은 누나들과 다른 아이들에게 잔인하게
군다. 체계적인 오락은 전혀 없지만, 거리에서 놀기를 좋아한다."

　아마 밀턴은 아기일 때나 아플 때에 대단한 응석받이로 자랐다가 나
이가 들면서 엄마의 애정을 잃었을 것이다. 많은 어머니들은 아이가 태
어나고 첫 일이 년 동안에는 아이의 삶을 대신 살아주게 된다. 그러나 그
후에는 아이도 삶의 속성상 어느 정도 독립적으로 활동하지 않을 수 없

게 된다. 여섯 살 아이는 절대로 꼬마 아이처럼 어리광을 부릴 수 없다. 아이도 가족의 정서적 온도에서 그 차이를 분명히 느낄 수 있다. 이 차이에 대한 깨달음이 있자마자, 아이는 반항의 조짐을 보이게 될 것이다.

누나들은 아마 밀턴에 반대하고, 밀턴은 그에 대한 보복으로 누나들을 괴롭힐 것이다. 환자 기록부는 소년이 잔인하다는 이야기를 들려주고 있다. 심리학적 언어로 말하면, 아이가 낙담했다는 뜻이다. 비정상적일 만큼 잔인한 성향을 가진 아이들은 종종 나약하고 순진한 아이나 동물에게 자신의 힘을 폭발시킨다. 이는 자신의 중요성이 축소된 데 대해 스스로를 위로하기 위한 것이다.

"어머니는 아이의 천식 발작 때문에 걱정이 아주 크다. 밀턴은 천식 발작의 신체적 원인을 찾지 못한 소아과의사의 권유로 차일드 가이던스 클리닉을 찾게 되었다."

천식은 아이들에게 극히 드문 질병이다. 많은 경우를 보면, 밀턴처럼 늑막염이나 폐렴을 가진 아이들에게서 발생한다. 이런 아이들은 부모가 지켜보는 것 자체가 매우 힘든 천식을 모방함으로써 자기 부모를 지배하고 자신의 허약함에서 힘을 끌어낸다. 밀턴이 우월을 보여야 하는 상황에 몰릴 때마다, 혹은 어머니를 공격하여 어머니의 관심을 끌기를 원할 때마다, 아이는 이런 신체적 조건을 이용한다. 천식은 밀턴에게 비장의 무기인 셈이다.

"어머니는 밀턴이 언제나 이리저리 뛰어 다닌다고 불평한다. 그러면서 아이가 다치지 않을까 늘 걱정한다. 그녀는 아이의 안녕을 돌보는 일에 지나치게 신경을 많이 쓰고 있다. 아이는 오전 내내 자기 엄마와 함께 지낸다. 이 시간에 아이는 언제나 문제를 일으킨다."

이것은 소년의 행동이 어머니를 표적으로 삼고 있음을 보여주는 결정적인 증거이다. 소년은 어머니가 자신에 대해 지나치게 걱정한다는 것을 잘 알고 있으며, 따라서 거짓 흉내로 그녀의 가장 약한 곳을 건드리고 있다.

"오후는 유치원에서 보내는데, 거기선 밀턴이 상당히 잘 적응하는 것 같다. 소년은 함께 놀 친구가 없다고 불평한다. 아버지와 어머니는 아이가 말을 듣지 않으면 이따금 때리기도 한다. 아이는 '이것 하지 마라'거나 '저것 하지 마라'는 식의 금지의 장벽 안에 갇혀 있다. 그런 식으로 제지당한 후엔, 아이는 거의 어김없이 호흡 장애를 일으킨다. 어머니는 아이에게 자기가 몸이 아프니 제발 그런 발작을 일으키지 말아 달라고 호소하고 있다."

바로 여기에 전체 상황의 핵심이 숨어 있다. 부모, 특히 어머니가 아이의 안녕에 대해 걱정을 너무 심하게 하고 있다. 그래서 부모는 아이가 다른 소년들처럼 거리에서 뛰어놀도록 내버려두지 못한다. 밀턴은 사회적 접촉이 차단당하고 있다. 함께 놀 또래 소년들이 없으면, 밀턴은 그 불행을 이유로 어머니를 괴롭힌다. 어머니가 이런 식으로 아들을 실망시킬 때, 아들은 호흡 장애로 어머니를 공격한다. 이것이 의식적으로 일어나는 과정은 아닐지라도, 아이는 무의식적으로 자신이 이 발작으로 무엇을 얻을 수 있는지를 잘 알고 있다. 여기서 우리는 이 어머니가 훌륭한 심리학자라는 점을 인정해야 한다. 그녀가 아들의 호흡 장애가 신체적인 이유 때문이 아니란 것을 잘 알고 있다는 점에서 하는 말이다. 신체적인 원인에 따른 천식이라면 아이에게 멈추라고 해봐야 아무 소용이 없을 것이다.

다리가 성하지 못해 저는 사람에게 절뚝거리지 말라고 간청하지 않는다. 그러나 그녀는 나쁜 기술을 따르고 있다. 그녀가 아이의 손에 위험한 도구를 쥐어주고 있기 때문이다. 그녀는 자신의 병이나 건강이 아이의 변덕에 좌우되고 있다고 말하고 있다.

> "소년에겐 삼촌이 준 자전거가 있다. 소년은 이 자전거를 자주 타지 못한다. 어머니가 자전거를 4층에서 1층까지 내려줘야 하는데 몸이 너무 약해서 좀처럼 그렇게 하지 못하기 때문이다."

이 환자에 대한 분석을 시작하는 단계에서, 아이가 구루병을 앓았다는 것이 분명하게 확인되었다. 이는 아이의 과잉 행동에서 추론할 수 있는 조건이다. 그런 아이에게 당연히 자전거는 매우 중요한 물건이다. 그래서 아이는 자전거를 마음대로 타지 못한다는 사실에 적개심을 품었을 수 있다.

"밀턴은 담요로 눈까지 덮은 상태로 잠을 자며 또 혼자 자기를 거부한다." 이것은 겁쟁이 같은 태도를 보여주는 대표적인 표현이다. 눈을 가림으로써 아이는 적대적인 세상을 보지 않으며, 또 부모와 함께 잠으로써 낮 동안에 호흡 장애와 과잉 행동으로 유지했던 엄마와의 연결을 밤에도 그대로 유지한다.

> "밀턴이 떠올리는 어린 시절의 첫 기억은 '아주 어린 아기일 때 걸었다'는 것이다."

걷는 데 대한 관심은 구루병이 그의 삶에 미친 영향을 뒷받침하는 추가적인 증거이다. 이런 유형의 아이는 언제나 매우 활동적이며 따라서 움직일 기회를 적절히 누려야 한다.

"밀턴의 야망은 의사가 되는 것이다. 소년은 '검진을 하고 싶다.'고 말한다. 소년은 큰 학교에 다니길 원한다. 또한 글을 쓰는 것을 배우길 원한다. 아이는 그 의미를 모르면서도 이미 글을 베끼는 것을 배웠다."

밀턴처럼 아팠던 소년은 불가피하게 의사의 역할을 매우 중요하게 평가할 것이다. 아이가 병에 걸리면, 부모는 의사를 불러야 하고 또 신비스런 진찰이 끝나면 의사의 처방을 암묵적으로 따른다. 나는 여기서 나 자신의 역사도 여러 면에서 이 소년의 역사와 매우 비슷하다는 점을 밝혀야 한다. 나는 아주 어릴 때 폐렴에 걸린 다음에 의사가 되고 싶은 욕망이 처음 일어났다고 믿고 있다. 내 생각엔 의사들이 죽음을 정복하는 것처럼 보였는데, 나도 그들처럼 죽음을 정복하길 원했던 것이다.

"밀턴은 혼자 힘으로 몸을 씻거나 옷을 갈아입지 않는다. 그러나 거리에 나서면 자신이 가야 할 길을 잘 찾으며 심부름도 할 수 있다. 소년은 자기 집도 찾을 수 있다."

자기 집을 찾을 수 있다는 사실은 심리상태가 정상임을 말해주는 탁월한 테스트이다. 소년은 스스로 몸을 씻거나 옷을 갈아입지 않는다. 이유는 엄마가 대신해 주기 때문이다.

이 환자는 유익한 가르침을 많이 내놓는 예이다. 그 과정은 개인 심리학의 이론을 이해하는 사람들 모두에게 분명하게 보였을 것이다. 우리는 어머니에게 밀턴을 독립적인 아이로 키우도록 설득시켜야 한다. 어머니는 아이를 너무 심하게 비판해서는 안 된다. 또 아이의 미래에 대한 걱정을 숨겨야 한다. 우리는 소년의 행동이 집에서 벗어나 있으면 상당히 괜찮아진다는 것을 알았다. 어머니에게 소년이 보다 사회적인 환경에서 생활하게 되면 개선을 이룰 것이라는 점을 설명해줘야 한다. 그녀를 비난해서는 안 된다. 단지 그녀가 새로운 관점을 가질 수 있도록 격려해야 한다.

컨퍼런스

어머니가 들어온다.

아들러 박사: 안녕하세요? 부인. 지금까지 당신의 아들 밀턴에 대해 연구했어요. 그 결과 많은 점에서 당신이 매우 조심스럽고 성실한 어머니라는 사실을 알았어요. 아마 당신의 문제는 당신이 지나치게 조심스럽다는 사실에 있을 것입니다. 밀턴만큼 똑똑한 소년은 지금쯤 스스로 씻고 입어야 한다고 생각하지 않습니까?

어머니: 나도 아이가 혼자서 씻고 입을 수 있다고 생각합니다만 시간이 너무 오래 걸려서 등교를 제시간에 못할 정도랍니다. 나를 매우 초조하게 만들지요.

아들러 박사: 아이가 학교에 몇 번 지각해 보면 저절로 나아질 겁니다. 아이가 자신이 느려서 생긴 결과로 인해 고통을 당하도록 내버려둬야 합니다. 아이가 밖에 나가면 집에 있을 때보다 행동을 훨씬 더 잘한다는 사실을 아시죠?

어머니: 아이는 집에 있으면 버릇이 더 나빠요. 커튼을 찢고, 테이블에서 의자로 건너뛰고, 어떤 때는 탁자를 엎어놓기도 해요.

아들러 박사: 이유를 설명하기는 어렵지 않아요. 당신의 아들은 어릴 때 구루병을 앓았어요. 어린 시절에 앓은 구루병의 결과 하나가 바로 엄청난 근육 활동입니다. 당신의 아들은 행복하기 위해서 끊임없이 무엇인가를 해야 하는 유형에 속해요. 아마 당신은 집 밖에서 아이에게 조금 더 많은 자유를 허용할 수 있을 것입니다. 집에 자전거나 스케이트 있어요?

어머니: 자전거가 있지만 아이가 원할 때마다 아래층으로 내려다주지 못하고 있어요. 또 자전거를 타다가 교통사고라도 당할까 걱정이 되기도 하고요.

아들러 박사: 아마 당신이 너무 조심스러워서 그럴 거예요. 당신의 아들은 똑똑해요. 당신이 위험에 대해 설명하면, 아이가 자존심에 상처를 받을 것 같은데요. 이건 당신이 아들의 능력을 확신하고 있다는 사실을 보여줄 좋은 기회입니다. 큰맘 먹고 한번 시도해보세요. 그러면 아이는 보다 책임감 있는 존재로 변하는 것으로써 당신에게 보답을 할 거예요.

어머니: 아이가 집안을 돌아다니며 뛰는 것은 어떻게 해야 하죠?

아들러 박사: 내가 볼 때에는 아이가 오전 동안에 놀이 집단에 참가하도록 조치하는 것이 현명할 것 같은데요. 아이는 그런 유형의 활동을 필요로 하고 있어요. 당신이 아이를 집에 두는 시간이 적을수록, 아이의 발달에는 그만큼 더 좋을 것입니다. 이웃 소년에게 아이를 위해 자전거를 좀 내려달라고 부탁할 수도 있겠지요. 밀턴이 진짜 천식을 앓는 것이 아니라는 점을 이해하시길 바랍니다. 밀턴은 당신의 관심을 붙들어놓기 위해, 그리고 당신을 협박하기 위해 호흡 장애의 징

후들을 꾸며 보이는 것이지요. 아이가 아플 때 당신이 아이의 응석을 지나치게 많이 받아주며 버릇없이 키웠지요?

어머니: 맞아요. 아이가 아주 심하게 아팠기 때문에 아이를 매우 조심스럽게 보살펴야 했어요.

아들러 박사: 지금 아이는 그때 당신이 베풀었던 보살핌을 다시 끌어내려고 노력하고 있어요. 당신에게 그때 자신이 대단히 많이 아팠다는 사실을 상기시키는 거죠. 당신이 아이의 호흡 장애를 무시한다면, 아이는 그런 장애를 더 이상 보이지 않을 것입니다. 덧붙여 말하자면, 밀턴이 혼자 자도록 하는 것도 권할 만합니다. 아이는 지금 엄마와 함께 자기에 나이가 너무 많아요. 당신이 지금 아이에게 독립적인 존재가 되도록 가르친다면, 아이는 완벽하게 정상적인 소년으로 성장할 수 있어요. 아이가 어머니를 보면서 어머니가 두 누나를 더 사랑하지 않는다는 사실을 확인할 수 있어야 합니다. 또 부모가 아들이 성장하여 훌륭한 시민이 될 것이라는 기대를 품고 있다는 사실도 아들에게 보여줘야 합니다.

어머니: 박사님, 아이의 정신에 잘못된 것은 없습니까?

아들러 박사: 당신의 의사가 준비한 기록을 근거로 판단한다면, 소년에겐 다운증후군의 징후는 전혀 없습니다. 아이는 매우 똑똑하고 지적이지만, 아이의 문제는 아기로 남기를 원한다는 사실에 있어요. 당신이 아이에게 아기로 남는 것보다 어른이 되는 것이 바람직하다는 사실을 보여줘야 합니다. 그렇게 노력하다가 어려움에 봉착하면, 의사에게 도움을 청하세요. 아이의 조건을 향상시키려고 노력하는 것이 대단히 중요합니다. 당신이 우리와 협력한다면, 아이가 빨리 향상될 것이라고 나는 확신합니다. 이제 소년을 보도록 하죠.

소년이 방으로 들어오다가 학생들을 보고 약간 놀란다. 그러다 자기 엄마를 보고는 엄마 옆으로 달려간다. 아이는 엄마에게서 떨어지려 하지 않았고, 아들러 박사가 신체를 검사하는 것도 허용하지 않았다. 아들러 박사가 질문을 던지자, 밀턴은 자기 어머니를 올려다보며 "엄마가 말해."라고 말한다. 아이는 의사를 보려 하지도 않고 엄마의 치맛자락에 얼굴을 파묻고 있다. 아무리 달래도 이 아이가 아들러 박사와 대화하도록 만들지 못할 것이다. 어머니와 아이를 내보낸다.

아들러 박사: 나는 학생들에게 언제나 환자들이 하는 말을 듣지 말고 행동을 관찰하라고 가르칩니다. 마치 팬터마임을 감상하듯이 말입니다. 여러분도 보시다시피, 이 소년은 "안녕하세요"라거나 "안녕히 계세요"라는 인사를 하지 않을 거예요. 내가 아주 다정한 말투로 말을 걸었는데도, 아이는 나와 어떠한 접촉도 거부했어요. 꼭 낙담할 일만은 아닙니다. 두 번째 만나는 날에는 일이 조금 더 쉽게 풀릴 테니까요. 아이의 의사는 아이의 마음을 얻는 법을 이해했을 겁니다. 만약에 여러분 중에서 이 아이가 어머니에게 강하게 매달리고 있다는 사실에 대해 의문을 품은 사람이 있다면, 그 의문은 아이의 행동에 의해 말끔히 걷혔을 것입니다. 어머니를 샹들리에에 매달아 놓더라도, 소년은 어머니 곁에 갈 길을 발견하고 말 거예요. 어머니는 소년의 유일한 버팀목이지요. 소년은 혼자서 씻지도 못하고 옷도 입지 못할 뿐만 아니라 질문에 대답조차 하지 못해요.

소위 소년의 천식에 대해 말하자면, 그것은 어머니에 대한 집착을 호흡기의 언어로 말한 것에 지나지 않아요. 나는 이 같은 현상을 '신체기관 방언'(organ dialect)이라고 불러요. 개인이 자신의 행동을 언어로 표현하지 않고 일부 신체기관의 비정상적인 기능을 통해 표현하는 것을 뜻합니다. 천식의 징후를 고치는 치료법은 많아요. 그러나 그 치료법은 환자까지 치유하지는 못해요. 만약에 이 소년이 치유되기를 원한다면, 아이의 자존심이 더욱 강해져야 합니다.

나의 학생들은 개인의 삶의 패턴은 다섯 살 때에 고착된다는 나의 주장에 대해 종종 의문을 제기하지요.

이 환자는 그런 패턴이 다섯 살에도 얼마나 완벽하게 형성될 수 있는지를 잘 보여주고 있어요. 밀턴은 자신이 지배하지 못할 사람은 예외 없이 자신의 집단에서 배제시키고 있어요. 아이는 학교에서 귀여움을 받기 때문에 첫 몇 해 동안에는 아무런 문제 행동을 보이지 않을 가능성이 있어요. 그러나 사회적 접촉과 성적 접촉에서 훗날 문제를 일으킬 확률은 아주 높아요.

학생: 박사님께서 아이를 어머니로부터 떼어놓으려 할 때 아이가 운이유는 무엇입니까?

아들러 박사: 담장에 아주 오랫동안 달라붙어 있던 담쟁이덩굴이 담장으로부터 떨어지는 것을 두려워하는 것이나 똑같다고 생각하면 되겠지요. 밀턴이 운 것은 권력을 행사하려는 그의 의지를 표현한 것에 지나지 않습니다. 밀턴이 진정으로 자기 어머니를 사랑한다고 믿어서는 곤란해요. 기생충이 자신의 숙주에 매달리는 것과 다르지 않아요. 이런 차이밖에 없어요. 인간의 경우에는 자신이 기생하는 숙주가 마음에 들지 않을 경우에는 그 숙주를 처벌하지요. 많은 사람들은 눈물을 약함의 신호로 여기지만, 이 경우에는 권력의 신호입니다. 밀턴은 자기 어머니 외에는 누구에게도 눈길을 주지 않고, 귀도 기울이지 않고, 말도 하지 않아요. 아이가 어머니에게 철저히 집착하고 있는 거기에 아이의 신경증의 씨앗이 있어요. 아이의 전반적인 태도는 이렇게 말하는 것 같아요. "당신은 나에게 아무것도 요구하지 못해.

나는 아픈 소년이니까." 이 아이는 자살을 하거나 범죄를 저지를 잠 재력을 갖고 있어요. 만약에 제대로 준비가 되지 않은 독립과 힘을 요구하는 중대한 문제에 봉착한다면, 아이는 훗날 자살을 기도할 수 있어요. 아니면 자기 어머니 외에 누구에게도 관심을 두지 않는 심리 를 범죄의 형식으로 사회에 투영할 수도 있어요. 강도나 다른 범죄자 들이 교도소에서 쓴 시를 보면 죄책감을 어머니에게로 떠넘기거나 자신의 잘못을 알코올이나 마약, 실연 탓으로 돌리는 내용이 자주 보 입니다. 그런 사람들은 좀처럼 용기가 부족했다는 식으로 자신을 탓 하지 않아요.

학생: 박사님을 보지 않으려 하거나 말을 하지 않으려 하는 아이에겐 어떤 식으로 접근합니까?

아들러 박사: 개인 심리학이 치료 장치로 확보하고 있는 사소한 기술 들까지 모두 설명하는 것은 불가능해요. 처음에는 아이와 말할 필요 조차도 없어요. 만약에 어머니에게 아이를 대하는 방법을 전할 수 있 을 만큼만 아이에 대해 안다면, 아이의 협력이 없어도 아이에게 영향 을 미칠 수 있어요. 그런 한편, 아이의 호기심을 자극하는 것은 쉬운 일이지요. 아이에게 관심을 두지 않으면 됩니다. 아이는 무대의 중심 을 차지하고 싶어 하지요. 만약에 내가 아이는 안중에 없다는 듯이 큰 그림책이나 기계 장난감에 빠져 있으면, 아이는 곧 그림책이나 장 난감의 유혹에 저항하지 못하게 됩니다.

엮은이 노트

이 환자는 이후 엮은이의 진료소에서 치료를 계속 받았다. 어머니의 지적인 협력을 얻는 것이 어려웠음에도, 그녀는 최종적으로 아이에게 더 많은 자유와 독립을 부여했다. 그녀에게 아이가 천식 발작을 보일 때마다 방을 떠나라고 지시했다. 그렇게 한 이유는 그녀가 아이의 호흡 장애에 객관적으로 접근할 수 없었기 때문이다. 그리고 2주일이 채 되지 않아, 천식은 완전히 사라졌다. 그래도 밀턴은 환경을 지배하려는 희망을 포기하지 않았다. 아이는 자신의 천식 발작에 대한 어머니의 무관심에 기침을 강박적으로 반복하는 것으로 맞섰다. 이 기침에 대해서도 어머니는 또 다시 오해를 했다. 아이가 노렸던 목표가 달성되었다. 어머니가 아이의 행태에 그렇게 쉽게 넘어간 이유는 그 전에는 아이가 하루에 천식 발작을 대여섯 차례 일으켰는데 반해 지금은 끊임없이 기침을 해대기 때문이다. 아이를 병원에 데려갔고, 간호사에게 아이의 기침에는 전혀 관심을 두지 말라고 부탁했다. 아이는 병원에 들어간 첫날 오전 내내 기침을 했다.

이때 아이와 매우 바람직한 어떤 접촉이 이뤄졌다. 아이에게 청진기를 주고 같은 병동에 있는 다른 아이들을 "진단"하도록 했다. 이는 아마 밀턴이 자신도 중요한 존재라는 느낌을 처음으로 받게 된 기회였을 것이다. 엮은이는 아이에게 어떤 환자의 병세가 나아질 것 같은지를 물었다.

밀턴은 환자들을 돌보던 의사의 진지한 표정을 흉내 내면서 어떤 소년을 가리키며 그 소년이 매우 아프긴 하지만 곧 나아질 것이라고 말했다. 그때 아이는 의사들은 다른 사람들을 치료하느라 바쁜 나머지 자신은 병에 걸릴 시간조차 없을 것 같다는 사실에 강한 인상을 받았다. 아이를 집으로 데려오자마자, 기침이 다시 나타났다. 그러나 어머니는 아들이 아무렇지도 않다는 사실을 병원에서 확인했기 때문에 아이의 기침에 전혀 관심을 두지 않았으며, 밀턴도 즉시 그 기이한 호흡기 방언을 포기했다.

그 다음 주에 아이는 완전히 새로운 징후를 갖고 나타났다. 얼굴을 끊임없이 찡그리며 온갖 틱 장애를 보인 것이다. 이 징후와 관련해서 흥미로운 점은 아이가 사람들이 보는 앞에서만 그런 장애를 일으킨다는 사실이다. 그럼으로써 아이는 자기 어머니를 대단히 당혹스럽게 만들고 있었던 것이다. 몇 주일 동안 치료를 받자, 이 징후도 다시 사라졌다. 그 다음에 밀턴은 여름 캠프에 보내졌다. 캠프 감독관에게 부탁의 편지를 썼다. 캠프에 들어간 첫 며칠 동안 아이는 부루퉁한 표정을 짓는 상태에서 먹기를 거부하고 엄청난 소동을 일으킨 결과 캠프 생활에 적응하지 못한다는 이유로 집으로 돌려보내졌다. 집으로 돌아온 뒤에 과잉 행동이 그 전보다 더 심해졌다.

정신과의사와 몇 차례 상담을 거친 결과 아이에게 집에 있을 때보다 캠프 생활을 할 때 훨씬 더 잘 지낼 수 있다는 확신을 심어줄 수 있었다. 아이는 캠프로 돌아갔으며 여름 남은 기간 동안 적응을 훨씬 더 잘할 수 있었다. 주된 이유는 그가 몇 차례 시합을 이기고 운동 분야에서 자신의 중요성을 높일 수 있었기 때문이다. 가을이 되어 집으로 돌아오자마자, 소년은 자존감을 어느 정도 얻은 것처럼 보였으며 학교에서 하루 종일 지낼 수 있게 되었다. 차일드 가이던스 클리닉과 선생의 감독 아래, 밀턴은 적응 노력을 계속했다.